차근차근 알아보는

시계열의 특성 및 분석

황상필 ●

TIME SERIES 박영사

들어가면서

세상에는 세 가지 거짓말이 있다고 한다. 하나는 거짓말이고, 둘째는 새빨간 거짓말
이며, 셋째는 통계라고 한다(There are three kinds of lies: lies, dammed lies, and
statistics.). 마크 트웨인(Mark Twain, 1835~1910)에 의하여 유명해진 말이다. 마크 트
웨인이 통계에 대해 비우호적인 느낌으로 이야기하긴 했지만 좀 들여다보면 통계에는
우리를 둘러싼 현상에 대한 상당한 진실이 담겨있다.[1]

대부분의 시계열은 이번 기 값(y_t)에다 지난 기의 값(y_{t-1})을 차감하였을 경우 그 값
($\Delta y_t = y_t - y_{t-1}$)들이 평균을 향하여 돌아가는 속성이 있다. 이를 시계열의 평균회귀
(mean reverting) 성향이라고 한다. 경제성장률이나 환율 변화율, 주가 변동률 등을 보
면 일정 수준을 중심으로 위쪽으로, 혹은 아래쪽으로 방향을 바꾸면서 움직이는 것이
관찰된다. 또한 시계열은 일정한 자기상관이나 공분산을 보이면서 움직이는데 그 행태
가 상당 기간 안정적으로 지속되는 모습을 나타낸다. 세상에 대한 우리의 분석이 가능
한 것은 이에 근거한다.

가장 단순한 경우로 자기상관회귀 시계열인 AR(Autoregressive) 모형의 경우 이번
기 차감한 값(Δy_t)은 지난 기 차감 값(Δy_{t-1})에다 지속성과 관련한 상수(ρ)를 곱한 값
에 의하여 결정이 된다.

$$\Delta y_t = \mu + \rho \Delta y_{t-1} + e_t,$$
$$\text{단 } |\rho| < 1, \ e_t \sim i.i.d$$

이 시계열의 평균은 $\mu/(1-\rho)$가 되는데 장기적으로 평균을 중심으로 시간을 두고
상·하 변동한다. 이 시계열을 Δy_t와 Δy_{t-1}을 세로축과 가로축으로 하는 평면에 표현
하였을 때 세로축 절편인 μ와 기울기인 ρ가 클수록 평균은 커지게 된다. 또 이번 기
값은 지난 기 값과 ρ의 상관성을 가지며 시차가 확대될 경우 $\rho^2, \rho^3, \ldots$으로 상관성이 점
차 줄어든다. 시계열이 보이는 이러한 특성은 시간이 상당 기간 흐른 후 다시 관찰해
보아도 잘 변하지 않는다.

주가, 환율, 금리 등 경제데이터뿐만 아니라 기후, 미세먼지, 오염 등 환경관련 데
이터, 의식주관련 데이터, 각종 생활정보 데이터들이 넘쳐나면서 통계적 방법을 이
용한 시계열 분석과 전망에 대한 관심이 높은 상황이다.

---

1 마크 트웨인은 통계를 풍자하지 않았다. 통계모델링의 어려움에 대해 이야기하였다. Figures often
beguile me, partciularly when I have the arranging of them myself; in which case the
remark attributed to Disraeli would often apply with justice and force: "There are three kinds
of lies: lies, dammed lies, and statistics."(Chapters from My Autobiography, 1907)

이 책에서는 경제시계열을 중심으로 시계열자료에 대한 이해의 기본이 되는 시계열의 안정성, 비선형성, 변동성 등 시계열의 특성을 살펴보고, frequency domain에서도 시계열을 분석해 본다. 단일시계열을 출발점으로 하여 다변수 시계열로 확장한다.

시계열의 이러한 특성들을 적확하게 포착할 경우 시계열에 대한 이해뿐만 아니라 나아가 전망의 정확성도 높아지게 된다.

시중에 시계열과 관련된 소개 및 분석 책자들이 이미 많이 있으나 이 책은 다음과 같은 장점들이 있다. 먼저 예시와 분석 과정을 자세하게 기술하여 핵심 내용이 쉽게 파악될 수 있도록 하였다. 기본적인 통계관련 수학과 EViews, SAS 등 통계패키지 이용 사례를 제시하여 통계에 대한 어느 정도의 배경 지식이 있다면 쉽게 이해하고 실전에 응용할 수 있도록 최대한 노력하였다. 모형간 관계, 예를 들어 공적분 분석 방법, ADL 모형과 ECM, VAR 모형과 VECM, time domain과 frequency domain 분석 등에 대한 비교가 잘 전달될 수 있도록 하였다. 또한 연관된 자료들을 충분히 언급하여 차후 심화 연구로 확장 가능하게 하고자 하였다.

서술 과정에서 그 의미가 의도한대로 전달되지 못하거나 갑자기 비약하는 경우가 있다면 이는 전적으로 저자의 잘못임을 미리 양해 드리며 이에 대한 독자들의 충고와 제언을 구한다.

이 책의 출간에는 여러분들의 도움이 있었다. 원고를 세밀히 살펴 오류를 잡아주고 교정까지 해주신 한치록 교수, 이동진 교수, 지정구 박사, 손민규 박사, 정원석 박사께 특별히 감사의 마음을 전한다. 아울러 이러한 작업이 가능토록 음으로 양으로 격려해주고 이만큼 성장하도록 도와준 직장 동료들, 뛰어난 미적 감각과 깔끔한 편집으로 이 책이 나오도록 애써주신 박영사 여러분에게도 고마움을 남긴다.

모쪼록 본고가 독자들의 시계열에 대한 관심에 잘 부합되어 시계열의 특성을 이해하고 실제로 분석하는데 조금이나마 보탬이 되기를 기대한다.

All models are wrong, but some are useful.

— George E. P. Box(1919~2013) —

Wisdom is not a product of schooling
but of the lifelong attempt to acquire it.

— Albert Einstein(1879~1955) —

차례

I

시계열의 안정성

Ⅰ. 시계열의 안정성

　　통계적 기법을 이용한 경제분석 및 전망이 제대로 되기 위해서는 경제구조가 안정적이라는 전제 하에 현실을 제대로 반영할 수 있는 경제모형이 필수적이다. 경제모형은 대상 시계열이 가지고 있는 고유의 특징을 잘 포착할 수 있어야 한다. 또한 시계열모형에 사용되는 시계열 자료가 분석 대상으로 적합해야 한다.

　　앞으로 자세히 살펴보겠지만 대부분의 경제시계열은 분석에 적합한 형태를 지니고 있지 않다. 평균 혹은 분산이 기간에 따라 일정하지 않다. "$y_t = a + bt + e_t$, $e_t \sim i.i.d$"처럼 시간추세항이 포함(deterministic trend)되어 있을 수도 있고 "$y_t = c + y_{t-1} + e_t$, $e_t \sim i.i.d$"처럼 확률적 추세(stochastic trend)가 있을 수도 있다. 따라서 시계열자료가 분석에 적합한지 여부를 살펴보고 적절한 과정을 거쳐 시계열 자료를 전환하는 작업이 필요하다. 시계열의 안정성 여부를 살펴보는 것은 이를 위한 첫 걸음이다.

‖ 시계열의 모습 ‖

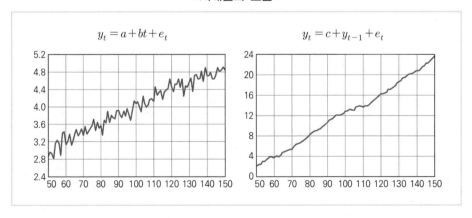

한편 분석 대상 변수들이 각각 안정적이지 않다고 하더라도 어떤 조건이 만족될 때 분석이 가능한 경우가 있다. 이를 공적분 관계라고 하는데 공적분 변수들의 선형결합은 안정적 시계열이 된다. 이 장에서는 안정성과 공적분 관계를 중심으로 시계열의 특성을 살펴보고 이를 분석해 본다.

먼저 시계열의 안정성(stationarity) 정의와 Dickey−Fuller 검정 등을 중심으로 안정성 여부를 검정하는 방법에 대하여 살펴보기로 한다.

1. 시계열자료의 안정성(stationarity)

주가, 환율, 금리 등 월, 분기, 연간 단위로 집계되는 통계들은 모두 시계열자료들이다. 대부분의 시계열자료, 특히 경제시계열자료는 기간별로 평균과 분산이 일정하지 않는 모습을 가지고 있다. 분석대상 기간 중 시계열자료의 평균과 분산이 일정하다는 것은 시계열분석에 있어 중요한 의미를 지닌다. 평균과 분산이 기간별로 크게 다르게 나타날 경우 과거자료의 분석뿐만 아니라 미래 예측 자체가 매우 어려워지게 되기 때문이다.[1] 또한 계수의 추정치에 대한 추론이나 가설검정 등도 불가능하게 된다.

평균과 분산이 시간에 관계 없이 일정하며 공분산이 시간간격에만 좌우되는 과정(time series process)을 통상 '안정적 시계열(stationary process)'이라고 부른다.[2]

시계열 $\{x_1, x_2, x_3, x_4, \cdots\}$[3]에서

$$E(x_t) = c < \infty$$

---

1 기간별로 평균과 분산 등을 추정하고 이러한 변화를 모두 감안한 모형을 설정할 수도 있겠으나 이 경우 모형이 매우 복잡해 질 것이고 과거 자료의 분석은 어느 정도 가능하다 하더라도 미래 예측의 정확도까지는 보장할 수 없는 경우가 발생할 가능성이 높다.

2 이를 '약안정적(weakly stationary)' 혹은 '공분산 안정적(covariance stationary)'이라고 한다. 시계열자료의 시간의 집합 $t_1, t_2, \cdots, t_n$에 대한 결합확률분포가 시간의 변화에 관계 없이 같을 때 '강안정적(strictly stationary)'이라고 한다. $\{X_t : t \in T\}$로부터의 확률변수 $\{X_{t_1}, X_{t_2} \cdots, X_{t_n}\}$에 대하여

$$F_{X_{t_1}, X_{t_2}, \cdots X_{t_n}}(x_{t_1}, x_{t_2}, \cdots, x_{t_n}) = F_{X_{t_{1+s}}, X_{t_{2+s}}, \cdots X_{t_{n+s}}}(x_{t_1}, x_{t_2}, \cdots, x_{t_n}).$$

$E(|X_t|) < \infty$ 및 $E(X_t^2) < \infty$인 강안정적 시계열자료의 평균과 분산은 모든 시점 t에서 유한하며 같다. 시계열 과정(process)이 정규분포(normal distribution)를 따를 때 강안정성과 약안정성은 동일하다.

3 $\{x_t\}_{t=-\infty}^{\infty}$의 특정한 실현값으로 간주할 수 있다.

$$Var(x_t) = d < \infty$$

$$Cov(x_t,\ x_{t+h}) = Cov(x_{t+n},\ x_{t+n+h}) = e_h < \infty$$

일 때 이는 안정적 시계열이다.

안정적 시계열의 대표적인 경우는 white noise process이다.

$$y_t = e_t,\quad e_t \sim i.i.d\ N(0,\sigma^2)^{4,5}$$

여기서

$$E(y_t) = E(e_t) = 0$$

$$Var(y_t) = Var(e_t) = \sigma^2$$

$$Cov(y_t,\ y_{t-1}) = Cov(e_t,\ e_{t-1}) = 0$$

다음은 정규분포로부터 생성한 $t = 200$인 white noise process이다. 0을 중심으로 대칭적으로 움직인다.

▌white noise process ▌

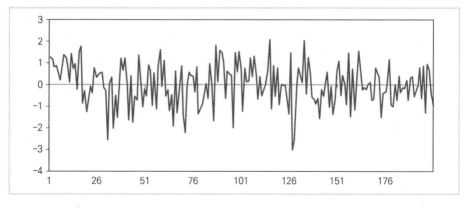

---

4 'i.i.d'는 'independent and identically distributed'를 의미한다. 반드시 정규분포를 따를 필요는 없다. 시계열이 정규분포를 따르지 않는다고 하여 이 시계열이 안정성을 지닐 수 없는 것도 아니다.

5 정규분포가 아니어도 된다. 이하 동일하다.

이 시계열의 표본평균은 0.01이고 표본분산은 0.90(≒0.95²)이다. 이 시계열이 정규분포를 따르는지 검정하기 위하여 사용되는 Jarque-Bera 통계량[6]을 5% 유의수준에서 기각할 수 없으므로(p값 0.14>0.05) 생성된 시계열이 정규분포를 따른다는 것을 알 수 있다.

┃ 생성된 white noise process의 통계적 분석 ┃

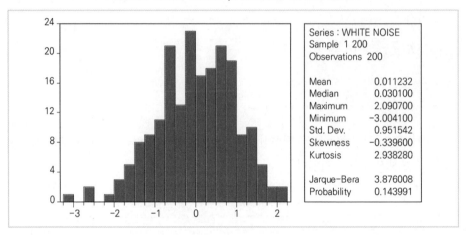

한편 공분산과 밀접한 관련이 있는 자기시차상관계수(autocorrelation coefficient)[7]를 살펴본 결과 시차가 20일 때까지 상관계수가 거의 0인 것으로 나타났다.[8]

---

6 왜도(skewness)와 첨도(kurtosis)에 의하여 정규분포에 적합한지를 검정한다.

$$JB = n/6 \times (S^2 + K^2/4),$$

단 n은 표본 수, S는 왜도, K는 첨도

JB는 0보다 크고 χ^2 분포를 따르며 0에서 멀어질 경우 표본이 정규분포에 적합하지 않다고 판정한다(Jarque and Bera(1980, 1981, 1987)).

7 자기시차상관계수는 $\dfrac{Cov(x_t,\ x_{t-h})}{\sqrt{Var(x_t)}\ \sqrt{Var(x_{t-h})}}$ 로 정의된다.

8 시차상관성을 검정하는 Q 통계량에 대한 p값이 모든 시차에서 0.05 이상이다. Q 통계량은 Ljung-Box-Pierce statistic인 데 χ^2 분포를 따른다(Box and Pierce(1979), Ljung and Box(1978)). 귀무가설(H_0)은 '이 시계열이 white noise process이다'이다.

‖ 생성된 white noise process의 자기시차상관계수 ‖

```
Sample: 1 200
Included observations: 200
     Autocorrelation      Partial Correlation        AC      PAC     Q-Stat    Prob
```

	AC	PAC	Q-Stat	Prob
1	0.063	0.063	0.7984	0.372
2	0.135	0.132	4.5390	0.103
3	0.045	0.030	4.9623	0.175
4	-0.044	-0.067	5.3585	0.252
5	0.080	0.077	6.6703	0.246
6	-0.048	-0.044	7.1430	0.308
7	0.054	0.044	7.7572	0.354
8	0.036	0.035	8.0317	0.430
9	0.040	0.036	8.3769	0.497
10	0.046	0.018	8.8221	0.549
11	0.071	0.070	9.8883	0.540
12	-0.009	-0.036	9.9075	0.624
13	-0.017	-0.032	9.9675	0.697
14	0.041	0.047	10.335	0.737
15	0.116	0.129	13.283	0.580
16	0.115	0.083	16.194	0.439
17	-0.065	-0.115	17.131	0.446
18	0.015	-0.016	17.179	0.511
19	-0.095	-0.083	19.175	0.446
20	-0.038	-0.027	19.507	0.489

불안정적 시계열(nonstationary process)의 대표적인 예로는 random walk process를 들 수 있다.

이 시계열은 평균은 상수이나 분산이 시간 t가 경과함에 따라 늘어난다.

$$y_t = y_{t-1} + e_t, \quad e_t \sim i.i.d \ N(0, \sigma^2)$$

이 process에서

$$y_1 = y_0 + e_1$$

$$y_2 = y_1 + e_2 = y_0 + e_1 + e_2$$

$$y_3 = y_2 + e_3 = y_0 + e_1 + e_2 + e_3$$

$$\vdots$$

$$y_t = y_0 + e_1 + e_2 + \cdots + e_{t-1} + e_t$$

그러므로

$$E(y_t) = y_0$$

$$Var(y_t) = t\sigma^2$$

이 된다.

이 과정에서는 과거의 충격이 소멸되지 않고 누적적으로 영향을 미친다. 이러한 특성을 반영하여 자기시차상관계수도 매우 큰 모습을 나타내게 된다.

다음은 정규분포로부터 생성한 $t = 200$인 random walk process이다. 소구간적으로 강한 추세가 관찰된다.

| random walk process |

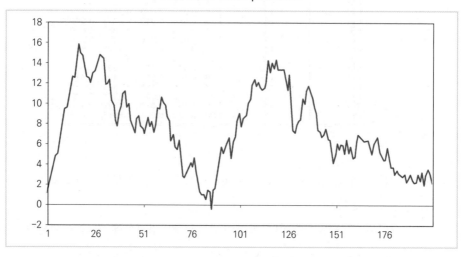

| 생성된 random walk process의 통계적 분석 |

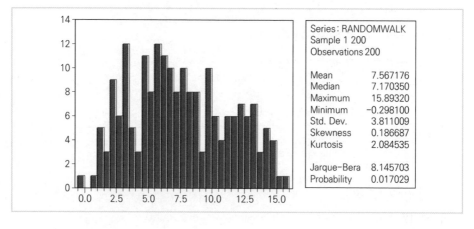

이 시계열의 표본평균은 7.57이고 표본분산은 14.52($\fallingdotseq 3.81^2$)이며 Jarque-Bera 통계량으로 보아 정규분포를 따르지 않는 것으로 나타났다.

자기시차상관계수가 시간이 상당히 오랫동안 경과하여도 높은 수준을 지속하고 있음을 알 수 있다.[9]

▎ 생성된 random walk process의 자기시차상관계수 ▎

Sample: 1 200 Included observations: 200 Autocorrelation	Partial Correlation		AC	PAC	Q-Stat	Prob
		1	0.957	0.957	186.08	0.000
		2	0.916	-0.011	357.15	0.000
		3	0.868	-0.087	511.81	0.000
		4	0.820	-0.048	650.25	0.000
		5	0.773	0.011	774.18	0.000
		6	0.725	-0.047	883.73	0.000
		7	0.681	0.011	980.74	0.000
		8	0.638	-0.007	1066.3	0.000
		9	0.594	-0.032	1140.9	0.000
		10	0.551	-0.034	1205.4	0.000
		11	0.505	-0.050	1259.9	0.000
		12	0.460	-0.027	1305.3	0.000
		13	0.416	-0.004	1342.8	0.000
		14	0.376	0.009	1373.5	0.000
		15	0.334	-0.055	1397.9	0.000
		16	0.288	-0.082	1416.1	0.000
		17	0.240	-0.063	1428.8	0.000
		18	0.194	-0.006	1437.2	0.000
		19	0.148	-0.044	1442.1	0.000
		20	0.103	-0.017	1444.5	0.000

한편 안정적 시계열로서 자기상관성이 높은 시계열에서 자주 관찰되는 자기회귀(autoregressive) process의 대표적인 AR(1) process의 경우 평균 및 분산은

---

9 random walk process에 상수항이 추가된 다음과 같은 형태를 'random walk with drift'라고 한다.
$$y_t = a + y_{t-1} + e_t, \ e_t \sim i.i.d \ N(0, \sigma^2)$$
이는
$$y_t = at + y_0 + e_1 + e_2 + \cdots + e_{t-1} + e_t$$
가 된다. y_t가 로그 형태($y_t = \log(Y_t)$)일 때 차분한 Δy_t는 원계열(Y_t, 로그 전환 이전)의 증가율과 같으므로 이 시계열은 원계열의 증가율이 a인 stochastic process가 된다.
$$Y_t / Y_{t-1} - 1 \fallingdotseq \log(Y_t) - \log(Y_{t-1}) = \Delta y_t$$
이므로 Δy_t는 원계열 Y_t의 증가율과 같다. y_t에는 at항이 시간추세요인으로 나타나는데 $a > 0$인 경우 상방 추세, $a < 0$인 경우에는 하방 추세를 보인다.

각각 0, $\dfrac{1}{1-\rho^2}\sigma^2$ 이다.

$$y_t = \rho y_{t-1} + e_t, \quad |\rho| < 1, \quad e_t \sim i.i.d \ N(0,\sigma^2)$$

이 process에서

$$y_1 = \rho y_0 + e_1$$

$$y_2 = \rho y_1 + e_2 = \rho^2 y_0 + \rho e_1 + e_2$$

$$y_3 = \rho y_2 + e_3 = \rho^3 y_0 + \rho^2 e_1 + \rho e_2 + e_3$$

$$\vdots$$

$$y_t = \rho^t y_0 + \rho^{t-1} e_1 + \rho^{t-2} e_2 + \cdots + \rho e_{t-1} + e_t$$

위로부터 $t \rightarrow \infty$ 일 때

$$E(y_t) = \rho^t y_0 \rightarrow 0$$

$$Var(y_t) = \frac{1-\rho^{2t}}{1-\rho^2}\sigma^2 \rightarrow \frac{1}{1-\rho^2}\sigma^2$$

이 된다.

이 process에서는 과거의 충격이 시간이 지남에 따라 점차 줄어들게 된다. 공분산에 대해서는

$$Cov(y_t, \ y_{t-1}) = Cov(\rho y_{t-1} + e_t, \ y_{t-1})$$

$$= \rho Var(y_{t-1}) + Cov(e_t, \ y_{t-1}) = \frac{\rho}{1-\rho^2}\sigma^2$$

$$Cov(y_t, \ y_{t-2}) = Cov(\rho y_{t-1} + e_t, \ y_{t-2})$$

$$= Cov(\rho^2 y_{t-2} + \rho e_{t-1} + e_t, \ y_{t-2})$$

$$= \rho^2 Var(y_{t-2}) + Cov(\rho e_{t-1}, \ y_{t-2}) + Cov(e_t, \ y_{t-2})$$

$$= \frac{\rho^2}{1-\rho^2}\sigma^2$$

이와 같은 방식으로

$$Cov(y_t, \ y_{t-h}) = \frac{\rho^h}{1-\rho^2}\sigma^2 < \infty$$

이 되어 공분산이 시간 간격인 $t-(t-h)=h$에만 좌우되는 성격을 지니게 된다.

이 시계열은 평균과 분산이 유한한 데다 공분산이 시간 간격에만 좌우되기 때문에 안정적 시계열에 해당한다. 여기서 $\rho=1$인 경우가 바로 앞에서 살펴 본 random walk process이다.

다음은 정규분표로부터 생성한 $t=200$이고 $\rho=0.7$인 AR(1) process이다. 0을 중심으로 움직이나 짧은 기간 내에서 강한 지속성이 관찰된다.

▌AR(1) process ▌

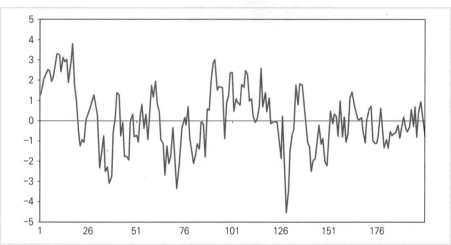

이 시계열의 표본평균은 0.05이고 표본분산이 $2.25(=1.50^2)$이며 Jarque-Bera 통계량으로 보아 정규분포를 따르는 것으로 판단된다. 여기서 분산은 이론적 값인 $1.96(\fallingdotseq 1/(1-0.7^2))$과 크게 다르지 않다.[10]

---

10 표본규모가 충분히 커지면 이 시계열의 분포는 $N(0, 1.96)$에 수렴한다.

❚ 생성된 AR(1) process의 통계적 분석 ❚

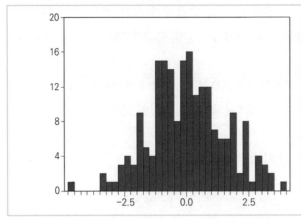

Series : AR_1	
Sample 1 200	
Observations 200	
Mean	0.046465
Median	0.001500
Maximum	3.777000
Minimum	-4.542000
Std. Dev.	1.499341
Skewness	0.037817
Kurtosis	2.863053
Jarque-Bera	0.203957
Probability	0.903049

아울러 자기시차상관계수가 시간이 지나면서 단조적으로 줄어들고 있음을 알 수 있다.

$$Corr(y_t, \ y_{t-h}) = \frac{Cov(y_t, \ y_{t-h})}{\sqrt{Var(y_t)} \ \sqrt{Var(y_{t-h})}}$$

이므로 앞의 분산 및 공분산을 이용하면

$$Corr(y_t, \ y_t) = 1$$

$$Corr(y_t, \ y_{t-1}) = \rho$$

$$Corr(y_t, \ y_{t-2}) = \rho^2$$

이 되며

$$Corr(y_t, \ y_{t-h}) = \rho^h$$

가 된다.

▍생성된 AR(1) process의 자기시차상관계수 ▍

			AC	PAC	Q-Stat	Prob
Sample: 1 200						
Included observations: 200						
Autocorrelation	Partial Correlation					
		1	0.776	0.776	122.31	0.000
		2	0.618	0.039	200.23	0.000
		3	0.462	-0.073	244.03	0.000
		4	0.338	-0.022	267.64	0.000
		5	0.282	0.093	284.10	0.000
		6	0.218	-0.033	294.00	0.000
		7	0.208	0.084	303.08	0.000
		8	0.195	0.018	311.10	0.000
		9	0.185	0.015	318.35	0.000
		10	0.176	0.008	324.92	0.000
		11	0.163	0.021	330.59	0.000
		12	0.131	-0.047	334.30	0.000
		13	0.122	0.045	337.51	0.000
		14	0.137	0.077	341.56	0.000
		15	0.147	0.017	346.26	0.000
		16	0.108	-0.116	348.84	0.000
		17	0.018	-0.160	348.91	0.000
		18	-0.032	0.018	349.14	0.000
		19	-0.095	-0.062	351.15	0.000
		20	-0.116	0.010	354.17	0.000

또 다른 안정적 시계열의 대표적인 예는 이동평균(moving average) process 인 MA(1) process이다. MA(1) process는 충격들의 이동평균으로 구성되며 평균이 0이고 분산은 $(1+\theta^2)\sigma^2$이다.

$$y_t = e_t + \theta e_{t-1}, \quad |\theta| < 1, \quad e_t \sim i.i.d \ N(0,\sigma^2)$$

이 process에서

$$y_1 = e_1 + \theta e_0$$

$$y_2 = e_2 + \theta e_1$$

$$y_3 = e_3 + \theta e_2$$

$$\vdots$$

$$y_{t+h} = e_{t+h} + \theta e_{t+h-1}$$

그러므로

$$E(y_t) = 0,$$

$$Var(y_t) = (1+\theta^2)\sigma^2$$

이 된다.

공분산에 대해서는

$$Cov(y_t,\ y_{t-1}) = Cov(e_t + \theta e_{t-1},\ e_{t-1} + \theta e_{t-2})$$
$$= Cov(e_t,\ e_{t-1}) + \theta Cov(e_t,\ e_{t-2})$$
$$+ \theta Var(e_{t-1}) + \theta^2 Cov(e_{t-1},\ e_{t-2})$$
$$= \theta \sigma^2$$
$$Cov(y_t,\ y_{t-2}) = Cov(e_t + \theta e_{t-1},\ e_{t-2} + \theta e_{t-3})$$
$$= Cov(e_t,\ e_{t-2}) + \theta Cov(e_t,\ e_{t-3}) + \theta Cov(e_{t-1},\ e_{t-2})$$
$$+ \theta^2 Cov(e_{t-1},\ e_{t-3})$$
$$= 0$$

이와 같은 방식으로

$$Cov(y_t,\ y_{t-h}) = Cov(e_t + \theta e_{t-1},\ e_{t-h} + \theta e_{t-h-1})$$
$$= Cov(e_t,\ e_{t-h}) + \theta Cov(e_t,\ e_{t-h-1})$$
$$+ \theta Cov(e_{t-1},\ e_{t-h}) + \theta^2 Cov(e_{t-1},\ e_{t-h-1})$$
$$= 0$$

즉 $h = 1$인 경우를 제외하고 $h \geq 2$일 때 공분산이 모두 0이 된다.

이 시계열도 평균과 분산이 유한한 데다 공분산이 시간 간격에만 좌우되기 때문에 안정적 시계열이다.

다음은 정규분포로부터 생성한 $t = 200$이고 $\theta = 0.7$인 MA(1) process이다. MA(1) process도 0을 중심으로 대칭적으로 움직이는 모습을 보인다.

MA(1) process

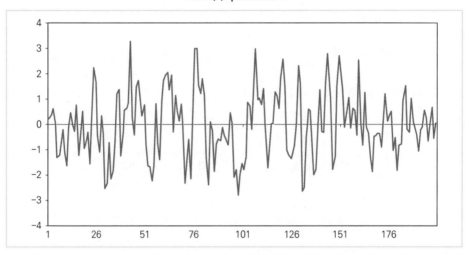

표본평균은 −0.05이고 표본분산이 1.64(≒1.28²)이며 Jarque−Bera 통계량으로 보아 정규분포를 따르는 것으로 판단된다. 여기서 분산은 이론적 값인 1.49(=1+0.7²)와 크게 다르지 않다.

생성된 MA(1) process의 통계적 분석

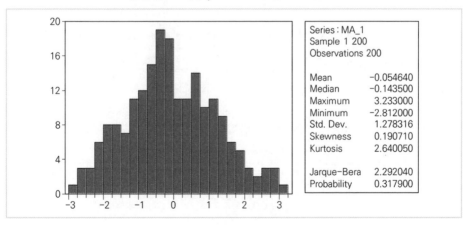

여기서 0이 아닌 자기시차상관계수는 시차 1, 2, 3에서 나타나고 있다(각각 0.54, 0.13, 0.10). MA(1) process에서 시차 1의 경우

$$Corr(y_t,\ y_{t-1}) = \frac{\theta}{(1+\theta^2)}$$

여타 시차에서는 0이 된다. 표본규모가 커지면 시차 2 이후 자기시차상관계수는 0이 된다. 이론적인 값은 0.47, 0, 0, … 이다.

❙ 생성된 MA(1) process의 자기시차상관계수 ❙

Sample: 1 200
Included observations: 200

Autocorrelation	Partial Correlation		AC	PAC	Q-Stat	Prob
		1	0.539	0.539	58.929	0.000
		2	0.128	-0.228	62.286	0.000
		3	0.096	0.200	64.181	0.000
		4	0.034	-0.147	64.424	0.000
		5	-0.040	0.024	64.747	0.000
		6	-0.120	-0.155	67.737	0.000
		7	-0.191	-0.071	75.362	0.000
		8	-0.180	-0.050	82.174	0.000
		9	-0.141	-0.034	86.356	0.000
		10	-0.051	0.078	86.911	0.000
		11	0.002	-0.028	86.912	0.000
		12	-0.041	-0.057	87.266	0.000
		13	0.037	0.119	87.560	0.000
		14	0.104	-0.037	89.894	0.000
		15	0.065	0.011	90.830	0.000
		16	0.027	-0.040	90.995	0.000
		17	-0.044	-0.084	91.418	0.000
		18	-0.083	-0.016	92.935	0.000
		19	-0.054	-0.008	93.592	0.000
		20	-0.098	-0.088	95.760	0.000

AR process와 MA process를 일반화한 것이 ARMA(p,q) process이다.[11]

$$y_t = \rho_1 y_{t-1} + \rho_2 y_{t-2} + \cdots + \rho_p y_{t-p} + e_t + \theta_1 e_{t-1} + \theta_2 e_{t-2} + \cdots + \theta_q e_{t-q},$$

$$e_t \sim i.i.d\ N(0,\sigma^2)$$

---

11 ARMA 모형은 Whittle(1951)에 의해 처음 소개되었으며 Box and Jenkins(1970)에 의해 널리 알려지게 되었다.

ARMA process는 모형의 계수들이 일정 범위를 가질 때 안정적인 시계열이 된다.

예를 들어 다음과 같은 ARMA(1,1) 모형의 경우

$$y_t = \rho_1 y_{t-1} + e_t + \theta_1 e_{t-1}$$

$|\rho_1| < 1$일 때 안정적인 시계열이 된다.

AR(2) process의 경우

$$y_t = \rho_1 y_{t-1} + \rho_2 y_{t-2} + e_t$$

AR(2) 모형의 계수들로 구성된 특성방정식

$$m^2 - \rho_1 m - \rho_2 = 0$$

의 두 특성근, m_1 및 m_2의 절대값이 모두 1보다 작을 때 안정적이다. 특성방정식의 두 근

$$m_1, \ m_2 = \frac{\rho_1 \pm \sqrt{\rho_1^2 + 4\rho_2}}{2}$$

이므로 이로부터 안정성이 만족되는 조건은 다음과 같다.

$$\rho_1 + \rho_2 < 1, \ -\rho_1 + \rho_2 < 1, \ |\rho_2| < 1$$

특성근이 중근 혹은 실근을 가질 경우 자기시차상관계수는 단조적으로 감소하는 모습을 보이며 허근일 경우에는 자기시차상관계수가 0을 중심으로 변동하면서 감소하는 모습을 보인다.

AR(2) process가 다음과 같다고 하자.

$$y_t = 1.40 y_{t-1} - 0.48 y_{t-2} + e_t$$

‖ AR(2) process ‖

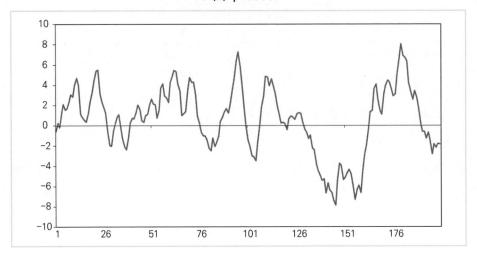

이 경우 위 process에 대한 특성방정식은 다음과 같다.

$$m^2 - 1.40m + 0.48 = 0$$

위 식의 두 근을 구하여 보면 $m_1 = 0.8$, $m_2 = 0.6$이다. 두 근 모두 절대값이 1보다 작으므로 안정적인 시계열이다. 앞서 언급한 바와 같이 특성근이 실근일 경우에는 자기시차상관계수가 절대값이 큰 근에 의해 지배되면서 단조적으로 감소하는 모습을 보인다.

∥ 생성된 AR(2) process의 자기시차상관계수 ∥

```
Sample: 1 200
Included observations: 200
 Autocorrelation    Partial Correlation       AC      PAC    Q-Stat   Prob

                                          1   0.948   0.948   182.47  0.000
                                          2   0.856  -0.422   332.01  0.000
                                          3   0.750  -0.046   447.44  0.000
                                          4   0.650   0.054   534.42  0.000
                                          5   0.560   0.006   599.45  0.000
                                          6   0.482  -0.013   647.87  0.000
                                          7   0.418   0.037   684.36  0.000
                                          8   0.358  -0.076   711.28  0.000
                                          9   0.311   0.102   731.76  0.000
                                         10   0.267  -0.092   746.95  0.000
                                         11   0.235   0.104   758.77  0.000
                                         12   0.215   0.044   768.74  0.000
                                         13   0.199  -0.066   777.30  0.000
                                         14   0.176  -0.101   784.05  0.000
                                         15   0.142  -0.056   788.43  0.000
                                         16   0.102  -0.006   790.73  0.000
                                         17   0.061   0.002   791.55  0.000
                                         18   0.020  -0.063   791.64  0.000
                                         19  -0.021  -0.041   791.74  0.000
                                         20  -0.062  -0.026   792.59  0.000
```

다음으로 허근을 가지는 경우

$$y_t = y_{t-1} - 0.89y_{t-2} + e_t$$

∥ AR(2) process ∥

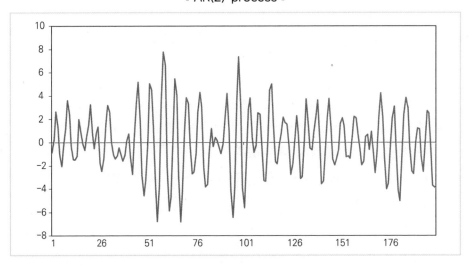

여기서 특성방정식에 대한 두 허근은 각각 $m_1 = 0.5 + 0.8i$, $m_2 = 0.5 - 0.8i$ 이며 두 근의 절대값은

$$|0.5 \pm 0.8i| = \sqrt{0.5^2 + 0.8^2} = \sqrt{0.89}$$

로 1보다 작다. 따라서 안정적인 시계열이다.

허근을 가지는 경우 자기시차상관계수는 다음과 같이 0을 중심으로 변동하면서 감소하는 모습을 보인다.

┃ 생성된 AR(2) process의 자기시차상관계수 ┃

```
Sample: 1 200
Included observations: 200
   Autocorrelation      Partial Correlation        AC      PAC    Q-Stat   Prob

                                                1  0.528   0.528   56.697  0.000
                                                2 -0.352  -0.876   81.961  0.000
                                                3 -0.819  -0.045  219.57   0.000
                                                4 -0.508   0.020  272.72   0.000
                                                5  0.203  -0.082  281.23   0.000
                                                6  0.629  -0.058  363.68   0.000
                                                7  0.432  -0.047  402.81   0.000
                                                8 -0.103   0.106  405.03   0.000
                                                9 -0.468  -0.112  451.28   0.000
                                               10 -0.393  -0.118  484.17   0.000
                                               11 -0.010   0.017  484.19   0.000
                                               12  0.328   0.035  507.37   0.000
                                               13  0.354  -0.025  534.43   0.000
                                               14  0.104   0.073  536.80   0.000
                                               15 -0.181   0.043  543.95   0.000
                                               16 -0.280   0.013  561.13   0.000
                                               17 -0.145   0.014  565.77   0.000
                                               18  0.107   0.160  568.32   0.000
                                               19  0.251  -0.021  582.43   0.000
                                               20  0.170  -0.009  588.90   0.000
```

AR process의 시차항을 확장한 AR(p) process의 경우 추정치의 특성방정식으로 구한 모든 해의 절대값이 1보다 작으면 이 시계열은 안정적이다.

다음과 같은 AR(p) process의 경우

$$y_t = \rho_1 y_{t-1} + \rho_2 y_{t-2} + \cdots + \rho_p y_{t-p} + e_t, \quad e_t \sim i.i.d \; N(0, \sigma^2)$$

특성방정식은 다음과 같다.

$$m^p - \rho_1 m^{p-1} - \cdots - \rho_{p-1} m - \rho_p = 0$$

이로부터 구한 모든 해의 절대값이 1보다 작을 때 자기시차상관계수는 단조

적으로 혹은 0을 중심으로 변동하면서 감소한다. 나아가 ARMA(p,q) process의
경우 AR 항들로 구성된 특성방정식의 절대값이 모두 1보다 작으면 안정적이다.

〈참고 Ⅰ-1〉 AR(2) process의 공분산, 자기시차상관계수

AR(2) process의 경우

$$y_t = \rho_1 y_{t-1} + \rho_2 y_{t-1} + e_t, \ e_t \sim i.i.d \ N(0,\sigma^2)$$

공분산 $\gamma(h) = Cov(y_t, \ y_{t+h})$ 라고 하면

$$Cov(y_t, \ y_t) = Cov(y_t, \ \rho_1 y_{t-1} + \rho_2 y_{t-2} + e_t)$$

이므로

$$\gamma(0) = \rho_1 \gamma(1) + \rho_2 \gamma(2) + \sigma^2 \qquad (1)$$

이 된다. 다음으로

$$Cov(y_t, \ y_{t+1}) = Cov(y_t, \ \rho_1 y_t + \rho_2 y_{t-1} + e_{t+1})$$

$$\Leftrightarrow \gamma(1) = \rho_1 \gamma(0) + \rho_2 \gamma(1) \qquad (2)$$

$$Cov(y_t, \ y_{t+2}) = Cov(y_t, \ \rho_1 y_{t+1} + \rho_2 y_t + e_{t+2})$$

$$\Leftrightarrow \gamma(2) = \rho_1 \gamma(1) + \rho_2 \gamma(0) \qquad (3)$$

$h > 2$ 인 경우

$$Cov(y_t, \ y_{t+h}) = Cov(y_t, \ \rho_1 y_{t+h-1} + \rho_2 y_{t+h-2} + e_{t+h})$$

$$\Leftrightarrow \gamma(h) = \rho_1 \gamma(h-1) + \rho_2 \gamma(h-2) \qquad (4)$$

가 된다.

식 (1), (2), (3)을 행렬 형태로 나타내면 다음과 같다.

$$\begin{bmatrix} 1 & -\rho_1 & -\rho_2 \\ -\rho_1 & (1-\rho_2) & 0 \\ -\rho_2 & -\rho_1 & 0 \end{bmatrix} \begin{bmatrix} \gamma(0) \\ \gamma(1) \\ \gamma(2) \end{bmatrix} = \begin{bmatrix} \sigma^2 \\ 0 \\ 0 \end{bmatrix}$$

행렬식을 풀면

$$\gamma(0) = \frac{(1-\rho_2)}{D}$$

$$\gamma(1) = \frac{\rho_1}{D}$$

$$\gamma(2) = \frac{\rho_1^2 + \rho_2(1-\rho_2)}{D}, \quad 단 \ D = \frac{\sigma^2}{(1+\rho_2)((1-\rho_2)^2 - \rho_1^2)}$$

$\gamma(3)$ 은 식 (4)를 이용하여 구할 수 있다.

자기시차상관계수는

$\rho(0) = 1$

$\rho(1)$의 경우 식 (2)의 양변을 $\gamma(0)$로 나누면

$\rho(1) = \rho_1 + \rho_2 \rho(1)$

이므로

$$\rho(1) = \frac{\rho_1}{(1 - \rho_2)}$$

이 된다.

한편 식 (4)의 양변을 $\gamma(0)$로 나누면

$\rho(h) = \rho_1 \rho(h-1) + \rho_2 \rho(h-2)$ (5)

가 된다.

$\rho(h)$는 $\rho(h) = \dfrac{\gamma(h)}{\gamma(0)}$ 혹은 식 (5)를 이용하여 구하면 된다.

그런데 식 (5)에서 $\rho(h)$의 움직임은 다음 AR 모형의 계수로 구성된 특성방정식 해의 행태와 같다.

$m^2 - \rho_1 m - \rho_2 = 0$의 두 근을 m_1, m_2라고 할 때

$$\rho(1) = \frac{m_1 + m_2}{1 + m_1 m_2}$$

가 된다.

$\rho(h)$는 특성방정식의 근을 이용하여 두 실근이나 허근의 경우

$\rho(h) = A_1 m_1^h + A_2 m_2^h$

와 같이 나타내어진다.

$\rho(0)$ 및 $\rho(1)$ 값을 이용하여 구하면

$$\rho(h) = \frac{m_1^{h+1}(1 - m_2^2) - m_2^{h+1}(1 - m_1^2)}{(m_1 - m_2)(1 + m_1 m_2)}, \quad h = 0,1,2,\cdots$$

이 된다.

중근을 가지는 경우 특성방정식의 근을 이용하여

$\rho(h) = A_1 m^h + A_2 h m^h$

로 나타내어지며 자기시차상관계수는 다음과 같다.

$$\rho(h) = [1 + h(\frac{1 - m^2}{1 + m^2})]m^h, \quad h = 0,1,2,\cdots$$

허근을 가지는 경우 자기시차상관계수는 다음과 같은 형태로 표현될 수도 있다.

$$\rho(h) = \frac{r^h \sin(h\theta + \delta)}{\sin\delta}$$

여기서 $r = (m_1 m_2)^{1/2}$, $\cos\theta = \dfrac{m_1 + m_2}{2(m_1 m_2)^{1/2}}$, $\tan\delta = \dfrac{1 + m_1 m_2}{1 - m_1 m_2}\tan\theta$이다.

〈참고Ⅰ- 2〉 시계열의 안정성, 가역성과 ARMA(p,q) process

다음과 같은 ARMA(p,q) process

$$y_t = \rho_1 y_{t-1} + \rho_2 y_{t-2} + \cdots + \rho_p y_{t-p} + e_t + \theta_1 e_{t-1} + \theta_2 e_{t-2} + \cdots + \theta_q e_{t-q},$$

$$e_t \sim i.i.d\ N(0, \sigma^2)$$

에서 AR(p) 항들로 구성된 다음 특성방정식에 의한 특성근의 절대값이 모두 1보다 작으면 ARMA(p,q) process는 안정적이다.

$$m^p - \rho_1 m^{p-1} - \cdots - \rho_{p-1} m - \rho_p = 0$$

한편 MA(q) 항들로 구성된 특성방정식에 의한 특성근의 절대값이 모두 1보다 작으면 ARMA(p,q) process는 가역적(invertible)이라고 한다.

$$m^q + \theta_1 m^{q-1} + \cdots + \theta_{q-1} m + \theta_q = 0$$

ARMA(p,q) process가 안정적이고 가역적이라면 이 process는 AR 혹은 MA 모형으로 표현의 전환이 가능하다.

예를 들어 AR(1) 모형은 $|\rho| < 1$일 경우 MA(∞) 모형으로 바꾸어 나타낼 수 있다.

$$y_t = \rho y_{t-1} + e_t$$

$$\Leftrightarrow y_t - \rho y_{t-1} = e_t$$

$$\Leftrightarrow (1 - \rho B) y_t = e_t$$

단 B는 lag operator로 $By_t = y_{t-1}$, $B^2 y_t = y_{t-2}$

따라서

$$y_t = \frac{1}{(1 - \rho B)} e_t$$

$$= (1 + \rho B + \rho^2 B^2 + \rho^3 B^3 + \cdots) e_t$$

$$= e_t + \rho e_{t-1} + \rho^2 e_{t-2} + \rho^3 e_{t-3} + \cdots$$

MA(1) 모형의 경우에는 $|\theta| < 1$일 경우 AR(∞) 모형으로 나타낼 수 있다.

$$y_t = e_t + \theta e_{t-1}$$

$$\Leftrightarrow \ y_t = (1 + \theta B) e_t$$

$$\Leftrightarrow \ e_t = \frac{1}{(1 + \theta B)} y_t$$

$$= (1 - \theta B + \theta^2 B^2 - \theta^3 B^3 + \cdots) y_t$$

$$= y_t - \theta y_{t-1} + \theta^2 y_{t-2} - \theta^3 y_{t-3} + \cdots$$

이를 일반화하면 안정적이고 가역적인 ARMA(p,q) 모형에서

$$y_t = \rho_1 y_{t-1} + \rho_2 y_{t-2} + \cdots + \rho_p y_{t-p} + e_t + \theta_1 e_{t-1} + \theta_2 e_{t-2} + \cdots + \theta_q e_{t-q}$$

$$\Leftrightarrow \ y_t - \rho_1 y_{t-1} - \rho_2 y_{t-2} - \cdots - \rho_p y_{t-p} = e_t + \theta_1 e_{t-1} + \theta_2 e_{t-2} + \cdots + \theta_q e_{t-q}$$

$$\Leftrightarrow \ (1 - \rho_1 B - \rho_2 B^2 - \cdots - \rho_p B^p) y_t = (1 + \theta_1 B + \theta_2 B^2 + \cdots + \theta_q B^q) e_t$$

가 되어

$$y_t = \frac{(1 + \theta_1 B + \theta_2 B + \cdots + \theta_q B^q)}{(1 - \rho_1 B - \rho_2 B^2 - \cdots - \rho_p B^p)} e_t$$

$$e_t = \frac{(1 - \rho_1 B - \rho_2 B^2 - \cdots - \rho_p B^p)}{(1 + \theta_1 B + \theta_2 B + \cdots + \theta_q B^q)} y_t$$

와 같이 AR 혹은 MA 모형으로 나타낼 수 있다.

〈참고 I - 3〉 시계열의 특징 지표와 ARMA(p,q) 추정

안정적 시계열의 특징을 알려주는 지표로 평균, 분산, 자기시차상관계수 이외에 편자기시차상관계수(partial autocorrelation coefficient)라는 것이 있다.

공분산 $Cov(y_t, y_{t-h}) = \gamma(h)$, 자기시차상관계수 $Corr(y_t, y_{t-h}) = \rho(h)$라고 하자. 본문에서 살펴 본 것처럼 AR(1) process

$$y_t = \rho y_{t-1} + e_t$$

에서

$$\gamma(1) = Cov(y_t, y_{t-1}) = Cov(\rho y_{t-1} + e_t, y_{t-1}) = \rho \gamma(0)$$

가 된다. 또한

$$\gamma(2) = Cov(y_t, y_{t-2}) = Cov(\rho y_{t-1} + e_t, y_{t-2})$$

$$= Cov(\rho^2 y_{t-2} + \rho e_{t-1} + e_t, y_{t-2})$$

$$= \rho^2 \gamma(0)$$

이며, 이런 과정을 통하여

$$\gamma(h) = \rho^h \gamma(0)$$

가 된다.

$$\rho(h) = \frac{\gamma(h)}{\gamma(0)}$$

이므로 $\rho(h) = \rho^h$ 이다.

그런데 y_t 와 y_{t-2} 의 관계에 있어서 y_{t-2} 는 y_{t-1} 을 통하여 y_t 에 영향을 미친다. 이 때 y_{t-1} 의 영향을 제외한 y_{t-2} 의 y_t 에 대한 영향력이 어느 정도인지가 궁금할 수 있다. 이를 나타낸 것이 편자기시차상관계수이다.

예를 들어 AR(1) process에서

$$Cov(y_t - \rho y_{t-1},\ y_{t-2} - \rho y_{t-1}) = Cov(e_t,\ y_{t-2} - \rho y_{t-1}) = 0$$

이므로 2기 시차 편자기시차상관계수는 0이다.

이를 일반화하여 y_t 와 y_{t-h} 의 관계에 있어서 두 시차 사이에 있는 $y_{t-1},\ y_{t-2},\ \cdots, y_{t-(h-2)},\ y_{t-(h-1)}$ 의 영향을 제외한 y_t 와 y_{t-h} 의 상관계수를 구한 것을 편자기시차상관계수 ϕ_{hh} 라고 한다.

$$\phi_{hh} = corr(y_t,\ y_{t-h} | y_{t-1}, y_{t-2}, \cdots, y_{t-(h-1)}),\ h \geq 2$$

$$\phi_{11} = corr(y_t,\ y_{t-1}) = \rho(1)$$

편자기시차상관계수는 y_t 의 $y_{t-1},\ y_{t-2},\ y_{t-3}, \cdots$ 에 의한 회귀분석에 의하여 구할 수 있다.

회귀분석 이론에 따르면 ϕ_{11} 은 y_t 의 y_{t-1} 에 대한 회귀분석 계수와 같으며 ϕ_{22} 는 y_t 를 y_{t-1} 및 y_{t-2} 에 대해 회귀분석하여 얻어진 y_{t-2} 의 계수와 같다.

다음과 같은 회귀식

$$y_t = b_1 y_{t-1} + b_2 y_{t-2} + \cdots + b_h y_{t-h} + e_t$$

에서

$$
\begin{bmatrix} b_1 \\ b_2 \\ . \\ . \\ b_{h-1} \\ b_h \end{bmatrix}
=
\begin{bmatrix}
\gamma(0) & \gamma(1) & \cdots & \gamma(h-2) & \gamma(h-1) \\
\gamma(1) & \gamma(0) & \cdots & \gamma(h-3) & \gamma(h-2) \\
. & . & \cdots & . & . \\
. & . & \cdots & . & . \\
\gamma(h-2) & \gamma(h-3) & \cdots & \gamma(0) & \gamma(1) \\
\gamma(h-1) & \gamma(h-2) & \cdots & \gamma(1) & \gamma(0)
\end{bmatrix}^{-1}
\begin{bmatrix} \gamma(1) \\ \gamma(2) \\ . \\ . \\ \gamma(h-1) \\ \gamma(h) \end{bmatrix}
$$

이므로

$$\phi_{11} = b_1 = \gamma(1)/\gamma(0) = \rho(1)$$

이며 ϕ_{22} 는 다음 행렬식에서 구한 b_2 가 된다.

$$\begin{bmatrix} b_1 \\ b_2 \end{bmatrix} = \begin{bmatrix} \gamma(0) & \gamma(1) \\ \gamma(1) & \gamma(0) \end{bmatrix}^{-1} \begin{bmatrix} \gamma(1) \\ \gamma(2) \end{bmatrix}$$

마찬가지 방식으로 ϕ_{hh}를 구할 수 있다.

이를 이용하면 AR(1) process의 경우 편자기시차상관계수는 $\phi_{11} = \rho$, $\phi_{22} = \phi_{33} = \cdots = 0$이다. 즉 AR(1) process의 경우 자기시차상관계수는 시차를 두고 서서히 감소하는 반면 편자기시차상관계수는 2기 시차 이후 0이 된다.

MA(1) process $y_t = e_t + \theta e_{t-1}$의 경우에는 자기시차상관계수가 2기 시차 이후 0이다. 그런데 $|\theta| < 1$일 경우 MA(1) process는 AR(∞) process로 나타낼 수 있으므로 AR(1) process의 경우에 비추어 보면 편자기시차상관계수는 시간이 상당히 지난 후에야 0으로 수렴하게 될 것임을 짐작할 수 있다.

ARMA(p,q) process의 자기시차상관계수 및 편자기시차상관계수 행태를 종합적으로 정리해 보면 다음과 같다.

	AR(p)	MA(q)	ARMA(p,q)
자기시차 상관계수	단조적으로 혹은 0을 중심으로 움직이면서 감소	(q+1) 시차부터 0	단조적으로 혹은 0을 중심으로 움직이면서 감소
편자기시차 상관계수	(p+1) 시차부터 0	단조적으로 혹은 0을 중심으로 움직이면서 감소	단조적으로 혹은 0을 중심으로 움직이면서 감소

다음은 앞서 본 시계열 자료들의 시차상관계수를 모아본 것이다. random walk process와 AR(1) process의 자기시차상관계수는 유사한 양상이다. 다만 random walk process의 경우 자기상관 현상이 더 서서히 줄어드는 모습을 보인다.[12]

---

12 random walk process의 자기시차상관계수는 시차가 h일 때 $\sqrt{1 - h/T}$(T는 표본규모)이다.

▌ 시차상관계수 ▐

white noise

Sample: 1 200
Included observations: 200

Autocorrelation	Partial Correlation		AC	PAC	Q-Stat	Prob
		1	0.063	0.063	0.7984	0.372
		2	0.135	0.132	4.5390	0.103
		3	0.045	0.030	4.9623	0.175
		4	-0.044	-0.067	5.3585	0.252
		5	0.080	0.077	6.6703	0.246
		6	-0.048	-0.044	7.1430	0.308
		7	0.054	0.044	7.7572	0.354
		8	0.036	0.035	8.0317	0.430
		9	0.040	0.036	8.3769	0.497
		10	0.046	0.018	8.8221	0.549
		11	0.071	0.070	9.8883	0.540
		12	-0.009	-0.036	9.9075	0.624
		13	-0.017	-0.032	9.9675	0.697
		14	0.041	0.047	10.335	0.737
		15	0.116	0.129	13.283	0.580
		16	0.115	0.083	16.194	0.439
		17	-0.065	-0.115	17.131	0.446
		18	0.015	-0.016	17.179	0.511
		19	-0.095	-0.083	19.175	0.446
		20	-0.038	-0.027	19.507	0.489

random walk

Sample: 1 200
Included observations: 200

Autocorrelation	Partial Correlation		AC	PAC	Q-Stat	Prob
		1	0.957	0.957	186.08	0.000
		2	0.916	-0.011	357.15	0.000
		3	0.868	-0.087	511.81	0.000
		4	0.820	-0.048	650.25	0.000
		5	0.773	0.011	774.18	0.000
		6	0.725	-0.047	883.73	0.000
		7	0.681	0.011	980.74	0.000
		8	0.638	-0.007	1066.3	0.000
		9	0.594	-0.032	1140.9	0.000
		10	0.551	-0.034	1205.4	0.000
		11	0.505	-0.050	1259.9	0.000
		12	0.460	-0.027	1305.3	0.000
		13	0.416	-0.004	1342.8	0.000
		14	0.376	0.009	1373.5	0.000
		15	0.334	-0.055	1397.9	0.000
		16	0.288	-0.082	1416.1	0.000
		17	0.240	-0.063	1428.8	0.000
		18	0.194	-0.006	1437.2	0.000
		19	0.148	-0.044	1442.1	0.000
		20	0.103	-0.017	1444.5	0.000

AR(1)

Sample: 1 200
Included observations: 200

Autocorrelation	Partial Correlation		AC	PAC	Q-Stat	Prob
		1	0.776	0.776	122.31	0.000
		2	0.618	0.039	200.23	0.000
		3	0.462	-0.073	244.03	0.000
		4	0.338	-0.022	267.64	0.000
		5	0.282	0.093	284.10	0.000
		6	0.218	-0.033	294.00	0.000
		7	0.208	0.084	303.08	0.000
		8	0.195	0.018	311.10	0.000
		9	0.185	0.015	318.35	0.000
		10	0.176	0.008	324.92	0.000
		11	0.163	0.021	330.59	0.000
		12	0.131	-0.047	334.30	0.000
		13	0.122	0.045	337.51	0.000
		14	0.137	0.077	341.56	0.000
		15	0.147	0.017	346.26	0.000
		16	0.108	-0.116	348.84	0.000
		17	0.018	-0.160	348.91	0.000
		18	-0.032	0.018	349.14	0.000
		19	-0.095	-0.062	351.15	0.000
		20	-0.116	0.010	354.17	0.000

MA(1)

Sample: 1 200
Included observations: 200

Autocorrelation	Partial Correlation		AC	PAC	Q-Stat	Prob
		1	0.539	0.539	58.929	0.000
		2	0.128	-0.228	62.286	0.000
		3	0.096	0.200	64.181	0.000
		4	0.034	-0.147	64.424	0.000
		5	-0.040	0.024	64.747	0.000
		6	-0.120	-0.155	67.737	0.000
		7	-0.191	-0.071	75.362	0.000
		8	-0.180	-0.050	82.174	0.000
		9	-0.141	-0.034	86.356	0.000
		10	-0.051	0.078	86.911	0.000
		11	0.002	-0.028	86.912	0.000
		12	-0.041	-0.057	87.266	0.000
		13	0.037	0.119	87.560	0.000
		14	0.104	-0.037	89.894	0.000
		15	0.065	0.011	90.830	0.000
		16	0.027	-0.040	90.995	0.000
		17	-0.044	-0.084	91.418	0.000
		18	-0.083	-0.016	92.935	0.000
		19	-0.054	-0.008	93.592	0.000
		20	-0.098	-0.088	95.760	0.000

시계열을 모형으로 추정할 때 자기시차상관계수와 편자기시차상관계수의 모습을 살펴보면 ARMA(p,q) 설정이 가능하다. EViews나 SAS 등 대부분의 소프트웨어는 최적모형을 선택할 수 있는 옵션이 있다.

2. 시계열자료의 안정성 검정

시계열자료의 안정성 여부를 검정하기 위하여는 Dickey-Fuller 검정이 흔히 이용된다.

Dickey-Fuller 검정을 소개하고 앞에서 생성된 네 가지 시계열에 대한 안정성 여부를 판정해 보기로 한다.

안정성 검정은 다음 AR(1) process에서 $\rho = 1$인지 여부를 검정하는 것이다. 앞에서 살펴본 대로 $|\rho| < 1$이면 안정적 시계열이 되며, $\rho = 1$이면 불안정적 시계열이 된다. 이러한 맥락에서 안정성 검정을 흔히 '단위근 검정(unit root test)'이라고 부른다.

$$y_t = \rho y_{t-1} + e_t$$

위 식에서 $\rho = 1$인지를 검정하는 것은 다음과 같이 변형된 식에서 $\pi = 0$인지를 검정하는 것과 같다.

$$y_t = y_{t-1} - y_{t-1} + \rho y_{t-1} + e_t$$
$$\Delta y_t = (\rho - 1)y_{t-1} + e_t = \pi y_{t-1} + e_t$$

$|\rho| < 1$일 때 통상최소자승추정법(ordinary least sqaure method)에 의하면 $\hat{\rho}$ 및 $\hat{\pi}$는 각각

$$\hat{\rho} = \frac{\sum y_t y_{t-1}}{\sum y_{t-1}^2}, \quad \hat{\pi} = \frac{\sum \Delta y_t y_{t-1}}{\sum y_{t-1}^2}$$

이다.

$$\hat{\rho} = \frac{\sum (\rho y_{t-1} + e_t) y_{t-1}}{\sum y_{t-1}^2}, \quad \hat{\pi} = \frac{\sum (\pi y_{t-1} + e_t) y_{t-1}}{\sum y_{t-1}^2}$$

$$\Rightarrow \hat{\rho} = \rho + \frac{\sum y_{t-1}e_t}{\sum y_{t-1}^2}, \quad \hat{\pi} = \pi + \frac{\sum y_{t-1}e_t}{\sum y_{t-1}^2}$$

이 때 $\hat{\rho}$ 및 $\hat{\pi}$의 분포는 다음과 같다.

$$\sqrt{n}\,(\hat{\rho} - \rho) \sim N(0,\ 1 - \rho^2), \quad \sqrt{n}\,(\hat{\pi} - \pi) \sim N(0,\ 1 - \rho^2)$$

$\dfrac{\sum y_{t-1}e_t}{\sum y_{t-1}^2}$의 분자인 $\dfrac{1}{\sqrt{n}}\sum y_{t-1}e_t$은 확률분포적으로 $N(0,\ \gamma(0)\sigma^2)$으로

수렴(convergence in distribution)[13]하고 $\dfrac{1}{n}\sum y_{t-1}^2$는 확률적으로 $\gamma(0)$로 수렴

(convergence in probability)[14]하며, 변수가 독립적이지 않을 때(serially dependent observations) 적용되는 중심극한정리(Martingale central limit theorem)(Brown(1971), White(1984))에 의해

$$\sqrt{n}\,(\hat{\rho} - \rho) \sim N(0,\ \frac{\sigma^2}{\gamma(0)}), \quad \sqrt{n}\,(\hat{\pi} - \pi) \sim N(0,\ \frac{\sigma^2}{\gamma(0)})$$

가 되기 때문이다. $\gamma(0) = \dfrac{\sigma^2}{1 - \rho^2}$이다.

한편 $H_0 : \hat{\rho} = \rho$ 혹은 $H_0 : \hat{\pi} = \pi$를 검정하기 위한 t 통계량

$$t = \frac{\sqrt{n}\,(\hat{\rho} - \rho)}{\sqrt{\hat{\sigma^2}/(\sum y_{t-1}^2/n)}} = \frac{\sum y_{t-1}e_t}{\sqrt{\hat{\sigma^2}\sum y_{t-1}^2}}$$

이며 이는 n이 커질 경우 $N(0,\ 1)$을 따르게 된다.

$\hat{\pi}$ 의 분포는 $(\rho - 1)$을 중심으로 대칭형이나 $\rho \to 1$에 따라 평균이 0에 가까워지면서 왼쪽으로 꼬리가 길어지는(skewed) 모양을 보인다.

---

[13] $y_1,\ y_2,\ \cdots,\ y_n$을 확률변수의 sequence라고 하자. y_n이 누적확률밀도함수(cumulative distribution function) $F_n(y)$를 가질 때 $F(y)$의 모든 점에서 $\lim\limits_{n \to \infty} |F_n(y_n) - F(y)| = 0$이면 y_n은 누적확률밀도함수가 $F(y)$인 확률변수 y에 확률분포적으로 수렴한다.

[14] $y_1,\ y_2,\ \cdots,\ y_n$을 확률변수의 sequence라고 할 때 어떤 ϵ에 대해서도 $\lim\limits_{n \to \infty} \text{Prob}(|y_n - d| > \epsilon) = 0$이면 확률변수 y_n은 확률적으로 상수 c에 수렴한다.

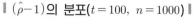

‖ $(\hat{\rho}-1)$의 분포($t=100,\ n=1000$) ‖

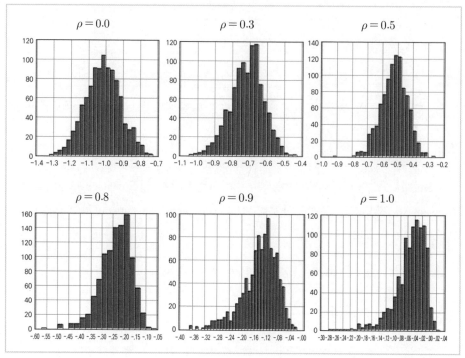

그러나 $\rho=1$, 즉 $\pi=0$인 경우에는 $\hat{\rho}$ 및 $\hat{\pi}$의 분산이 0이 되어 극한분포가 존재하지 않게 된다. $\rho=1$일 때

$$y_t = \sum e_{t-i}\ ,\ \text{즉}\ y_{t-1}^2 = \left(\sum e_{t-i}\right)^2$$

이 되어 $\sum y_{t-1}^2$이 무한히 커진다.

이 경우 t 분포를 더 이상 사용할 수 없게 된다. Dickey and Fuller(1979)는 이 경우에도 $n(\hat{\rho}-1)$ 및 $n(\hat{\pi}-0)$의 분포가 극한분포를 가짐을 증명하고 통상의 t 통계량을 이용하면서도 안정성 여부의 판단이 가능한 임계치를 제시하였다. 이것이 Dickey-Fuller 검정이다.

Dickey-Fuller 검정을 하기 위해서는 Δy_t를 y_{t-1}에 대하여 회귀분석한 후 $H_0 : \pi=0$를 t 통계량을 이용, Dickey(1976)에 의한 임계치를 사용하여 검정하는데 유의수준에서 귀무가설이 기각되면 안정적 시계열로, 그렇지 않으면 불안정적 시계열로 판정한다. 회귀분석 과정에서 설명변수로 상수항이나 시간추세항을 추가하기도 한다.

$H_0 : \pi = 0$

기본모형: $\Delta y_t = \pi y_{t-1} + e_t$

상수항 추가: $\Delta y_t = a + \pi y_{t-1} + e_t$

시간추세항 추가: $\Delta y_t = a + bt + \pi y_{t-1} + e_t$

그러나 모든 시계열이 AR(1) process를 따르는 것이 아니기 때문에 실제로는 시차 차분항을 추가한 ADF(Augumented Dickey-Fuller) 검정법이 주로 사용된다 (Said and Dickey(1984)).

예를 들어 시계열이 AR(2) process를 따른다고 할 경우

$y_t = \alpha y_{t-1} + \beta y_{t-2} + e_t$

이 시계열에 대한 안정성 여부를 검정하기 위해서는 다음 식에서 $H_0 : \pi = 0$를 검정한다.

$y_t = y_{t-1} - y_{t-1} + \alpha y_{t-1} + \beta y_{t-2} - \beta y_{t-1} + \beta y_{t-1} + e_t$

$\Delta y_t = (\alpha + \beta - 1) y_{t-1} - \beta \Delta y_{t-1} + e_t$

$\quad = \pi y_{t-1} + \Gamma \Delta y_{t-1} + e_t,$

단 $\pi = \alpha + \beta - 1,\ \Gamma = -\beta$

일반적으로 시차항을 충분히 고려하여 다음 식에서 $H_0 : \sum_{i=1}^{k} A_i = 1$, 즉 $H_0 : \pi = 0$를 검정하게 된다.

$y_t = a + bt + \sum_{i=1}^{k} A_i y_{t-i} + e_t$

$\Delta y_t = a + bt + \pi y_{t-1} + \sum_{i=1}^{k-1} \Gamma_i \Delta y_{t-i} + e_t,$

단 $\pi = \left(\sum_{i=1}^{k} A_i \right) - 1$

여기서 포함되는 시차항의 수 k는 사전에 알려져 있지 않으므로 AIC(Akaike Information Criterion)[15]나 SBC(Schwarz Bayesian Criterion)[16] 등에 의하여 결정한다. 한편 MacKinnon(1996)은 유한표본에 대한 시뮬레이션을 통하여 새로운 임계치를 제시하였다.[17]

ADF 검정에 의하여 위에서 생성한 네 가지 시계열에 대한 안정성 여부를 테스트해 보기로 한다.

우선 white noise process를 회귀분석해 보았다. process의 1차 차분 값(Δy_t)을 종속변수로 하고 원래 값(y_{t-1})을 설명변수로 하였다. 회귀분석 결과 y_{t-1}에 대한 t값은 -13.24인 것으로 나타났다. 그러나 앞서 언급한대로 $H_0 : \rho = 1$ 혹은 $H_0 : \pi = 0$을 검정하기 위한 임계치는 t 분포를 따르지 않는다. 따라서 Dickey-Fuller에 의한 $H_0 : \pi = 0$ 검정의 임계치를 적용해 보면 t값이 5% 임계치인 -1.95(Fuller(1996))보다 작으므로 귀무가설 $H_0 : \pi = 0$을 기각하게 되어 5% 유의수준에서 이 시계열이 안정적 과정이라고 판단할 수 있다.

---

15 Akaike(1969, 1973, 1974)에 의하면 다음 AIC를 최소화하는 시차 k를 사용할 경우 가장 좋은 모형(the best model)이 된다.

$AIC = \ln \hat{\sigma}_k^2 + \dfrac{2k}{n}$, 단 $\hat{\sigma}_k^2 = \dfrac{RSS}{n}$, RSS는 추정 잔차자승합(residual sum of squares)

16 Schwarz(1978)는 모형적합도(the goodness of fit)의 기준으로 다음 SBC를 최소화하는 시차 k를 사용할 것을 제시하였다. SBC는 대규모 표본에서 장점이 있는 반면 AIC는 변수의 수에 비해 표본규모가 상대적으로 작을 때 SBC에 비해 우위에 있다(McQuarrie and Tsai(1998)).

$SBC = \ln \hat{\sigma}_k^2 + \dfrac{k \log n}{n}$

17 ADF 검정의 경우 표본규모가 작거나, ρ가 1에 근접할수록, 구조적 단절이 있을 경우 검정력이 낮아지는 단점이 있다. 이에 따라 검정시 많은 시차를 포함하거나 시계열의 추이를 살펴보고 상수항이나 시간추세항을 추가하는 것이 권고된다(Campbell and Perron(1991)). 이외에도 PP 검정(Phillips and Perron(1988)) 등 여러 단위근 검정법들이 있다.

┃ 생성된 white noise process에 대한 회귀분석 결과 ┃

Dependent Variable: DWHITE
Method: Least Squares

Sample (adjusted): 2 200
Included observations: 199 after adjustments

Variable	Coefficient	Std. Error	t-Statistic	Prob.
WHITENOISE(-1)	-0.936866	0.070775	-13.23721	0.0000

R-squared	0.469448	Mean dependent var	-0.011188
Adjusted R-squared	0.469448	S.D. dependent var	1.301145
S.E. of regression	0.947741	Akaike info criterion	2.735542
Sum squared resid	177.8462	Schwarz criterion	2.752091
Log likelihood	-271.1864	Hannan-Quinn criter.	2.742240
Durbin-Watson stat	2.021147		

다음은 EViews를 이용한 ADF 검정 결과이다. EViews에서는 Dickey─Fuller에 의한 임계치 대신 이를 개선한 MacKinnon(1996) 임계치를 제공한다. 다음 표에서 t값은 회귀분석의 경우와 마찬가지로 -13.24로 나타났으며 5% 유의수준(임계치 -1.94)에서 귀무가설이 기각됨을 알 수 있다.

┃ 생성된 white noise process의 ADF 검정 결과 ┃

Null Hypothesis: WHITENOISE has a unit root
Exogenous: None
Lag Length: 0 (Fixed)

		t-Statistic	Prob.*
Augmented Dickey-Fuller test statistic		-13.23721	0.0000
Test critical values:	1% level	-2.576634	
	5% level	-1.942431	
	10% level	-1.615638	

*MacKinnon (1996) one-sided p-values.

여기서는 우리가 white noise process라는 것을 알고 있지만 실제로는 어떤 process를 따르는 시계열인지 알 수 없다. EViews는 상수항이 포함된 경우, 상수항과 시간추세항이 모두 포함된 경우, 상수항과 시간추세항 모두 포함되지 않은 경우에 대하여 AIC나 SBC 등에 의한 최적 시차항을 선택하여 검정 결과를 제공해 준다. 상수항과 시간추세항 포함 여부에 대하여는 시계열자료의 모습을 살펴본 후[18] 적합한 검정을 고르면 되지만 각각에 대해 구분이 쉽지 않으므로 차례로 검정을 다 실시해 보는 것이 좋다. AIC, SBC 등을 선택기준으로 사용할 수 있다 (Hacker(2010)).[19] 다음 결과는 SBC를 따른 것으로 상수항만 포함하고 시간추세항은 포함되지 않았다.[20] AIC에 의하여도 최적 시차항은 SBC와 마찬가지로 0으로 나타났으며 안정적 시계열인 것으로 판정되었다.

▌생성된 white noise process의 ADF 검정 결과 ▌

Null Hypothesis: WHITENOISE has a unit root
Exogenous: Constant
Lag Length: 0 (Automatic - based on SIC, maxlag=14)

		t-Statistic	Prob.*
Augmented Dickey-Fuller test statistic		-13.20293	0.0000
Test critical values:	1% level	-3.463235	
	5% level	-2.875898	
	10% level	-2.574501	

*MacKinnon (1996) one-sided p-values.

다음으로 생성된 random walk process의 경우에는 t값이 -1.88로 5% 임계치인 -2.88보다 크기 때문에 $H_0 : \pi = 0$이라는 귀무가설을 기각할 수 없어 5% 유의수준에서 불안정적 시계열인 것으로 판단할 수 있다.[21]

---

18 시계열 자료의 속성을 파악하는 것도 도움이 된다. 예를 들어 GDP의 경우 일정 성장률을 보이면서 지속적으로 증가할 것이기 때문에 시간추세항이 포함되어 있다고 보는 것이 합리적이며, 이자율은 경기상황에 따라 달라지겠지만 일정 수준에서 크게 벗어나지 않을 것이므로 상수항만 포함하는 것이 합리적일 것이다.

19 Dolado, Jenkinson and Sosvilla−Rivero(1990), Ayat and Burridge(2000), Elder and Kennedy(2001), Enders(2004) 등은 단위근 검정을 위한 순차적 검정 절차(sequential testing strategies)를 제시하였다.

20 SBC는 SIC, BIC 등으로 표시되기도 한다.

21 random walk process는 불안정적 시계열이지만 단위근 검정에 의하여 단위근을 가진다고 판정된다는 것이 곧바로 random walk process라고 하는 것은 아니다. unit root process는 $(1-B)y_t = \delta + \psi(B)e_t$, 단 $\psi(1) \neq 0$ (B는 lag operator로 $By_t = y_{t-1}$)로 표현되며 random walk 혹은 random walk with drift는 이의 전형적인 경우이다(Hamilton(1994)).

┃ 생성된 random walk process의 ADF 검정 결과 ┃

Null Hypothesis: RANDOMWALK has a unit root
Exogenous: Constant
Lag Length: 0 (Automatic - based on SIC, maxlag=14)

		t-Statistic	Prob.*
Augmented Dickey-Fuller test statistic		-1.879961	0.3413
Test critical values:	1% level	-3.463235	
	5% level	-2.875898	
	10% level	-2.574501	

*MacKinnon (1996) one-sided p-values.

생성된 AR(1) 및 MA(1) process의 경우에는 5% 유의수준에서 $H_0 : \pi = 0$이 기각되어 안정적 시계열인 것으로 나타났다.

┃ 생성된 AR(1) 및 MA(1) process의 ADF 검정 결과 ┃

AR(1) process

Null Hypothesis: AR_1 has a unit root
Exogenous: Constant
Lag Length: 0 (Automatic based on AIC, MAXLAG=14)

		t-Statistic	Prob.*
Augmented Dickey-Fuller test statistic		-4.979589	0.0000
Test critical values:	1% level	-3.463235	
	5% level	-2.875898	
	10% level	-2.574501	

*MacKinnon (1996) one-sided p-values.

MA(1) process

Null Hypothesis: MA_1 has a unit root
Exogenous: Constant
Lag Length: 5 (Automatic based on AIC, MAXLAG=14)

		t-Statistic	Prob.*
Augmented Dickey-Fuller test statistic		-5.979931	0.0000
Test critical values:	1% level	-3.464101	
	5% level	-2.876277	
	10% level	-2.574704	

*MacKinnon (1996) one-sided p-values.

시계열의 안정성 여부는 과거 자료의 설명뿐만 아니라 미래 예측 시 매우 중요하다. 안정적 시계열의 경우 과거 자료를 잘 설명할 수 있는 모형을 구축하여 미래 예측이 가능할 수 있으나 불안정적 시계열은 평균과 분산이 시간 변화에 관계없이 일정하지 않고 공분산도 달라지게 되므로 미래 예측이 쉽지 않다.

단위근 검정에 의하여 단위근이 존재한다는 귀무가설이 기각되어 시계열이 안정적이라고 판단된다면 AR이나 MA 모형 등을 이용하여 분석할 수 있다. 단위근이 존재한다면 차분한 후 안정성을 살펴보고 분석하면 된다. 상수항과 시간추세항을 포함하여 단위근 검정을 한 경우 시계열이 안정적이라고 판단되면 종속변수를 상수항과 시간추세항에 대하여 회귀분석한 후 얻어진 잔차를 이용하여 분석하면 된다. 만약 단위근이 존재한다면 이 경우에도 차분하면 된다.[22]

한편 시계열이 안정적이라고 하더라도 큰 충격의 영향이나 구조적인 변화 등으로 어느 순간 불안정적인 시계열로 전환될 수 있는 가능성을 항상 염두에 두어야 한다.

다음은 앞서 본 AR(2) process이다.

$$y_t = 1.40y_{t-1} - 0.48y_{t-2} + e_t$$

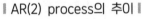

▌ AR(2) process의 추이 ▌

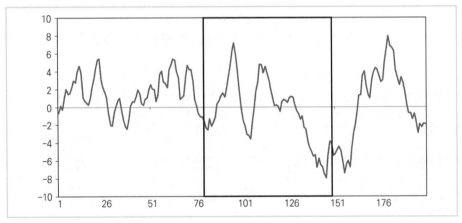

이 process는 두 특성근의 절대값이 모두 1보다 작아 안정적이지만 일부분, 예를 들어 생성치 81 − 150 구간의 자료만 관찰되었다고 하면 불안정적인 시계열로 판단할 수도 있다.

---

22 상수항과 시간추세항이 포함된 DF 검정 하에서 단위근이 존재할 경우, 즉 귀무가설이 참일 때 true process는 $y_t = a + y_{t-1} + e_t$ 이므로 차분하면 된다. 상수항만 포함되거나 상수항과 시간추세항이 모두 포함되지 않은 경우 true process는 $y_t = y_{t-1} + e_t$ 이다(Dickey and Fuller(1979)).

단위근 검정 결과 전체 기간의 경우 단위근을 가진다는 귀무가설이 5% 유의수준에서 기각되어 안정적인 시계열로 나타났지만 생성치 81−150 구간의 경우 귀무기설이 기각되지 않아 불안정적인 시계열로 판정되었다.

▌생성된 AR(2) process의 ADF 검정 결과 ▌

전체 기간			일부분(81−150)		
Null Hypothesis: AR2 has a unit root			Null Hypothesis: AR2 has a unit root		
Exogenous: Constant			Exogenous: Constant		
Lag Length: 1 (Automatic - based on SIC, maxlag=14)			Lag Length: 1 (Automatic - based on SIC, maxlag=10)		
	t-Statistic	Prob.*		t-Statistic	Prob.*
Augmented Dickey-Fuller test statistic	-3.502409	0.0089	Augmented Dickey-Fuller test statistic	-1.763508	0.3954
Test critical values:　1% level	-3.463405		Test critical values:　1% level	-3.527045	
5% level	-2.875972		5% level	-2.903566	
10% level	-2.574541		10% level	-2.589227	
*MacKinnon (1996) one-sided p-values.			*MacKinnon (1996) one-sided p-values.		

그런데 생성치 81−150 구간을 더 자세히 살펴보면 130 부근까지는 평균인 0을 중심으로 등락하지만 그 이후 갑자기 아래쪽으로 지속적으로 움직이는 것이 관찰된다. 81−130 구간의 단위근 존재 여부를 검정해보면 귀무가설이 기각되어 안정적인 시계열인 것으로 나타났다. 다만 이 경우에도 차분 시차항을 충분히 포함하지 않을 경우 여전히 불안정적인 시계열로 판정된다.

▌생성된 AR(2) process의 ADF 검정 결과 ▌

일부분(81-130)

Null Hypothesis: AR2 has a unit root
Exogenous: Constant
Lag Length: 2 (Automatic - based on SIC, maxlag=10)

	t-Statistic	Prob.*
Augmented Dickey-Fuller test statistic	-3.785503	0.0055
Test critical values: 1% level	-3.568308	
5% level	-2.921175	
10% level	-2.598551	

*MacKinnon (1996) one-sided p-values.

Augmented Dickey-Fuller Test Equation
Dependent Variable: D(AR2)
Method: Least Squares

Sample: 81 130
Included observations: 50

Variable	Coefficient	Std. Error	t-Statistic	Prob.
AR2(-1)	-0.176988	0.046754	-3.785503	0.0004
D(AR2(-1))	0.507069	0.128408	3.948876	0.0003
D(AR2(-2))	0.284242	0.140005	2.030225	0.0481
C	0.179077	0.117839	1.519666	0.1354
R-squared	0.503540	Mean dependent var		0.022994
Adjusted R-squared	0.471162	S.D. dependent var		1.053528
S.E. of regression	0.766139	Akaike info criterion		2.381713
Sum squared resid	27.00058	Schwarz criterion		2.534674
Log likelihood	-55.54281	Hannan-Quinn criter.		2.439961
F-statistic	15.55197	Durbin-Watson stat		2.100617
Prob(F-statistic)	0.000000			

일부분(81-130), 차분시차항 미포함

Null Hypothesis: AR2 has a unit root
Exogenous: Constant
Lag Length: 0 (Fixed)

	t-Statistic	Prob.*
Augmented Dickey-Fuller test statistic	-1.569907	0.4903
Test critical values: 1% level	-3.568308	
5% level	-2.921175	
10% level	-2.598551	

*MacKinnon (1996) one-sided p-values.

Augmented Dickey-Fuller Test Equation
Dependent Variable: D(AR2)
Method: Least Squares

Sample: 81 130
Included observations: 50

Variable	Coefficient	Std. Error	t-Statistic	Prob.
AR2(-1)	-0.089918	0.057276	-1.569907	0.1230
C	0.115744	0.158255	0.731377	0.4681
R-squared	0.048838	Mean dependent var		0.022994
Adjusted R-squared	0.029022	S.D. dependent var		1.053528
S.E. of regression	1.038128	Akaike info criterion		2.951893
Sum squared resid	51.73004	Schwarz criterion		3.028374
Log likelihood	-71.79732	Hannan-Quinn criter.		2.981017
F-statistic	2.464608	Durbin-Watson stat		0.795428
Prob(F-statistic)	0.123006			

만약 모형 구축자에게 주어진 실제 자료가 81-130 구간만 주어졌다고 한다면 이를 안정적인 시계열로 판단하고 이에 근거하여 전망할 가능성이 높다. 이때 전망의 신뢰도는 크게 낮아진다. 81-130 구간 자료를 AR(2) 모형에 의해 추정한 결과는 다음과 같다.

▌모형 추정 결과▐

```
Dependent Variable: AR2
Method: Least Squares

Sample: 81 130
Included observations: 50
```

Variable	Coefficient	Std. Error	t-Statistic	Prob.
AR2(-1)	1.528378	0.110175	13.87232	0.0000
AR2(-2)	-0.647692	0.110025	-5.886773	0.0000

R-squared	0.906196	Mean dependent var	1.054500
Adjusted R-squared	0.904242	S.D. dependent var	2.570737
S.E. of regression	0.795510	Akaike info criterion	2.419512
Sum squared resid	30.37614	Schwarz criterion	2.495993
Log likelihood	-58.48779	Hannan-Quinn criter.	2.448636
Durbin-Watson stat	2.346133		

이를 토대로 131 − 150 구간을 전망하게 되면 실제 생성치(검은 선)와 전망치 (붉은 선)의 괴리가 아주 커지게 된다. 일부 실제치의 경우 상·하 2 전망오차 구간(가는 선)을 하회하기도 한다.

▌AR(2) 모형에 의한 전망▐

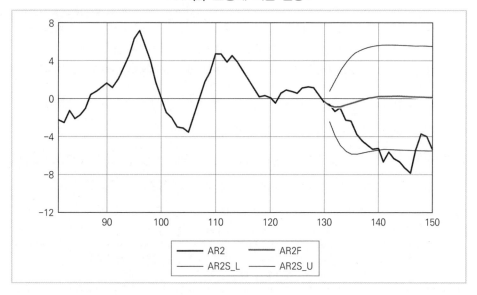

이러한 분석 결과는 자료의 안정성 여부가 표본규모, 추정기간, 잔차의 자기 상관 등에 매우 민감하게 반응하며 시계열 이해와 미래 예측 시 상당한 주의가 필요함을 시사한다고 하겠다.[23]

불안정적 시계열은 일반적으로 차분에 의하여 안정적인 과정으로 전환이 가능하며 어떤 변수를 1차 차분하여 안정적 시계열로 전환되었을 때 이 변수를 $I(1)$이라고 한다.[24]

예를 들어 random walk process의 경우

$$y_t = c + y_{t-1} + e_t, \quad e_t \sim i.i.d$$

$$\Delta y_t = c + e_t$$

즉 $y_t \sim I(1)$, $\Delta y_t \sim I(0)$이 된다.

경제시계열은 대체로 $I(1)$인 경우가 많으며(Nelson and Plosser(1982)) 단위근의 존재가 확인되면 차분한 후 과거자료 분석이나 미래 예측을 실시한다.

〈참고 I - 4〉 deterministic trend process와 stochastic trend process

시계열자료는 deterministic terms, observed stochastic component, unobserved errors로 구성되어 있다고도 할 수 있다. deterministic terms는 상수항과 선형 혹은 비선형 추세항 등을 말하며 시계열자료가 deterministic time trend와 안정적인 stochastic 구성 요소로 이루어져 있을 때 이를 deterministic trend process라고 한다.

예를 들어 다음 모형에서

$$y_t = at + \eta_t \qquad (1)$$

$$\eta_t = \rho\eta_{t-1} + e_t \qquad (2)$$

$$단 \ a \neq 0, \ 0 < \rho < 1$$

---

23 예를 들어 Hamilton and Flavin(1986)은 1962~1984년 중 미국 정부부채 연간 자료에 대한 ADF 검정 결과 이 시계열이 안정적인 것으로 보았으나 Kremers(1988)는 단위근 검정을 위한 회귀분석으로부터 얻어진 추정 잔차에 자기상관 현상이 존재함을 발견하고 차분 시차항을 추가하여 추정한 후 이 시계열이 불안정적 과정인 것으로 판단하였다.

24 Engle and Granger(1987)에 따르면 deterministic terms가 없는 시계열 자료에서 d차 차분후 안정적이고 가역적인 ARMA 모형이 존재할 때 이 시계열을 d차 integrated라고 한다. $y_t \sim I(d)$.

at는 시간추세항이고, η_t는 추세로부터의 괴리요인이다. 괴리요인은 모형에 의해 포착 가능한 부분($\rho\eta_{t-1}$)과 관찰할 수 없는 random shock e_t로 구성된다. 여기서 $0 < \rho < 1$일 경우 충격의 y_t에 대한 영향은 시간이 지나면서 소멸하게 된다. $a=0$, $0 < \rho < 1$이라면 y_t는 곧바로 안정적이다.

그런데 $a \neq 0$, $\rho = 1$일 경우에는 y_t는 'random walk with drift'가 된다.

$$y_t = at + \eta_t$$
$$\Leftrightarrow y_t = at + \eta_t + y_{t-1} - y_{t-1}$$
$$\Leftrightarrow y_t = at + \eta_t + y_{t-1} - (a(t-1) + \eta_{t-1})$$
$$\Leftrightarrow y_t = a + y_{t-1} + e_t$$

y_t가 로그 형태일 때 Δy_t는 원계열(로그 전환 이전)의 증가율과 같으므로 이 process는 원계열의 증가율이 a인 stochastic process가 된다. 이를 stochastic trend process라고 한다.

이를 다시 표현하면 $y_0 = e_0$라고 할 때

$$y_1 = a + y_0 + e_1 = a + e_0 + e_1$$
$$y_2 = a + y_1 + e_2 = a + a + e_0 + e_1 + e_2 = 2a + e_0 + e_1 + e_2$$

이러한 방식으로

$$y_t = at + e_0 + e_1 + e_2 + \cdots + e_{t-1} + e_t \tag{3}$$

가 된다. 이 과정에서는 $a = 0$일 경우에도 안정적이지 않다.

한편 식 (1)과 (2)는 다음과 같이 나타낼 수도 있다. 식 (2)에서 $0 < \rho < 1$일 때

$$\eta_t = \frac{1}{(1 - \rho B)} e_t$$
$$= e_t + \rho e_{t-1} + \rho^2 e_{t-2} + \cdots$$

이므로

$$y_t = at + e_t + \rho e_{t-1} + \rho^2 e_{t-2} + \cdots \tag{4}$$

식 (3)과 (4)를 비교해 보면 $y_t = at$ 부분은 일치한다. 나머지 부분에서 큰 차이가 발생하는데 식 (4)의 deterministic trend process에서는 충격의 효과가 시간이 지나면서 사라지는 반면 식 (3)의 stochastic trend process에서는 충격의 영향이 사라지지 않는다. 식 (4)의 경우 시간추세항을 설명변수로 하여 추세요인을 제거할 경우 안정적인 process가 되며(trend stationary process라고도 함), 식 (3)의 경우에는 차분(differencing)할 경우, 즉 $\Delta y_t (= y_t - y_{t-1})$가 안정적이게 된다(difference stationary process라고도 함).

식 (1) 및 (2)의 경우 차분해도 안정적인 과정이 된다.

$$y_t = at + \eta_t$$

$$\Leftrightarrow y_t - y_{t-1} = at + \eta_t - a(t-1) - \eta_{t-1}$$

$$\Leftrightarrow \Delta y_t = a + \eta_t - \eta_{t-1}$$

$$\Leftrightarrow \Delta y_t = a + \rho \eta_{t-1} + e_t - \eta_{t-1}$$

$$\Leftrightarrow \Delta y_t = a + (\rho - 1) \eta_{t-1} + e_t$$

그러나 Δy_t의 형태는 식 (3)의 경우($\Delta y_t = a + e_t$)와 다르다.

deterministic trend process인지 stochastic trend process인지 판단하는 것은 시계열 분석에 있어 아주 중요하다. 만약 어느 쪽인지 불분명할 경우에는 차분하는 것이 오류 가능성이 적은 것으로 알려져 있다(Plosser and Schwert(1977, 1978)).

3. 시계열자료의 공적분(cointegration) 관계

경제시계열의 경우 각 시계열은 $I(1)$ 과정이라 할지라도 변수들의 어떤 선형결합이 $I(0)$이 되는 과정이 있다. 이 경우 변수들이 공적분(cointegration)되어 있다고 말한다.

예를 들어 시계열 y_t 및 z_t가 모두 $I(1)$ 과정이라고 가정하자.

여기서 $y_t - \delta z_t$가 항상 $I(0)$가 되는 것은 아니나 $I(0)$이 되는 특정 δ가 존재하는 경우 y_t 및 z_t가 공적분되어 있다고 하고 이 선형결합 $(1, -\delta)$를 공적분 벡터라고 한다.

공적분 변수들의 선형결합 $y_t - \delta z_t$는 평균과 분산이 일정하고 공분산이 시간 간격에 좌우되는 안정적 시계열이 된다.

다음 예에서 두 변수 y_t 및 z_t는 불안정적인 시계열로 보인다.

두 변수의 공적분 관계(y_t 및 z_t)

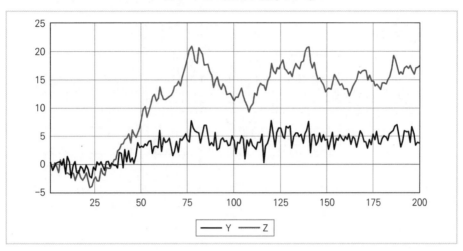

ADF 검정에 의해 두 변수의 안정성 여부를 검정해 본 결과 두 시계열 모두 불안정적인 과정들인 것으로 나타났다.

y_t 및 z_t의 ADF 검정 결과

y_t			z_t		
Null Hypothesis: Y has a unit root Exogenous: Constant Lag Length: 5 (Automatic based on AIC, MAXLAG=14)			Null Hypothesis: Z has a unit root Exogenous: Constant Lag Length: 0 (Automatic based on AIC, MAXLAG=14)		
	t-Statistic	Prob.*		t-Statistic	Prob.*
Augmented Dickey-Fuller test statistic	-1.730077	0.4145	Augmented Dickey-Fuller test statistic	-1.484600	0.5395
Test critical values: 1% level	-3.464101		Test critical values: 1% level	-3.463235	
5% level	-2.876277		5% level	-2.875898	
10% level	-2.574704		10% level	-2.574501	
*MacKinnon (1996) one-sided p-values.			*MacKinnon (1996) one-sided p-values.		

그러나 이들 두 변수의 선형결합 $y_t - 0.3z_t$는 안정적인 시계열로 보이며 ADF 검정 결과 안정적인 과정으로 판정되었다.

‖ 두 변수의 공적분 관계($w_t = y_t - 0.3z_t$) ‖

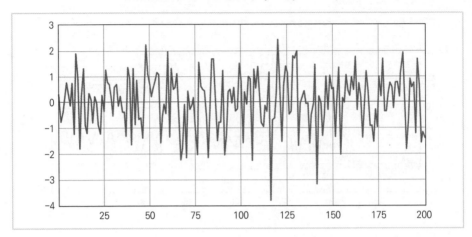

‖ $w_t = y_t - 0.3z_t$의 ADF 검정 결과 ‖

Null Hypothesis: W has a unit root
Exogenous: Constant
Lag Length: 0 (Automatic based on AIC, MAXLAG=14)

		t-Statistic	Prob.*
Augmented Dickey-Fuller test statistic		-13.61500	0.0000
Test critical values:	1% level	-3.463235	
	5% level	-2.875898	
	10% level	-2.574501	

*MacKinnon (1996) one-sided p-values.

또한 평균과 분산이 각각 0.02, 1.16, 공분산도 시차에 관계없이 0에서 크게 벗어나지 않는 white noise process에 가까운 것으로 볼 수 있다.

이로 볼 때 두 변수 y_t 및 z_t는 공적분 관계가 있으며 공적분 벡터는 (1, −0.3)이라고 말할 수 있다.

▌ $w_t = y_t - 0.3z_t$의 통계적 분석 ▌

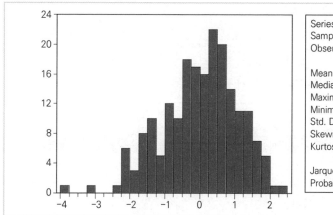

Series : W	
Sample 1 200	
Observations 200	
Mean	0.017681
Median	0.191199
Maximum	2.397741
Minimum	-3.812480
Std. Dev.	1.075793
Skewness	-0.468714
Kurtosis	3.162839
Jarque-Bera	7.544073
Probability	0.023005

▌ $w_t = y_t - 0.3z_t$의 자기시차상관계수 ▌

Sample: 1 200
Included observations: 200

Autocorrelation	Partial Correlation		AC	PAC	Q-Stat	Prob
		1	0.026	0.026	0.1356	0.713
		2	-0.112	-0.113	2.7095	0.258
		3	-0.074	-0.069	3.8309	0.280
		4	0.005	-0.004	3.8357	0.429
		5	0.108	0.093	6.2390	0.284
		6	0.055	0.047	6.8697	0.333
		7	-0.073	-0.055	7.9746	0.335
		8	-0.156	-0.135	13.123	0.108
		9	-0.021	-0.024	13.215	0.153
		10	0.137	0.097	17.205	0.070
		11	-0.070	-0.108	18.248	0.076
		12	-0.081	-0.054	19.647	0.074
		13	-0.092	-0.067	21.480	0.064
		14	-0.094	-0.106	23.393	0.054
		15	0.101	0.052	25.618	0.042
		16	-0.044	-0.099	26.043	0.053
		17	-0.107	-0.089	28.564	0.039
		18	-0.181	-0.165	35.807	0.007
		19	0.088	0.066	37.550	0.007
		20	0.059	-0.038	38.331	0.008

두 변수 y_t 및 z_t가 불안정적 시계열일 때 회귀분석

$$y_t = a + bz_t + \mu_t$$

로부터 얻어진 잔차 μ_t가 $I(0)$이 아닐 경우 변수간 아무런 관계가 없을지라도 마치 일정한 관련이 있는 것처럼 보이게 되는 허구적 회귀(spurious regression) 현상이 나타난다.[25] 이 때 y_t와 z_t가 공적분 관계에 있다고 하면 이 문제가 사라지게 되며 회귀분석으로부터 일관성 있는 추정치를 얻을 수 있다. 따라서 불안정적인 변수 사이에 있어서 공적분 관계 검정이 중요하다.

〈참고 I-5〉 **회귀분석과 허구적 회귀 및 공적분**

다음과 같은 회귀식의 회귀계수 a와 b를 최소자승법(ordinary least squares: OLS)에 의하여 구한다고 하자.

$$y_i = a + bx_i + e_i$$
$$\min_{a,b} \sum (y_i - a - bx_i)^2$$

$$\text{단} \quad E(e_i) = 0 \qquad\qquad (1)$$
$$E(e_i^2) = \sigma^2 \qquad\qquad (2)$$
$$E(e_i e_j) = 0, \ i \neq j \qquad (3)$$
$$E(x_i e_i) = 0 \qquad\qquad (4)$$
$$e_i \sim N(0, \sigma^2) \qquad\qquad (5)$$

이 때 (1)~(5)의 다섯 가지 가정, 특히 앞의 네 가지 가정하에서 최소자승법에 의하여 구한 설명변수의 추정치 $\hat{a}$, $\hat{b}$은 불편성(unbiasedness),[26] 효율성(efficiency),[27] 선형성(linearity) 모두를 충족하며 추정치가 최소의 분산을 가지게 되므로 이를 BLUE(best linear unbiased estimator)라고 한다.

이는 관찰치의 자료가 시간에 따라 변하는, 즉 i가 t로 대체되는 시계열의 경우도 마찬가지이다. 회귀식에서 종속변수 및 설명변수가 모두 안정적이라면 OLS에 의한 추정치는 대체로 BLUE가 된다.[28]

---

25 Yule(1926) 이후 알려진 현상이며 Granger and Newbold(1974)에 의하여 확인되었다. Yule 은 이러한 현상이 missing variables에 기인한다고 생각했으나 Granger and Newbold는 missing variables이 없더라도 발생할 수 있다고 하였다. Nelson and Plosser(1982)는 대부분의 경제시계열이 불안정적임을 보였다. Phillips(1986)는 허구적 회귀분석의 통계적 특성을 밝혔다.

26 불편성이 있을 경우 $E(\hat{a}) = a$, $E(\hat{b}) = b$이다.

그런데 시계열 분석에서는 위의 회귀식에 대한 가정에 대해 좀 더 살펴볼 필요가 있다. 시계열에서는 설명변수 x_t와 잔차항 $e_{t-k}(k \geq 0)$가 독립적이지 않는 경우가 일반적이다. 즉 가정 (4)가 충족되기 어렵다. 또한 잔차항 e_t도 자기상관 현상을 보이는 경우가 많아 가정 (3)도 흔히 위배된다.

따라서 시계열자료의 경우 OLS에 의해 구한 추정치의 해석과 활용에는 주의를 기울여야 한다. 그러나 설명변수 x_t와 잔차항 e_t가 상관성이 없다고 전제하는 것은 일반적으로 받아들일 수 있다. $Corr(x_t, e_t) = 0$. 이러한 경우 OLS는 BLUE는 아니더라도 다음을 만족하기 때문에 일관성 있는(consistent) 추정치가 된다.

$$\lim_{t \to \infty} E(\hat{b}) = b \text{ 및 } \lim_{t \to \infty} Var(\hat{b}) = 0$$

잔차항의 자기상관은 종속변수와 설명변수의 시차변수를 포함하는 등 해소하는 방법이 있다($Corr(y_{t-h}, e_t) = 0$, $Corr(x_{t-h}, e_t) = 0$).

그런데 y_t와 x_t가 random walk process처럼 $I(0)$이 아니라고 한다면 사정이 달라진다(Hamilton(1994)). 먼저 OLS 추정치의 일관성이 사라진다. 추정치가 표본규모에 따라 불확정적으로 달라진다.[29] 두 변수의 분산이 표본규모의 증가와 함께 커지므로 추정 잔차의 분산도 커진다. 이에 따라 표본규모가 충분히 증가해도 정규분포에 수렴하지 않아 정규분포로부터 도출되는 t 분포, F 분포, χ^2 분포를 사용할 수 없게 된다. t값 및 회귀식의 설명력을 나타내는 R^2이 커지면서 아무런 관계가 없는 경우라도 마치 일정한 관련이 있는 것처럼 보이게 되는 허구적 회귀(spurious regression) 현상이 나타난다.

그러나 이 때 y_t와 x_t가 공적분 관계에 있다고 하면 OLS 추정치는 일관성 있는 추정치가 된다. 공적분 관계가 있다면 $\hat{b}$에 편의(bias)가 발생하여 잔차가 불안정적일지라도 표본이 충분히 클 경우 OLS가 공적분 벡터를 중심으로 묶여 움직이기 때문이다.

---

27 추정치의 분산이 작을수록 효율적이다.

28 y_t와 x_t의 관계에 선형이나 비선형 추세가 포함되어 있다고 판단되면 이를 설명변수로 추가하여 추정하고 분석하면 된다.

29 y_t 및 x_t가 random walk with drift process라면 $y_t = bx_t + e_t$에서 b의 추정치 $\hat{b}$는 b가 아닌 두 시계열의 drift 항의 비율로 수렴한다.

$$y_t = \alpha_y + y_{t-1} + e_{y,t}$$
$$x_t = \alpha_x + x_{t-1} + e_{x,t}$$

라고 할 때

4. 시계열자료의 공적분 검정

가. Engle-Granger 방법

Engle and Granger(1987)는 ADF 검정 등을 이용, 변수들간의 공적분 관계를 검정하는 방법을 제시하였다.

공적분 관계의 안정성 검정은 먼저 y_t를 z_t에 의하여 회귀분석하고 이로부터 얻어진 잔차에다 ADF 검정 등을 실시하여 안정성 여부를 판단하게 된다. Engle and Granger(1987)는 모형에 포함되는 변수가 두 개인 경우에 대하여 안정성 검정을 위한 임계치들을 제시하였다. Engle and Granger(1987)의 방법은 변수가 세 개 이상인 경우에도 적용할 수 있다. 그러나 Engle and Granger(1987)에 의한 공적분 검정 방법은 검정통계량이 표준적인 분포(any standard tabulated distribution)를 따르지 않는다(Mackinnon(1991))는 문제가 있다. 이를 개선하여 MacKinnon(1991)은 변수가 1, 2, …, 6개인 경우에 대한 검정 임계치를 제공하였으며 MacKinnon(2010)에서 12개인 경우로 확장하였다.[30]

공적분 관계는 이론적인 관계나 경험적 사실로부터 도출되며 회귀분석에 따른 변수들(상수항 및 설명변수)의 계수값은 공적분 관계가 있을 경우 일관적(consistent) 추정량이 된다.[31]

예를 들어 이론적인 관계는 경제학에서 연구되어 온 화폐수량설, 구매력평가설, 소득·소비이론 등 오랫동안 받아들여져 온 가설들이고 경험적 사실은 수입과 소득, 임금과 물가, 기간별 이자율 구조 등과 같이 변수간 관계가 긴밀하다고 여겨지는 현상들을 말한다.

$$y_t = \alpha_y t + y_0 + \sum_{i=1}^{t} e_{y,i}, \quad x_t = \alpha_x t + x_0 + \sum_{i=1}^{t} e_{x,i}$$

이므로

$$\hat{b} = \frac{\sum_{t=1}^{T} x_t y_t}{\sum_{t=1}^{T} x_t^2} = \frac{\frac{1}{T^3}\sum_{t=1}^{T}(\alpha_x t + x_0 + \sum_{i=1}^{t} e_{x,i})(\alpha_y t + y_0 + \sum_{i=1}^{t} e_{y,i})}{\frac{1}{T^3}\sum_{t=1}^{T}(\alpha_x t + x_0 + \sum_{i=1}^{t} e_{x,i})^2} \rightarrow \frac{a_x a_y}{a_x^2} = \frac{a_y}{a_x}$$

30 <참고 Ⅴ-5>를 참조하시오.

31 공적분 관계에 있는 경우 OLS(ordianry least squares)에 의하여 추정된 변수간 계수 $\hat{\delta}$(p.42 관계식)은 consistent하며, $\hat{\delta} = \delta + O_p(T^{-1/2})$보다는 $\hat{\delta} = \delta + O_p(T^{-1})$라는 점에서, 즉 $\hat{\delta} \rightarrow \delta$의 수렴 속도가 일반적인 OLS보다 빠르다는 점에서 super-consistent(Stock(1987))라고 한다.

다음에서는 우리나라의 수입과 소득간, 수입과 소득 및 환율간 공적분 관계를 살펴보기로 한다. *LM*, *LY*, *LNER*은 각각 1990년부터 2018년 기간 중 우리나라의 수입(실질, 계절조정), 소득(실질, 계절조정), 대미달러명목환율의 분기 시계열이다. 한국은행 ECOS 자료[32]를 이용하였으며 각 변수는 로그 전환하였다.

▌ 각 변수들의 변화 추이 ▌

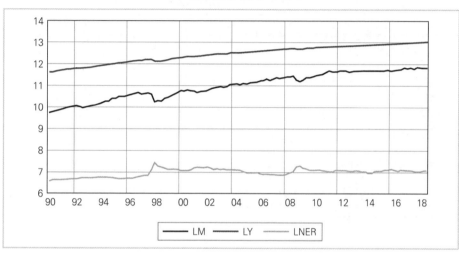

공적분 관계를 살펴보기에 앞서 단위근 검정을 통하여 세 시계열이 $I(1)$ 과정인지 검정해 보기로 한다.

우선 수준변수에 대한 안정성 여부를 검정해 본 결과 변수들 모두 불안정적 과정들인 것으로 나타났다.

---

32 https://ecos.bok.or.kr

각 변수들의 단위근 검정 결과(수준변수)

LM

Null Hypothesis: LM has a unit root
Exogenous: Constant
Lag Length: 0 (Automatic - based on SIC, maxlag=12)

		t-Statistic	Prob.*
Augmented Dickey-Fuller test statistic		-1.672563	0.4424
Test critical values:	1% level	-3.488063	
	5% level	-2.886732	
	10% level	-2.580281	

*MacKinnon (1996) one-sided p-values.

LY

Null Hypothesis: LY has a unit root
Exogenous: Constant
Lag Length: 1 (Automatic - based on SIC, maxlag=12)

		t-Statistic	Prob.*
Augmented Dickey-Fuller test statistic		-2.717573	0.0742
Test critical values:	1% level	-3.488585	
	5% level	-2.886959	
	10% level	-2.580402	

*MacKinnon (1996) one-sided p-values.

LNER

Null Hypothesis: LNER has a unit root
Exogenous: Constant
Lag Length: 1 (Automatic - based on SIC, maxlag=12)

		t-Statistic	Prob.*
Augmented Dickey-Fuller test statistic		-2.544968	0.1077
Test critical values:	1% level	-3.488585	
	5% level	-2.886959	
	10% level	-2.580402	

*MacKinnon (1996) one-sided p-values.

이에 따라 각 변수들을 차분한 결과 안정적인 시계열로 전환되어 각 변수들은 $I(1)$ 과정들인 것으로 판단된다.

공적분 관계의 존재 여부를 확인하기 위해 수입을 종속변수로 하고 소득을 설명변수로 하는 회귀분석을 한 후 추정 잔차에 대한 안정성 여부를 검정해 보았다.

▌각 변수들의 단위근 검정 결과(차분변수) ▌

LM

Null Hypothesis: D(LM) has a unit root
Exogenous: Constant
Lag Length: 0 (Automatic - based on SIC, maxlag=12)

		t-Statistic	Prob.*
Augmented Dickey-Fuller test statistic		-9.585880	0.0000
Test critical values:	1% level	-3.488585	
	5% level	-2.886959	
	10% level	-2.580402	

*MacKinnon (1996) one-sided p-values.

LY

Null Hypothesis: D(LY) has a unit root
Exogenous: Constant
Lag Length: 0 (Automatic - based on SIC, maxlag=12)

		t-Statistic	Prob.*
Augmented Dickey-Fuller test statistic		-6.832429	0.0000
Test critical values:	1% level	-3.488585	
	5% level	-2.886959	
	10% level	-2.580402	

*MacKinnon (1996) one-sided p-values.

LNER

Null Hypothesis: D(LNER) has a unit root
Exogenous: Constant
Lag Length: 0 (Automatic - based on SIC, maxlag=12)

		t-Statistic	Prob.*
Augmented Dickey-Fuller test statistic		-8.204250	0.0000
Test critical values:	1% level	-3.488585	
	5% level	-2.886959	
	10% level	-2.580402	

*MacKinnon (1996) one-sided p-values.

▌회귀분석 결과 및 추정 잔차 ▌

회귀분석 결과

Dependent Variable: LM
Method: Least Squares

Sample: 1990Q1 2018Q4
Included observations: 116

Variable	Coefficient	Std. Error	t-Statistic	Prob.
C	-7.860877	0.222700	-35.29811	0.0000
LY	1.512872	0.017862	84.69561	0.0000

R-squared	0.984356	Mean dependent var	10.99069
Adjusted R-squared	0.984219	S.D. dependent var	0.625165
S.E. of regression	0.078534	Akaike info criterion	-2.233475
Sum squared resid	0.703108	Schwarz criterion	-2.186000
Log likelihood	131.5416	Hannan-Quinn criter.	-2.214203
F-statistic	7173.347	Durbin-Watson stat	0.277534
Prob(F-statistic)	0.000000		

추정 잔차

추정 잔차의 안정성 검정 결과 잔차가 단위근을 가진다는 귀무가설이 5% 유의수준(t값 -2.92 > 임계치 -3.39)에서 기각되지 않아 공적분 관계가 존재하

지 않는 것으로 판단할 수 있다. EViews에서 제공되는 ADF 통계량에 대한
Mackinnon(1996) 임계치는 한 변수에 대한 단위근 검정에 해당한다. 모형에 포
함되는 변수가 2개 이상일 때 추정 잔차항을 이용하여 단위근 검정을 할 경우에
는 MacKinnon(1991, 2010) 임계치를 사용해야 한다.[33]

▌추정 잔차에 대한 단위근 검정 결과 ▌

Null Hypothesis: RESID_LM_LY has a unit root
Exogenous: Constant
Lag Length: 0 (Automatic - based on SIC, maxlag=12)

		t-Statistic	Prob.*
Augmented Dickey-Fuller test statistic		-2.924160	0.0457
Test critical values:	1% level	-3.488063	
	5% level	-2.886732	
	10% level	-2.580281	

*MacKinnon (1996) one-sided p-values.

다음으로 수입을 종속변수로 하고 소득과 환율을 설명변수로 하는 공적분
관계 검정을 해보았다.

▌회귀분석 결과 및 추정 잔차 ▌

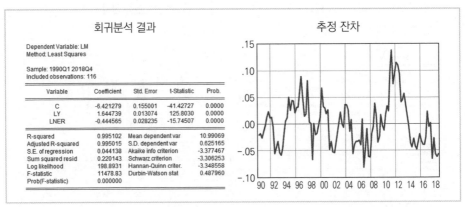

회귀분석 결과

Dependent Variable: LM
Method: Least Squares

Sample: 1990Q1 2018Q4
Included observations: 116

Variable	Coefficient	Std. Error	t-Statistic	Prob.
C	-6.421279	0.155001	-41.42727	0.0000
LY	1.644739	0.013074	125.8030	0.0000
LNER	-0.444565	0.028235	-15.74507	0.0000

R-squared	0.995102	Mean dependent var	10.99069
Adjusted R-squared	0.995015	S.D. dependent var	0.625165
S.E. of regression	0.044138	Akaike info criterion	-3.377467
Sum squared resid	0.220143	Schwarz criterion	-3.306253
Log likelihood	198.8931	Hannan-Quinn criter.	-3.348558
F-statistic	11478.83	Durbin-Watson stat	0.487960
Prob(F-statistic)	0.000000		

추정 잔차

---

33 MacKinnon(2010)에 따르면 변수가 2개(no trend)일 때 안정성 검정을 위한 5% 임계치는
  $-3.33613 - 6.1101\,T^{-1} - 6.823\,T^{-2}$(단 T는 표본규모)이다. <참고 Ⅴ-5>를 참조하시오.

이 경우에는 추정 잔차가 단위근을 가진다는 귀무가설이 5% 유의수준(t값 −3.88<임계치 −3.82)에서 기각되어 공적분 관계가 존재하는 것으로 판단된다.[34]

▮ 추정 잔차에 대한 단위근 검정 결과 ▮

Null Hypothesis: RESID_LM_LY_LNER has a unit root
Exogenous: Constant
Lag Length: 0 (Automatic - based on SIC, maxlag=12)

		t-Statistic	Prob.*
Augmented Dickey-Fuller test statistic		-3.877445	0.0030
Test critical values:	1% level	-3.488063	
	5% level	-2.886732	
	10% level	-2.580281	

*MacKinnon (1996) one-sided p-values.

이상에서 Engle−Granger가 제시한 절차에 의해 공적분 관계를 검정하는 방법을 살펴보았다. 그러나 Engle−Granger(1987)가 제시한 방법은 다음과 같은 문제점들이 있는 것으로 지적되었다.

먼저 표본규모가 작을 때 추정치 $\hat{\delta}$가 편의를 보일 수 있으며 이는 검정력을 약화시키는 것으로 관찰되었다.

$$y_t = \delta z_t + w_t = \hat{\delta} z_t + [w_t + (\delta - \hat{\delta})z_t] = \hat{\delta} z_t + \widehat{w_t}$$

$\delta \neq \hat{\delta}$이고 z_t가 $I(1)$이라면 $\widehat{w_t}$도 $I(1)$이 되어 추정 잔차에 대한 단위근 검정의 검정력을 저하시킨다. 또한 공적분 관계가 존재하더라도 공적분 벡터가 1개인 경우에만 해당한다. 아울러 y_t를 z_t에 대하여 회귀분석하는지, z_t를 y_t에 대하여 회귀분석하는지에 따라 결과에 대한 해석이 달라진다. p.43 예에서 본 y_t와 z_t의 관계에서 y_t를 z_t에 대하여 회귀분석했을 때 구한 회귀계수값 0.29는 z_t를 종속변수, y_t를 설명변수로 하여 회귀분석한 경우 얻은 y_t의 회귀계수값 2.67의 역수(=0.37)와 같지 않다.[35] 즉 공적분 벡터 $(1, -\delta)$의 δ값은 모형을 어떻게 설정하는가에 따라 달라지게 된다.

---

34 임계치는 MacKinnon(2010)에서 변수가 3개인 경우에 해당한다.
35 두 변수간 인과관계는 Granger(1969)가 제시한 Granger causalty test에 의하여 살펴볼 수 있다.

❙ 회귀분석 결과 ❙

y_t 및 z_t

Dependent Variable: Y
Method: Least Squares

Sample: 1 200
Included observations: 200

Variable	Coefficient	Std. Error	t-Statistic	Prob.
C	0.064427	0.145522	0.442728	0.6584
Z	0.291953	0.010998	26.54612	0.0000

R-squared	0.780657	Mean dependent var	3.354977
Adjusted R-squared	0.779549	S.D. dependent var	2.296208
S.E. of regression	1.078119	Akaike info criterion	2.998263
Sum squared resid	230.1435	Schwarz criterion	3.031246
Log likelihood	-297.8263	Hannan-Quinn criter.	3.011611
F-statistic	704.6966	Durbin-Watson stat	1.941069
Prob(F-statistic)	0.000000		

z_t 및 y_t

Dependent Variable: Z
Method: Least Squares

Sample: 1 200
Included observations: 200

Variable	Coefficient	Std. Error	t-Statistic	Prob.
C	2.299904	0.409182	5.620741	0.0000
Y	2.673917	0.100727	26.54612	0.0000

R-squared	0.780657	Mean dependent var	11.27083
Adjusted R-squared	0.779549	S.D. dependent var	6.949104
S.E. of regression	3.262755	Akaike info criterion	5.212971
Sum squared resid	2107.823	Schwarz criterion	5.245954
Log likelihood	-519.2971	Hannan-Quinn criter.	5.226318
F-statistic	704.6966	Durbin-Watson stat	1.511573
Prob(F-statistic)	0.000000		

이와 같은 문제점들을 해소하기 위하여 Engle and Granger(1987)의 오차수정모형(Error Correction Model: ECM), Johansen(1988, 1991)에 의한 벡터오차수정모형(Vector Error Correction Model: VECM) 등이 제시되었다.

나. Johansen 방법

Johansen(1988, 1991)이 제시한 방법은 ADF 검정을 다변수모형에 의한 검정으로 확장한 것이다. $y_t{}' = [y_{1,t},\ y_{2,t},\ \cdots,\ y_{p-1,t},\ y_{p,t}]'$라고 하자.

$$
\begin{bmatrix} y_{1,t} \\ y_{2,t} \\ \vdots \\ y_{p-1,t} \\ y_{p,t} \end{bmatrix} = \sum_{i=1}^{k} \begin{bmatrix} & A_i & \end{bmatrix} \begin{bmatrix} y_{1,t-i} \\ y_{2,t-i} \\ \vdots \\ y_{p-1,t-i} \\ y_{p,t-i} \end{bmatrix} + \begin{bmatrix} \epsilon_{1,t} \\ \epsilon_{2,t} \\ \vdots \\ \epsilon_{p-1,t} \\ \epsilon_{p,t} \end{bmatrix}
$$

즉 $\quad y_t = \sum_{i=1}^{k} A_i y_{t-i} + \epsilon_t, \qquad \epsilon_t \sim IN(0, \Sigma)$

이는 다음과 같이 나타낼 수 있다.

$$
\begin{bmatrix} \Delta y_{1,t} \\ \Delta y_{2,t} \\ \vdots \\ \Delta y_{p-1,t} \\ \Delta y_{p,t} \end{bmatrix} = \begin{bmatrix} & \pi & \end{bmatrix} \begin{bmatrix} y_{1,t-1} \\ y_{2,t-1} \\ \vdots \\ y_{p-1,t-1} \\ y_{p,t-1} \end{bmatrix} + \sum_{i=1}^{k-1} \begin{bmatrix} & \Gamma_i & \end{bmatrix} \begin{bmatrix} \Delta y_{1,t-i} \\ \Delta y_{2,t-i} \\ \vdots \\ \Delta y_{p-1,t-i} \\ \Delta y_{p,t-i} \end{bmatrix} + \begin{bmatrix} \epsilon_{1,t} \\ \epsilon_{2,t} \\ \vdots \\ \epsilon_{p-1,t} \\ \epsilon_{p,t} \end{bmatrix}
$$

$$\text{즉 } \Delta y_t = \pi y_{t-1} + \sum_{i=1}^{k-1} \Gamma_i \Delta y_{t-i} + \epsilon_t, \quad \text{단 } \pi = \left(\sum_{i=1}^{k} A_i\right) - I$$

행렬 π에 대해서는 세 가지 가능성이 존재한다.[36]

① $rank(\pi) = p$: 모든 변수가 안정적, p는 y_t 변수의 개수

② $rank(\pi) = 0$: 공적분 관계가 존재하지 않음

③ $0 < rank(\pi) = r < p$: r개의 공적분 벡터가 존재

경우 ③에 대하여

$$\pi = \alpha\beta'$$

$$\begin{bmatrix} & \pi & \end{bmatrix} = \begin{bmatrix} \alpha \end{bmatrix} \begin{bmatrix} & \beta' & \end{bmatrix}$$

$$\Delta y_t = \alpha(\beta' y_{t-1}) + \sum_{i=1}^{k-1} \Gamma_i \Delta y_{t-i} + \epsilon_t$$

로 나타낼 수 있다. 이 모형은 공적분 관계가 존재할 때 이로부터 발생하는 불균형이 차분변수들에 영향을 미치면서 조정되는 되는 구조이기 때문에 VECM이라고 한다.

여기서 행렬 π의 $rank$는 0이 아닌 특성근(eigenvalues)의 개수와 같으며 β'는 각 특성근에 대응하는 특성벡터들(eigenvectors)이다. α는 조정계수(feedback coefficients)이며 β'는 공적분 벡터(cointergrating vectors)가 된다. $\alpha(\beta' y_{t-1})$은 수준변수의 불균형을 조정하는 일종의 오차수정항이라 볼 수 있다.

행렬 π의 $rank$ r은 LR(likelihood) 통계량[37]을 이용하여 결정한다. LR 통계량에는 Maximum eigenvalue 통계량과 Trace 통계량 두 종류가 있다.

다음에는 Johansen 공적분 검정과 VECM 추정 과정을 예를 들어 살펴보기로 한다. 네 변수간 공적분 관계가 1개일 경우로 가정하고 다음과 같이 생성된

---

36 상수항이나 시간추세항이 모형에 포함될 수도 있다.

37 두 경쟁모형의 추정 적합도(goodness of fit)를 likelihoods($L(\theta|x)$)의 비율에 의하여 검정한다. 이 통계량은 χ^2 분포를 따른다. 귀무가설은 두 모형의 추정 적합도에 차이가 없다는 것이다. 비율 값이 클 경우 귀무가설을 기각하게 된다. likelihoods($L(\theta|x)$)는 주어진 파라미터 값(θ) 하에서 확률변수(X)가 특정 값(x)을 보일 확률을 측정($L(\theta|x) = \Pr(X=x|\theta)$)하는데 이는 확률변수의 모수가 표본집단에서 관측된 값과 일관되는 정도를 나타낸다.

자료를 이용한다.

$$coint_{t-1};\ 0.02 + Y_{1,t-1} - Y_{2,t-1} + 0.3\,Y_{3,t-1} - 0.7\,Y_{4,t-1}$$

$$\begin{bmatrix} \Delta Y_{1,t} \\ \Delta Y_{2,t} \\ \Delta Y_{3,t} \\ \Delta Y_{4,t} \end{bmatrix} = \begin{bmatrix} -0.10 \\ 0 \\ 0 \\ 0 \end{bmatrix} coint_{t-1} + \begin{bmatrix} \Gamma \\ (4\times4) \end{bmatrix} \begin{bmatrix} \Delta Y_{1,t-1} \\ \Delta Y_{2,t-1} \\ \Delta Y_{3,t-1} \\ \Delta Y_{4,t-1} \end{bmatrix} + \begin{bmatrix} \epsilon_{1,t} \\ \epsilon_{2,t} \\ \epsilon_{3,t} \\ \epsilon_{4,t} \end{bmatrix}$$

$$\epsilon_t \sim IN(0, \Sigma)$$

생성된 Y_1, Y_2, Y_3 및 Y_4 시계열($t = 1,2,\cdots,250$)의 모습은 다음과 같다. 단위근 검정 결과 네 변수는 모두 $I(1)$ 과정인 것으로 나타났다.

▌각 변수들의 변화 추이▐

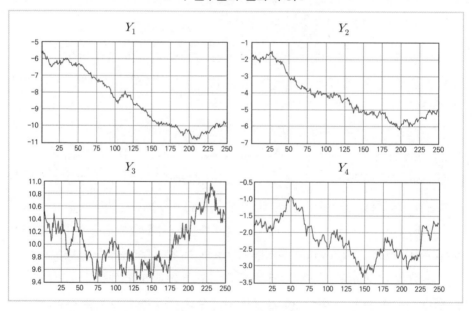

모형 구축을 위해 VECM에 포함될 시차항의 개수 k를 정해야 하는데 이는 수준변수를 이용한 VAR(vector autoregression) 모형[38]의 시차항 선정 기준을 따라 AIC, SBC 등을 이용하여 결정한다. VAR 모형은 AR 모형을 다변수 모형으로 확

---

[38] 모형에 대한 자세한 설명은 p.253을 참조하시오. p.54에 주어진 첫 번째 모형이 VAR 모형이다.

장한 것이다. AIC, SBC 등에 의하면 모두 2개의 시차항이 적절한 것으로 나타났다.

❙ VAR 모형의 시차항 선택 ❙

VAR Lag Order Selection Criteria
Endogenous variables: Y1 Y2 Y3 Y4
Exogenous variables: C

Sample: 1 250
Included observations: 242

Lag	LogL	LR	FPE	AIC	SC	HQ
0	-685.8304	NA	0.003516	5.701078	5.758746	5.724308
1	851.7960	3011.715	1.22e-08	-6.874347	-6.586005	-6.758193
2	896.1041	85.32051*	9.62e-09*	-7.108298*	-6.589283*	-6.899220*
3	908.9955	24.39786	9.87e-09	-7.082608	-6.332919	-6.780606
4	912.9432	7.340689	1.09e-08	-6.983002	-6.002639	-6.588076
5	926.1963	24.20605	1.12e-08	-6.960300	-5.749264	-6.472451
6	938.0256	21.21455	1.16e-08	-6.925831	-5.484122	-6.345059
7	951.8154	24.27462	1.18e-08	-6.907565	-5.235182	-6.233869
8	960.6392	15.24109	1.26e-08	-6.848258	-4.945201	-6.081638

* indicates lag order selected by the criterion
LR: sequential modified LR test statistic (each test at 5% level)
FPE: Final prediction error
AIC: Akaike information criterion
SC: Schwarz information criterion
HQ: Hannan-Quinn information criterion

행렬 π의 $rank$를 결정하기 위해서는 Maximum eigenvalue 통계량과 Trace 통계량을 이용한 검정이 주로 사용되는데 EViews는 이들 두 통계량을 모두 제공한다.

귀무가설은 $rank = 0$(공적분 벡터의 개수 0)으로부터 $rank = 1, 2, 3, 4$ 순으로 검정된다. 두 통계량으로 보아 $H_0 : rank = 0$(대립가설 $H_A : rank > 0$)이 기각되면 행렬 π의 $rank$는 1 이상이 된다.

수준변수의 VAR 모형을 이용한 AIC, SBC 등에 의해 최적시차가 2로 선정되었으므로 공적분 관계의 $rank$를 결정하기 위한 차분항의 포함 시차는 1개가 줄어든 1이 된다.

❚ Maximum eigenvalue 및 Trace 통계량 검정 ❚

Sample (adjusted): 3 250
Included observations: 248 after adjustments
Trend assumption: Linear deterministic trend
Series: Y1 Y2 Y3 Y4
Lags interval (in first differences): 1 to 1

Unrestricted Cointegration Rank Test (Trace)

Hypothesized No. of CE(s)	Eigenvalue	Trace Statistic	0.05 Critical Value	Prob.**
None *	0.121038	60.20611	47.85613	0.0023
At most 1	0.059147	28.21065	29.79707	0.0753
At most 2	0.030180	13.09060	15.49471	0.1115
At most 3 *	0.021897	5.490746	3.841466	0.0191

Trace test indicates 1 cointegrating eqn(s) at the 0.05 level
* denotes rejection of the hypothesis at the 0.05 level
**MacKinnon-Haug-Michelis (1999) p-values

Unrestricted Cointegration Rank Test (Maximum Eigenvalue)

Hypothesized No. of CE(s)	Eigenvalue	Max-Eigen Statistic	0.05 Critical Value	Prob.**
None *	0.121038	31.99545	27.58434	0.0127
At most 1	0.059147	15.12006	21.13162	0.2806
At most 2	0.030180	7.599853	14.26460	0.4208
At most 3 *	0.021897	5.490746	3.841466	0.0191

Max-eigenvalue test indicates 1 cointegrating eqn(s) at the 0.05 level
* denotes rejection of the hypothesis at the 0.05 level
**MacKinnon-Haug-Michelis (1999) p-values

분석 결과 두 통계량 모두에서 H_0 : $rank = 0$이 유의수준 5%에서 기각됨을 알 수 있다. Trace 통계량의 경우 60.21로 5% 임계치인 47.86보다 크며 Maximum eigenavlue 통계량도 32.00으로 5% 임계치인 27.58보다 크게 나타났다.

따라서 행렬 π의 $rank$가 적어도 1이라는 추론이 가능하기 때문에 H_0 : $rank \leq 1(H_A$: $rank > 1)$을 검정하는 단계로 넘어간다. H_0 : $rank \leq 1$을 검정해 보면 두 통계량 모두 5% 임계치보다 작기 때문에 귀무가설을 기각할 수 없다. Trace 통계량 및 Maximum eigenvalue 통계량의 경우 각각 28.21, 15.12로 5%

임계치인 29.80, 21.13보다 작은 것으로 나타났다. 따라서 행렬 π의 $rank$는 1이라고 판단할 수 있다.

$rank=1$을 공적분 벡터의 수로 부여하면서 VECM을 다시 추정하면 다음과 같은 1개의 공적분 벡터가 얻어진다.

$$Y_1 = -2.32 + 0.93\,Y_2 - 0.08\,Y_3 + 0.65\,Y_4$$

┃ 공적분 벡터 추정 결과 ┃

Vector Error Correction Estimates

Sample (adjusted): 3 250
Included observations: 248 after adjustments
Standard errors in ( ) & t-statistics in [ ]

Cointegrating Eq:	CointEq1
Y1(-1)	1.000000
Y2(-1)	-0.933525 (0.07944) [-11.7519]
Y3(-1)	0.078151 (0.21371) [0.36568]
Y4(-1)	-0.650309 (0.19257) [-3.37699]
C	2.318274

다음으로 공적분 관계에 대한 가설 검정을 해보기로 한다.

$$Y_1 = \gamma_1 + \gamma_2 Y_2 + \gamma_3 Y_3 + \gamma_4 Y_4$$

Y_1에 대한 Y_2의 계수가 0.93이므로 이 계수가 1과 같은지 판정해 볼 수 있다. $H_0 : \gamma_2 = 1$은 LR 검정법에 의하여 검정한다. 다음 결과에 의하면 χ^2 통계량이 0.55(p값 0.46)로 5% 유의수준에서 귀무가설을 기각하지 못함을 알 수 있다. 즉 $\gamma_2 = 1$이라고 할 수 있다.

▌공적분 벡터 가설 검정(H_0 : $\gamma_2 = 1$) ▐

```
Vector Error Correction Estimates

Sample (adjusted): 3 250
Included observations: 248 after adjustments
Standard errors in ( ) & t-statistics in [ ]
```

Cointegration Restrictions:	
B(1,1)=1,B(1,2)=-1	
Convergence achieved after 15 iterations.	
Restrictions identify all cointegrating vectors	
LR test for binding restrictions (rank = 1):	
Chi-square(1)	0.554773
Probability	0.456374

Cointegrating Eq:	CointEq1
Y1(-1)	1.000000
Y2(-1)	-1.000000
Y3(-1)	-0.006771
	(0.20719)
	[-0.03268]
Y4(-1)	-0.520615
	(0.13373)
	[-3.89306]
C	3.174492

마찬가지로 H_0 : $\gamma_3 = -0.3$ 및 H_0 : $\gamma_4 = 0.7$에 대하여 검정해 본다. 검정 결과에 의하면 χ^2 통계량이 각각 $0.48(p$값 $0.49)$, $0.05(p$값 $0.83)$로 5% 유의수준에서 귀무가설을 기각하지 못함을 알 수 있다.

┃ 공적분 벡터 가설 검정 ┃

$$H_0 : \quad \gamma_3 = -0.3 \qquad\qquad H_0 : \quad \gamma_4 = 0.7$$

Vector Error Correction Estimates		Vector Error Correction Estimates	
Sample (adjusted): 3 250		Sample (adjusted): 3 250	
Included observations: 248 after adjustments		Included observations: 248 after adjustments	
Standard errors in ( ) & t-statistics in [ ]		Standard errors in ( ) & t-statistics in [ ]	
Cointegration Restrictions:		Cointegration Restrictions:	
B(1,1)=1,B(1,3)=0.3		B(1,1)=1,B(1,4)=-0.7	
Convergence achieved after 6 iterations.		Convergence achieved after 10 iterations.	
Restrictions identify all cointegrating vectors		Restrictions identify all cointegrating vectors	
LR test for binding restrictions (rank = 1):		LR test for binding restrictions (rank = 1):	
Chi-square(1)	0.483159	Chi-square(1)	0.045578
Probability	0.486995	Probability	0.830945
Cointegrating Eq:	CointEq1	Cointegrating Eq:	CointEq1
Y1(-1)	1.000000	Y1(-1)	1.000000
Y2(-1)	-0.920308	Y2(-1)	-0.919695
	(0.06944)		(0.05434)
	[-13.2537]		[-16.9252]
Y3(-1)	0.300000	Y3(-1)	0.106496
Y4(-1)	-0.716646		(0.19797)
	(0.16328)		[0.53795]
	[-4.38899]	Y4(-1)	-0.700000
C	0.002351	C	1.983028

다음에는 $H_0 : \quad \gamma_2 = 1, \ \gamma_3 = -0.3, \ \gamma_4 = 0.7$을 동시에 검정한다. 검정 결과 귀무가설이 5% 유의수준에서 기각되지 않는 것으로(χ^2 통계량 2.30, p값 0.51) 나타났다.

┃ 공적분 벡터 가설 검정 ┃

Vector Error Correction Estimates	
Sample (adjusted): 3 250	
Included observations: 248 after adjustments	
Standard errors in ( ) & t-statistics in [ ]	
Cointegration Restrictions:	
B(1,1)=1,B(1,2)=-1, B(1,3)=0.3, B(1,4)=-0.7	
Convergence achieved after 1 iterations.	
Restrictions identify all cointegrating vectors	
LR test for binding restrictions (rank = 1):	
Chi-square(3)	2.295520
Probability	0.513380
Cointegrating Eq:	CointEq1
Y1(-1)	1.000000
Y2(-1)	-1.000000
Y3(-1)	0.300000
Y4(-1)	-0.700000
C	-0.298206

Johansen 공적분 분석에서 β'는 공적분 벡터이며 α는 공적분 벡터의 변수 간 불균형이 조정되는 속도를 나타내는 계수들(feedback coefficients)이다.

$$\Delta y_t = \alpha(\beta' y_{t-1}) + \sum_{i=1}^{k-1} \Gamma_i \Delta y_{t-i} + \epsilon_t$$

조정계수 α_i가 0이면 이 방정식의 종속변수 y_i가 약외생성(weak exogeneity)을 가진다고 한다. 모형 내의 변수간 불균형이 y_i에 영향을 미치지 못한다는 의미이다.[39]

먼저 $\alpha_1 = 0$에 대하여 귀무가설($H_0 : \alpha_1 = 0$)이 5% 유의수준에서 기각(χ^2 통계량 17.67, p값 < 0.05)되었다. $\alpha_1 \neq 0$이므로 변수간 불균형이 Y_1에 영향을 미친다고 할 수 있다. 즉 Y_1은 약외생적 시계열이라고 할 수 없다. 반면 Y_2에 대하여는 5% 유의수준에서 $H_0 : \alpha_2 = 0$을 기각할 수 없으므로(χ^2 통계량 0.01, p값 0.91) 변수 Y_2는 약외생성을 가진다고 할 수 있다. Y_3 및 Y_4의 경우에도 $H_0 : \alpha_3 = 0$와 $H_0 : \alpha_4 = 0$이 각각 5% 유의수준에서 기각되지 않아 Y_2와 마찬가지로 각각 약외생적 시계열이라고 판단할 수 있다.

---

[39] 공적분 방정식에서 오차수정항 $\alpha(\beta' y_{t-1})$의 계수행렬 $\alpha\beta'$은 다음과 같다

$$\begin{bmatrix} \alpha_1 \\ \alpha_2 \\ \alpha_3 \\ \alpha_4 \end{bmatrix} [\beta_1\,\beta_2\,\beta_3\,\beta_4\,\beta_5]$$

여기서 $\beta_1, \beta_2\,\beta_3\,\beta_4\,\beta_5$는 각각 $Y_{1,t-1}, Y_{2,t-1}, Y_{3,t-1}, Y_{4,t-1}$ 및 상수항 C의 계수이다.

❙ Y_1, Y_2, Y_3, Y_4의 약외생성 검정 ❙

Y_1

Vector Error Correction Estimates

Sample (adjusted): 3 250
Included observations: 248 after adjustments
Standard errors in ( ) & t-statistics in [ ]

Cointegration Restrictions:
  B(1,1)=1,A(1,1)=0
Maximum iterations (500) reached.
Restrictions identify all cointegrating vectors
LR test for binding restrictions (rank = 1):
Chi-square(1)   17.67299
Probability   0.000026

Cointegrating Eq:	CointEq1
Y1(-1)	1.000000
Y2(-1)	-14.91221
	(10.7059)
	[-1.39289]
Y3(-1)	-95.48807
	(28.8030)
	[-3.31522]
Y4(-1)	68.77084
	(25.9534)
	[2.64978]
C	1054.796

Error Correction:	D(Y1)	D(Y2)	D(Y3)	D(Y4)
CointEq1	0.000000	-0.000504	9.88E-05	-0.000414
	(0.00000)	(0.00019)	(0.00017)	(0.00016)
	[NA]	[-2.70044]	[0.56544]	[-2.51399]

Y_2

Vector Error Correction Estimates

Sample (adjusted): 3 250
Included observations: 248 after adjustments
Standard errors in ( ) & t-statistics in [ ]

Cointegration Restrictions:
  B(1,1)=1,A(2,1)=0
Convergence achieved after 8 iterations.
Restrictions identify all cointegrating vectors
LR test for binding restrictions (rank = 1):
Chi-square(1)   0.012589
Probability   0.910663

Cointegrating Eq:	CointEq1
Y1(-1)	1.000000
Y2(-1)	-0.933899
	(0.07858)
	[-11.8854]
Y3(-1)	0.099657
	(0.21140)
	[0.47142]
Y4(-1)	-0.657803
	(0.19048)
	[-3.45334]
C	2.084424

Error Correction:	D(Y1)	D(Y2)	D(Y3)	D(Y4)
CointEq1	-0.079563	0.000000	0.007950	-0.011841
	(0.01402)	(0.00000)	(0.01583)	(0.01501)
	[-5.67438]	[NA]	[0.50220]	[-0.78895]

Y_3

Vector Error Correction Estimates

Sample (adjusted): 3 250
Included observations: 248 after adjustments
Standard errors in ( ) & t-statistics in [ ]

Cointegration Restrictions:
  B(1,1)=1,A(3,1)=0
Convergence achieved after 12 iterations.
Restrictions identify all cointegrating vectors
LR test for binding restrictions (rank = 1):
Chi-square(1)   0.209193
Probability   0.647400

Cointegrating Eq:	CointEq1
Y1(-1)	1.000000
Y2(-1)	-0.929376
	(0.07746)
	[-11.9975]
Y3(-1)	0.136972
	(0.20841)
	[0.65723]
Y4(-1)	-0.646367
	(0.18779)
	[-3.44197]
C	1.754350

Error Correction:	D(Y1)	D(Y2)	D(Y3)	D(Y4)
CointEq1	-0.080029	-0.000614	0.000000	-0.011981
	(0.01415)	(0.01730)	(0.00000)	(0.01528)
	[-5.65590]	[-0.03552]	[NA]	[-0.78427]

Y_4

Vector Error Correction Estimates

Sample (adjusted): 3 250
Included observations: 248 after adjustments
Standard errors in ( ) & t-statistics in [ ]

Cointegration Restrictions:
  B(1,1)=1,A(4,1)=0
Convergence achieved after 13 iterations.
Restrictions identify all cointegrating vectors
LR test for binding restrictions (rank = 1):
Chi-square(1)   0.488272
Probability   0.484699

Cointegrating Eq:	CointEq1
Y1(-1)	1.000000
Y2(-1)	-0.908533
	(0.07885)
	[-11.5216]
Y3(-1)	0.152420
	(0.21215)
	[0.71846]
Y4(-1)	-0.731578
	(0.19116)
	[-3.82703]
C	1.500000

Error Correction:	D(Y1)	D(Y2)	D(Y3)	D(Y4)
CointEq1	-0.080447	-8.81E-05	0.007763	0.000000
	(0.01407)	(0.01713)	(0.01596)	(0.00000)
	[-5.71958]	[-0.00514]	[0.48648]	[NA]

이번에는 Y_2, Y_3, Y_4 세 변수가 동시에 약외생성을 갖는지 검정해 보았다. 이때 귀무가설은 $H_0 : \alpha_2 = \alpha_3 = \alpha_4 = 0$이다. 검정 결과 5% 유의수준에서 귀무가설을 기각할 수 없으므로(χ^2 통계량 0.67, p값 0.88) 이들 세 변수는 동시에 약외생적 성격을 갖는다는 것을 알 수 있다. 즉 Y_2, Y_3, Y_4는 변수간 불균형으로부터 영향을 받지 않고 Y_1만 영향을 받는다고 추론할 수 있다.

❙ Y_2, Y_3, Y_4의 약외생성 검정 ❙

```
Vector Error Correction Estimates

Sample (adjusted): 3 250
Included observations: 248 after adjustments
Standard errors in ( ) & t-statistics in [ ]

Cointegration Restrictions:
  B(1,1)=1,A(2,1)=0,A(3,1)=0,A(4,1)=0
Convergence achieved after 8 iterations.
Restrictions identify all cointegrating vectors
LR test for binding restrictions (rank = 1):
Chi-square(3)          0.673237
Probability            0.879480
```

Cointegrating Eq:	CointEq1
Y1(-1)	1.000000
Y2(-1)	-0.904914 (0.07756) [-11.6671]
Y3(-1)	0.193106 (0.20867) [0.92542]
Y4(-1)	-0.720666 (0.18802) [-3.83283]
C	1.131116

Error Correction:	D(Y1)	D(Y2)	D(Y3)	D(Y4)
CointEq1	-0.081140 (0.01420) [-5.71334]	0.000000 (0.00000) [NA]	0.000000 (0.00000) [NA]	0.000000 (0.00000) [NA]

끝으로 앞의 공적분 관계에 대한 가설 검정과 약외생성 검정 결과를 종합하여 다시 가설 검정을 해보았다. 귀무가설은 H_0 : $\gamma_2 = 1$, $\gamma_3 = -0.3$, $\gamma_4 = 0.7$, $\alpha_2 = \alpha_3 = \alpha_4 = 0$이다. 검정 결과 유의수준 5%에서 귀무가설을 기각할 수 없는 것으로(χ^2 통계량 3.85, p값 0.70) 나타났다. 장기 공적분 관계 및 추정 결과는 다음과 같다.

$$Y_1 = 0.30 + Y_2 - 0.3\,Y_3 + 0.7\,Y_4$$

장기 공적분 관계의 경우 상수항은 실제 주어진 값과 추정치에 다소 차이가 발생하였다.

┃ VECM 추정 결과 ┃

Vector Error Correction Estimates

Sample (adjusted): 3 250
Included observations: 248 after adjustments
Standard errors in ( ) & t-statistics in [ ]

Cointegration Restrictions:
  B(1,1)=1,B(1,2)=-1,B(1,3)=0.3,B(1,4)=-0.7,A(2,1)=0,A(3,1)=0,A(4,1)=0
Convergence achieved after 2 iterations.
Restrictions identify all cointegrating vectors
LR test for binding restrictions (rank = 1):
Chi-square(6)   3.857321
Probability   0.695978

Cointegrating Eq:	CointEq1
Y1(-1)	1.000000
Y2(-1)	-1.000000
Y3(-1)	0.300000
Y4(-1)	-0.700000
C	-0.298206

Error Correction:	D(Y1)	D(Y2)	D(Y3)	D(Y4)
CointEq1	-0.084063	0.000000	0.000000	0.000000
	(0.01554)	(0.00000)	(0.00000)	(0.00000)
	[-5.40919]	[NA]	[NA]	[NA]
D(Y1(-1))	-0.310756	0.090136	0.079514	0.072620
	(0.05888)	(0.07123)	(0.06640)	(0.06274)
	[-5.27757]	[1.26551]	[1.19759]	[1.15743]
D(Y2(-1))	-0.045228	-0.227129	0.005872	0.142368
	(0.05289)	(0.06398)	(0.05964)	(0.05636)
	[-0.85508]	[-3.54995]	[0.09845]	[2.52601]
D(Y3(-1))	-0.014820	0.074312	-0.310280	0.146140
	(0.05393)	(0.06524)	(0.06082)	(0.05747)
	[-0.27477]	[1.13906]	[-5.10198]	[2.54293]
D(Y4(-1))	-0.055125	-0.004980	0.184624	0.146533
	(0.06088)	(0.07364)	(0.06865)	(0.06487)
	[-0.90546]	[-0.06763]	[2.68938]	[2.25880]
C	-0.022243	-0.013467	0.001155	0.002950
	(0.00584)	(0.00707)	(0.00659)	(0.00623)
	[-3.80654]	[-1.90519]	[0.17529]	[0.47375]

R-squared	0.187491	0.074862	0.133402	0.073137
Adj. R-squared	0.170703	0.055747	0.115497	0.053987
Sum sq. resids	1.954053	2.859122	2.484525	2.218631
S.E. equation	0.089859	0.108695	0.101324	0.095749
F-statistic	11.16854	3.916498	7.450559	3.819168
Log likelihood	248.7001	201.5046	218.9183	232.9540
Akaike AIC	-1.957259	-1.576650	-1.717083	-1.830274
Schwarz SC	-1.872256	-1.491648	-1.632081	-1.745272
Mean dependent	-0.016331	-0.012218	-0.000242	4.03E-05
S.D. dependent	0.098675	0.111857	0.107737	0.098443

Determinant resid covariance (dof adj.)	8.73E-09
Determinant resid covariance	7.91E-09
Log likelihood	904.8074
Akaike information criterion	-7.071028
Schwarz criterion	-6.674350
Number of coefficients	28

한편 Johansen 방법에서 각 시계열의 안정성 여부는 $\beta' = (10000\cdots)$을 검정하여 확인해 볼 수 있다. $\beta'y_t \sim I(0)$이면 $y_{1,t} \sim I(0)$이다. 귀무가설($H_0 : y_{1,t}$가 안정적 시계열이다)이 기각되면 첫 번째 변수가 불안정적인 시계열이 된다.[40]

먼저 $\beta' = (1000)$에 대하여 귀무가설($H_0 : y_{1,t}$가 안정적 시계열이다)이 기각(χ^2 통계량 20.99, p값 <0.05)되므로 Y_1은 불안정적 시계열이라고 할 수 있다. 마찬가지로 $\beta' = (0010)$에 대하여도 귀무가설($H_0 : y_{3,t}$가 안정적 시계열이다)이 기각(χ^2 통계량 12.77, p값 <0.05)되므로 Y_3는 불안정적 시계열이다. Y_2 및 Y_4도 불안정적 시계열인 것으로 나타났다.

---

40 Johansen(1995)을 참조하시오.

▌ Y_1, Y_2, Y_3 및 Y_4의 안정성 검정 ▌

Y_1

Vector Error Correction Estimates

Sample (adjusted): 3 250
Included observations: 248 after adjustments
Standard errors in ( ) & t-statistics in [ ]

Cointegration Restrictions:
  B(1,1)=1,B(1,2)=0,B(1,3)=0,B(1,4)=0
Convergence achieved after 1 iterations.
Restrictions identify all cointegrating vectors
LR test for binding restrictions (rank = 1):
Chi-square(3)   20.98786
Probability   0.000106

Cointegrating Eq:	CointEq1
Y1(-1)	1.000000
Y2(-1)	0.000000
Y3(-1)	0.000000
Y4(-1)	0.000000
C	8.483710

Y_2

Vector Error Correction Estimates

Sample (adjusted): 3 250
Included observations: 248 after adjustments
Standard errors in ( ) & t-statistics in [ ]

Cointegration Restrictions:
  B(1,1)=0,B(1,2)=1,B(1,3)=0,B(1,4)=0
Convergence achieved after 1 iterations.
Restrictions identify all cointegrating vectors
LR test for binding restrictions (rank = 1):
Chi-square(3)   24.48206
Probability   0.000020

Cointegrating Eq:	CointEq1
Y1(-1)	0.000000
Y2(-1)	1.000000
Y3(-1)	0.000000
Y4(-1)	0.000000
C	4.231250

Y_3

Vector Error Correction Estimates

Sample (adjusted): 3 250
Included observations: 248 after adjustments
Standard errors in ( ) & t-statistics in [ ]

Cointegration Restrictions:
  B(1,1)=0,B(1,2)=0,B(1,3)=1,B(1,4)=0
Convergence achieved after 1 iterations.
Restrictions identify all cointegrating vectors
LR test for binding restrictions (rank = 1):
Chi-square(3)   12.76721
Probability   0.005168

Cointegrating Eq:	CointEq1
Y1(-1)	0.000000
Y2(-1)	0.000000
Y3(-1)	1.000000
Y4(-1)	0.000000
C	-10.03310

Y_4

Vector Error Correction Estimates

Sample (adjusted): 3 250
Included observations: 248 after adjustments
Standard errors in ( ) & t-statistics in [ ]

Cointegration Restrictions:
  B(1,1)=0,B(1,2)=0,B(1,3)=0,B(1,4)=1
Convergence achieved after 1 iterations.
Restrictions identify all cointegrating vectors
LR test for binding restrictions (rank = 1):
Chi-square(3)   23.31984
Probability   0.000035

Cointegrating Eq:	CointEq1
Y1(-1)	0.000000
Y2(-1)	0.000000
Y3(-1)	0.000000
Y4(-1)	1.000000
C	2.201048

다음에는 실제 자료를 이용하여 $rank$가 2개 이상인 경우에 대하여 살펴보기로 한다. 2000.1월~2020.12월 중 한국은행 ECOS 우리나라의 이자율 자료를 이용하였다. $CD90$은 CD 유통수익률(90일물)이며, $B1$, $B3$ 및 $B10$는 각각 국고채 1년물, 3년물 및 10년물 금리이다. 각 금리는 서로 밀접한 관련을 맺으면서 변하는 모습을 나타내고 있다.[41]

---

[41] Ericsson(2009)은 1995.1월~2008.1월 미국 이자율 시계열을 이용하여 금리간 관계를 분석한 바 있다.

‖ 우리나라 주요 금리 ‖

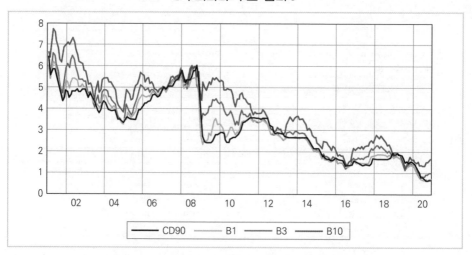

먼저 ADF 검정을 통하여 변수들의 안정성을 검정해 본 결과 각 금리의 수준변수는 불안정적 시계열인 반면 차분변수는 안정적인 시계열로 판정되었다.

다음으로 Johansen 방법에 의하여 공적분 관계를 검정하기 위해 사용되어야 할 VAR 모형의 최적시차를 살펴보았다. AIC의 경우 시차 6, SBC의 경우 시차 2가 적합한 것으로 나타났다. SBC에 따라 시차항을 2개 포함하여 분석하기로 한다. 이 때 VECM에 포함될 차분변수의 시차항은 1개가 줄어든 1이 된다.

‖ VAR 모형의 시차항 선택 ‖

VAR Lag Order Selection Criteria
Endogenous variables: CD90 B1 B3 B10
Exogenous variables: C

Sample: 2001M01 2020M12
Included observations: 235

Lag	LogL	LR	FPE	AIC	SC	HQ
0	-396.8260	NA	0.000356	3.411285	3.470172	3.435025
1	776.8823	2297.472	1.87e-08	-6.441551	-6.147118	-6.322850
2	826.1563	94.77396	1.41e-08	-6.724735	-6.194756*	-6.511072*
3	851.0094	46.95634	1.31e-08	-6.800080	-6.034554	-6.491455
4	867.2471	30.12611	1.31e-08	-6.802103	-5.801031	-6.398517
5	882.1474	27.13756	1.32e-08	-6.792743	-5.556126	-6.294196
6	900.4793	32.76345*	1.30e-08*	-6.812590*	-5.340426	-6.219081
7	915.0517	25.54824	1.31e-08	-6.800440	-5.092730	-6.111970
8	927.9062	22.09880	1.35e-08	-6.773670	-4.830413	-5.990238

* indicates lag order selected by the criterion
LR: sequential modified LR test statistic (each test at 5% level)
FPE: Final prediction error
AIC: Akaike information criterion
SC: Schwarz information criterion
HQ: Hannan-Quinn information criterion

VAR 모형의 공적분 관계에 상수항을 포함하는 한편 VAR 모형의 차분항들에 대한 시차로 1을 사용하면서 행렬 π의 $rank$를 결정하기 위해 Maximum eigenvalue 통계량과 Trace 통계량을 살펴본 결과 3개의 공적분 관계가 존재하는 것으로 나타났다.

두 통계량을 이용한 검정은 H_0 : $rank = 0$(대립가설 H_A : $rank > 0$)이라는 가설로부터 단계적으로 이루어지는데 두 통계량이 각각 41.69, 87.29로 5% 유의수준에서 귀무가설이 기각됨을 알 수 있다. 즉 공적분 관계가 적어도 1개는 존재한다고 판단할 수 있다. 다음으로 H_0 : $rank \leq 1$(대립가설 H_A : $rank > 1$)이라는 귀무가설도 두 통계량이 각각 28.74, 45.60으로 5% 유의수준에서 기각되므로 공적분 관계가 적어도 2개는 존재한다고 할 수 있다. 이에 따라 다음 단계를 순차로 검정한 결과 H_0 : $rank \leq 2$(대립가설 H_A : $rank > 2$)라는 귀무가설도 기각되었다 (두 통계량은 각각 14.80, 16.86). 그러나 H_0 : $rank \leq 3$(대립가설 H_A : $rank > 3$)이라는 귀무가설은 5% 유의수준에서 기각할 수 없었다. 두 통계량은 모두 2.06이며 p값도 0.15로 나타났다. 이에 따라 공적분 관계가 3개 존재하는 것으로 판단할 수 있다.

‖ Maximum eigenvalue 및 Trace 통계량 검정 ‖

Sample: 2001M01 2020M12
Included observations: 240
Trend assumption: Linear deterministic trend
Series: CD90 B1 B3 B10
Lags interval (in first differences): 1 to 1

Unrestricted Cointegration Rank Test (Trace)

Hypothesized No. of CE(s)	Eigenvalue	Trace Statistic	0.05 Critical Value	Prob.**
None *	0.159465	87.28944	47.85613	0.0000
At most 1 *	0.112851	45.59752	29.79707	0.0004
At most 2 *	0.059815	16.85948	15.49471	0.0310
At most 3	0.008533	2.056731	3.841466	0.1515

Trace test indicates 3 cointegrating eqn(s) at the 0.05 level
* denotes rejection of the hypothesis at the 0.05 level
**MacKinnon-Haug-Michelis (1999) p-values

Unrestricted Cointegration Rank Test (Maximum Eigenvalue)

Hypothesized No. of CE(s)	Eigenvalue	Max-Eigen Statistic	0.05 Critical Value	Prob.**
None *	0.159465	41.69192	27.58434	0.0004
At most 1 *	0.112851	28.73804	21.13162	0.0035
At most 2 *	0.059815	14.80274	14.26460	0.0411
At most 3	0.008533	2.056731	3.841466	0.1515

Max-eigenvalue test indicates 3 cointegrating eqn(s) at the 0.05 level
* denotes rejection of the hypothesis at the 0.05 level
**MacKinnon-Haug-Michelis (1999) p-values

공적분 개수를 3으로 설정하면서 VECM을 추정하였다. 그 결과 다음과 같은 공적분 관계를 얻었다.

$$CD90 - 0.78B10 - 0.05 = 0$$

$$B1 - 0.84B10 + 0.16 = 0$$

$$B3 - 0.91B10 + 0.20 = 0$$

▎공적분 벡터 추정 결과 ▎

Vector Error Correction Estimates

Sample: 2001M01 2020M12
Included observations: 240
Standard errors in ( ) & t-statistics in [ ]

Cointegrating Eq:	CointEq1	CointEq2	CointEq3
CD90(-1)	1.000000	0.000000	0.000000
B1(-1)	0.000000	1.000000	0.000000
B3(-1)	0.000000	0.000000	1.000000
B10(-1)	-0.777512 (0.09807) [-7.92840]	-0.842206 (0.07672) [-10.9781]	-0.911949 (0.04009) [-22.7463]
C	-0.047372	0.163126	0.195621

이러한 공적분 관계는 금리간 스프레드와 관계가 있는 것으로 보인다. 이에 따라 첫 번째 공적분 관계에서 $B10$에 대한 계수가 1인 식으로 표현 가능한지 검정해 보았다. 검정 결과 χ^2 통계량이 3.33(p값 0.07)으로 5% 유의수준에서 귀무가설($H_0 : \beta_{11}=1,\ \beta_{12}=0,\ \beta_{13}=0,\ \beta_{14}=-1$)이 기각되지 않았다. 즉 첫 번째 공적분 관계가 $B10 - CD90 = 0.85$라는 식으로 나타낼 수 있다. 이는 두 금리간 스프레드가 장기적으로 0.85%p라는 것을 의미한다.[42]

---

42 세 공적분 관계에서 오차수정항 $\alpha(\beta' y_{t-1})$의 모습은 다음과 같다.

$$\begin{bmatrix} \alpha_{11}\ \alpha_{12}\ \alpha_{13} \\ \alpha_{21}\ \alpha_{22}\ \alpha_{23} \\ \alpha_{31}\ \alpha_{32}\ \alpha_{33} \\ \alpha_{41}\ \alpha_{42}\ \alpha_{43} \end{bmatrix} \begin{bmatrix} \beta_{11}\ \beta_{12}\ \beta_{13}\ \beta_{14}\ \beta_{15} \\ \beta_{21}\ \beta_{22}\ \beta_{23}\ \beta_{24}\ \beta_{25} \\ \beta_{31}\ \beta_{32}\ \beta_{33}\ \beta_{34}\ \beta_{35} \end{bmatrix} \begin{bmatrix} CD90_{t-1} \\ B1_{t-1} \\ B3_{t-1} \\ B10_{t-1} \\ C \end{bmatrix}$$

▌ 공적분 벡터 추정 결과($CD90$ 및 $B10$간 스프레드 검정) ▌

Vector Error Correction Estimates

Sample: 2001M01 2020M12
Included observations: 240
Standard errors in ( ) & t-statistics in [ ]

Cointegration Restrictions:
  B(1,1)=1,B(1,2)=0,B(1,3)=0,B(1,4)=-1
Convergence achieved after 7 iterations.
Not all cointegrating vectors are identified
LR test for binding restrictions (rank = 3):
Chi-square(1)   3.330547
Probability   0.068004

Cointegrating Eq:	CointEq1	CointEq2	CointEq3
CD90(-1)	1.000000	4.037483	2.310720
B1(-1)	0.000000	-8.747434	-1.884368
B3(-1)	0.000000	6.857387	-5.338621
B10(-1)	-1.000000	-2.010245	4.931418
C	0.851387	-0.338928	-2.561817

두 번째 및 세 번째 공적분 관계도 마찬가지로 금리간 스프레드를 나타내는
것으로 판단된다.

▌ 공적분 벡터 추정 결과 ▌

($B1$ 및 $B10$간 스프레드 검정)

Vector Error Correction Estimates

Sample: 2001M01 2020M12
Included observations: 240
Standard errors in ( ) & t-statistics in [ ]

Cointegration Restrictions:
  B(2,1)=0,B(2,2)=1,B(2,3)=0,B(2,4)=-1
Convergence achieved after 6 iterations.
Not all cointegrating vectors are identified
LR test for binding restrictions (rank = 3):
Chi-square(1)   2.870698
Probability   0.090206

Cointegrating Eq:	CointEq1	CointEq2	CointEq3
CD90(-1)	4.640188	0.000000	-3.697208
B1(-1)	-3.229255	1.000000	5.241371
B3(-1)	-5.448297	0.000000	-4.579581
B10(-1)	4.093063	-1.000000	2.907648
C	-1.863302	0.800550	-0.960419

($B3$ 및 $B10$간 스프레드 검정)

Vector Error Correction Estimates

Sample: 2001M01 2020M12
Included observations: 240
Standard errors in ( ) & t-statistics in [ ]

Cointegration Restrictions:
  B(3,1)=0,B(3,2)=0,B(3,3)=1,B(3,4)=-1
Convergence achieved after 4 iterations.
Not all cointegrating vectors are identified
LR test for binding restrictions (rank = 3):
Chi-square(1)   3.225628
Probability   0.072494

Cointegrating Eq:	CointEq1	CointEq2	CointEq3
CD90(-1)	4.777235	3.785390	0.000000
B1(-1)	-3.461410	-8.598079	0.000000
B3(-1)	-5.236904	7.127269	1.000000
B10(-1)	4.006636	-2.207722	-1.000000
C	-1.936544	-0.162668	0.551313

이에 따라 모든 공적분 관계가 동시에 금리간 스프레드를 나타내는 것인지를 검정해 보았다. 가설검정 시 $B10$ 대신 $CD90$을 정규화 변수(normalization variable)로 사용하였다. 검정 결과 χ^2 통계량이 4.34(p값 0.23)로 5% 유의수준에서 모든 공적분 관계가 금리간 스프레드를 나타내는 것으로 볼 수 있다.

┃ 공적분 벡터 추정 결과(금리간 스프레드 검정) ┃

Vector Error Correction Estimates

Sample: 2001M01 2020M12
Included observations: 240
Standard errors in ( ) & t-statistics in [ ]

Cointegration Restrictions:
  B(1,1)=1,B(1,2)=-1,B(1,3)=0,B(1,4)=0,B(2,1)=1,B(2,2)=0,B(2,3)=-1,B(2,4)=0, B(3,1)=...
Convergence achieved after 1 iterations.
Restrictions identify all cointegrating vectors
LR test for binding restrictions (rank = 3):
Chi-square(3)   4.342140
Probability   0.226811

Cointegrating Eq:	CointEq1	CointEq2	CointEq3
CD90(-1)	1.000000	1.000000	1.000000
B1(-1)	-1.000000	0.000000	0.000000
B3(-1)	0.000000	-1.000000	0.000000
B10(-1)	0.000000	0.000000	-1.000000
C	0.050837	0.300075	0.851387

두 금리들간 스프레드는 다음과 같다.

$B1 - CD90 = 0.05$

$B3 - CD90 = 0.30$

$B10 - CD90 = 0.85$

‖ 금리간 스프레드 ‖

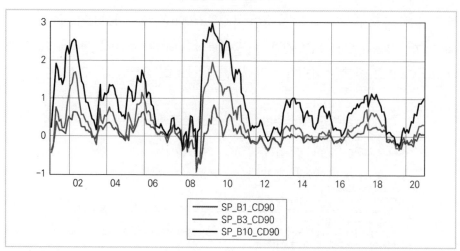

다음으로 각 변수들의 약외생성 검정을 해 보았다. $CD90$의 경우 귀무가설 $(H_0 : a_{11} = a_{12} = a_{13} = 0)$이 기각되어($\chi^2$ 통계량 24.36, p값<0.05) 약외생적 시계열이 아닌 것으로 나타났다. 이는 첫 번째 변수인 $CD90$에 대해 세 개의 공적분 관계로부터 초래되는 불균형이 유의한 영향을 미친다는 것을 의미한다. 그러나 $B1$, $B3$ 및 $B10$은 5% 유의수준에서 귀무가설이 기각되지 않아 이 세 금리는 약외생적 시계열인 것으로 판단된다. 즉 세 개의 공적분 관계가 $B1$, $B3$ 및 $B10$에 유의한 영향을 미치지 못한다고 판단할 수 있다.

┃ $CD90$, $B1$, $B3$, $B10$의 약외생성 검정 ┃

$CD90$

Vector Error Correction Estimates

Sample: 2001M01 2020M12
Included observations: 240
Standard errors in ( ) & t-statistics in [ ]

Cointegration Restrictions:
  A(1,1)=0,A(1,2)=0,A(1,3)=0
Convergence achieved after 5 iterations.
Not all cointegrating vectors are identified
LR test for binding restrictions (rank = 3):
Chi-square(3)   24.36359
Probability   0.000021

Cointegrating Eq:	CointEq1	CointEq2	CointEq3
CD90(-1)	4.886004	3.841729	-1.915772
B1(-1)	-3.759351	-8.697111	0.983669
B3(-1)	-5.058262	7.198599	-1.164396
B10(-1)	3.769715	-2.307600	2.012435
C	-0.984364	0.133126	-1.145948

Error Correction:	D(CD90)	D(B1)	D(B3)	D(B10)
CointEq1	0.000000	0.024846	0.040838	0.027770
	(0.00000)	(0.00583)	(0.01009)	(0.01161)
	[NA]	[4.25997]	[4.04701]	[2.39209]
CointEq2	0.000000	0.009237	-0.021809	-0.011116
	(0.00000)	(0.00605)	(0.01046)	(0.01204)
	[NA]	[1.52708]	[-2.08402]	[-0.92333]
CointEq3	0.000000	0.009322	0.001022	-0.014466
	(0.00000)	(0.00557)	(0.00964)	(0.01109)
	[NA]	[1.67340]	[0.10600]	[-1.30456]

$B1$

Vector Error Correction Estimates

Sample: 2001M01 2020M12
Included observations: 240
Standard errors in ( ) & t-statistics in [ ]

Cointegration Restrictions:
  A(2,1)=0,A(2,2)=0,A(2,3)=0
Convergence achieved after 4 iterations.
Not all cointegrating vectors are identified
LR test for binding restrictions (rank = 3):
Chi-square(3)   7.322610
Probability   0.062296

Cointegrating Eq:	CointEq1	CointEq2	CointEq3
CD90(-1)	4.774845	3.791164	-1.878924
B1(-1)	-3.532104	-8.594220	0.901335
B3(-1)	-5.213731	7.129315	-1.091936
B10(-1)	3.983901	-2.212226	1.911484
C	-1.688934	-0.182521	-0.841705

Error Correction:	D(CD90)	D(B1)	D(B3)	D(B10)
CointEq1	-0.029123	0.000000	0.020695	0.012221
	(0.00485)	(0.00000)	(0.00763)	(0.01010)
	[-6.00578]	[NA]	[2.71115]	[1.21031]
CointEq2	-0.009299	0.000000	-0.029839	-0.017594
	(0.00485)	(0.00000)	(0.00764)	(0.01011)
	[-1.91565]	[NA]	[-3.90489]	[-1.74061]
CointEq3	0.000203	0.000000	-0.010477	-0.025378
	(0.00460)	(0.00000)	(0.00724)	(0.00958)
	[0.04415]	[NA]	[-1.44696]	[-2.64954]

$B3$

Vector Error Correction Estimates

Sample: 2001M01 2020M12
Included observations: 240
Standard errors in ( ) & t-statistics in [ ]

Cointegration Restrictions:
  A(3,1)=0,A(3,2)=0,A(3,3)=0
Convergence achieved after 4 iterations.
Not all cointegrating vectors are identified
LR test for binding restrictions (rank = 3):
Chi-square(3)   7.137065
Probability   0.067655

Cointegrating Eq:	CointEq1	CointEq2	CointEq3
CD90(-1)	4.741013	3.848650	-1.793093
B1(-1)	-3.466996	-8.697686	0.719852
B3(-1)	-5.251570	7.181585	-0.968568
B10(-1)	4.038811	-2.300006	1.759618
C	-1.881779	0.141601	-0.344381

Error Correction:	D(CD90)	D(B1)	D(B3)	D(B10)
CointEq1	-0.039883	-0.017595	0.000000	-0.006473
	(0.00671)	(0.00610)	(0.00000)	(0.00586)
	[-5.94459]	[-2.88233]	[NA]	[-1.10376]
CointEq2	0.001198	0.018931	0.000000	0.010800
	(0.00666)	(0.00606)	(0.00000)	(0.00582)
	[0.17985]	[3.12367]	[NA]	[1.85498]
CointEq3	0.011365	0.016238	0.000000	-0.017554
	(0.00665)	(0.00605)	(0.00000)	(0.00581)
	[1.70924]	[2.68416]	[NA]	[-3.02050]

$B10$

Vector Error Correction Estimates

Sample: 2001M01 2020M12
Included observations: 240
Standard errors in ( ) & t-statistics in [ ]

Cointegration Restrictions:
  A(4,1)=0,A(4,2)=0,A(4,3)=0
Convergence achieved after 3 iterations.
Not all cointegrating vectors are identified
LR test for binding restrictions (rank = 3):
Chi-square(3)   1.734647
Probability   0.629259

Cointegrating Eq:	CointEq1	CointEq2	CointEq3
CD90(-1)	4.750284	3.819565	-1.723622
B1(-1)	-3.483695	-8.645425	0.594607
B3(-1)	-5.243250	7.157392	-0.904484
B10(-1)	4.024669	-2.256066	1.653267
C	-1.829145	-0.028056	0.045875

Error Correction:	D(CD90)	D(B1)	D(B3)	D(B10)
CointEq1	-0.037279	-0.012966	0.007140	0.000000
	(0.00731)	(0.00765)	(0.00555)	(0.00000)
	[-5.09939]	[-1.69531]	[1.28541]	[NA]
CointEq2	-0.004898	0.008580	-0.014939	0.000000
	(0.00730)	(0.00764)	(0.00555)	(0.00000)
	[-0.67114]	[1.12372]	[-2.69414]	[NA]
CointEq3	0.017625	0.027589	0.017976	0.000000
	(0.00731)	(0.00765)	(0.00555)	(0.00000)
	[2.41124]	[3.60790]	[3.23689]	[NA]

변수들의 공적분 관계 및 약외생성 검정 결과를 이용하여 다음과 같은 추정 결과를 얻었다.

▌ VECM 추정 결과 ▌

Vector Error Correction Estimates

Sample: 2001M01 2020M12
Included observations: 240
Standard errors in ( ) & t-statistics in [ ]

Cointegration Restrictions:
   A(2,1)=0,A(2,2)=0,A(2,3)=0,A(3,1)=0,A(3,2)=0,A(3,3)=0,A(4,1)=0,A(4,2)=0,A(4,3)=0,B...
Convergence achieved after 2 iterations.
Restrictions identify all cointegrating vectors
LR test for binding restrictions (rank = 3):
Chi-square(12)   47.93151
Probability   0.000003

Cointegrating Eq:	CointEq1	CointEq2	CointEq3	
CD90(-1)	1.000000	1.000000	1.000000	
B1(-1)	-1.000000	0.000000	0.000000	
B3(-1)	0.000000	-1.000000	0.000000	
B10(-1)	0.000000	0.000000	-1.000000	
C	0.050837	0.300075	0.851387	
Error Correction:	D(CD90)	D(B1)	D(B3)	D(B10)
CointEq1	-0.199830	0.000000	0.000000	0.000000
	(0.04373)	(0.00000)	(0.00000)	(0.00000)
	[-4.56937]	[NA]	[NA]	[NA]
CointEq2	-0.052018	0.000000	0.000000	0.000000
	(0.04189)	(0.00000)	(0.00000)	(0.00000)
	[-1.24182]	[NA]	[NA]	[NA]
CointEq3	0.082682	0.000000	0.000000	0.000000
	(0.02324)	(0.00000)	(0.00000)	(0.00000)
	[3.55800]	[NA]	[NA]	[NA]

    그런데 결과를 보면 세 공적분 관계가 금리간 스프레드를 의미한다는 것과 $B1$, $B3$ 및 $B10$이 동시에 약외생적 시계열이라는 귀무가설이 5% 유의수준에서 기각되는 것으로(χ^2 통계량 47.93, p값 < 0.05) 나타났다. 이는 공적분 관계 가설 검정(두 금리들간 스프레드 검정)과 $B1$ 및 $B3$이 약외생적 시계열이라는 귀무가설이 5% 유의수준에서는 기각되지 않으나 10% 유의수준에서는 기각되는 것과 관련이 있어 보인다.

이를 감안하여 먼저 금리들간 공적분 관계가 금리간 스프레드를 의미한다 ($B1 - CD90 = a$ 등)는 것과 $B10$만 약외생적 시계열이라고 가정하여 추정해 보 았다.

▎VECM 추정 결과 ▎

Vector Error Correction Estimates

Sample: 2001M01 2020M12
Included observations: 240
Standard errors in ( ) & t-statistics in [ ]

Cointegration Restrictions:
  A(4,1)=0,A(4,2)=0,A(4,3)=0,B(1,1)=1,B(1,2)=-1,B(1,3)=0,B(1,4)=0,B(2,1)=1,B(2,2)=0,...
Convergence achieved after 2 iterations.
Restrictions identify all cointegrating vectors
LR test for binding restrictions (rank = 3):
Chi-square(6)   6.493654
Probability   0.370217

Cointegrating Eq:	CointEq1	CointEq2	CointEq3	
CD90(-1)	1.000000	1.000000	1.000000	
B1(-1)	-1.000000	0.000000	0.000000	
B3(-1)	0.000000	-1.000000	0.000000	
B10(-1)	0.000000	0.000000	-1.000000	
C	0.050837	0.300075	0.851387	

Error Correction:	D(CD90)	D(B1)	D(B3)	D(B10)
CointEq1	-0.167428	0.030639	-0.101844	0.000000
	(0.06809)	(0.07135)	(0.05182)	(0.00000)
	[-2.45900]	[0.42942]	[-1.96540]	[NA]
CointEq2	-0.155692	-0.117699	0.150967	0.000000
	(0.06522)	(0.06834)	(0.04963)	(0.00000)
	[-2.38726]	[-1.72223]	[3.04156]	[NA]
CointEq3	0.114513	0.031438	-0.088146	0.000000
	(0.03618)	(0.03791)	(0.02754)	(0.00000)
	[3.16509]	[0.82923]	[-3.20120]	[NA]

D(CD90(-1))	0.143487	0.082865	-0.135363	-0.185117
	(0.09335)	(0.11726)	(0.14636)	(0.15381)
	[1.53702]	[0.70667]	[-0.92485]	[-1.20352]
D(B1(-1))	0.194238	0.112407	0.049532	0.003485
	(0.12230)	(0.15363)	(0.19175)	(0.20151)
	[1.58815]	[0.73169]	[0.25831]	[0.01729]
D(B3(-1))	0.141960	0.145748	0.294544	0.056766
	(0.12198)	(0.15322)	(0.19124)	(0.20098)
	[1.16380]	[0.95125]	[1.54017]	[0.28245]
D(B10(-1))	0.019584	0.148690	0.096055	0.228373
	(0.09243)	(0.11610)	(0.14491)	(0.15229)
	[0.21189]	[1.28073]	[0.66287]	[1.49963]
C	-0.012844	-0.011953	-0.016240	-0.020281
	(0.00831)	(0.01043)	(0.01302)	(0.01369)
	[-1.54613]	[-1.14547]	[-1.24685]	[-1.48171]
R-squared	0.481437	0.283546	0.146774	0.070533
Adj. R-squared	0.465791	0.261929	0.121030	0.042489
Sum sq. resids	3.697759	5.834280	9.089314	10.03826
S.E. equation	0.126248	0.158580	0.197935	0.208011
F-statistic	30.77002	13.11672	5.701304	2.515056
Log likelihood	160.2042	105.4813	52.27949	40.36295
Akaike AIC	-1.268368	-0.812344	-0.368996	-0.269691
Schwarz SC	-1.152347	-0.696323	-0.252974	-0.153670
Mean dependent	-0.025958	-0.024796	-0.024250	-0.022937
S.D. dependent	0.172731	0.184587	0.211122	0.212576

Determinant resid covariance (dof adj.)	1.48E-08
Determinant resid covariance	1.29E-08
Log likelihood	816.4799
Akaike information criterion	-6.437333
Schwarz criterion	-5.799215
Number of coefficients	44

추정 결과 세 공적분 관계가 금리들간 스프레드를 의미한다는 것과 동시에 $B10$만 약외생적 시계열이라는 귀무가설이 5% 유의수준에서 기각되지 않았다 (χ^2 통계량 6.49, p값 0.37).

다음에는 세 공적분 관계가 금리들간 선형관계가 있다($B1 = a + b * CD90$ 등)는 것과 $B10$만 약외생적 시계열이라고 가정하여 다시 추정해 보았다. 추정 결과 마찬가지로 귀무가설이 5% 유의수준에서 기각되지 않았다(χ^2 통계량 1.73, p값 0.63).

$$B1 = -0.21 + 1.08\,CD90$$

$$B3 = -0.29 + 1.19\,CD90$$

$$B10 = -0.11 + 1.30\,CD90$$

▮ VECM 추정 결과 ▮

Vector Error Correction Estimates

Sample: 2001M01 2020M12
Included observations: 240
Standard errors in ( ) & t-statistics in [ ]

Cointegration Restrictions:
A(4,1)=0,A(4,2)=0,A(4,3)=0,B(1,2)=1,B(1,3)=0,B(1,4)=0,B(2,2)=0,B(2,3)=1,B(2,4)=0,...
Convergence achieved after 4 iterations.
Restrictions identify all cointegrating vectors
LR test for binding restrictions (rank = 3):
Chi-square(3)   1.734648
Probability   0.629258

Cointegrating Eq:	CointEq1	CointEq2	CointEq3	
CD90(-1)	-1.083312	-1.185025	-1.301233	
	(0.03835)	(0.09213)	(0.14832)	
	[-28.2481]	[-12.8623]	[-8.77316]	
B1(-1)	1.000000	0.000000	0.000000	
B3(-1)	0.000000	1.000000	0.000000	
B10(-1)	0.000000	0.000000	1.000000	
C	0.214778	0.289823	0.109005	
Error Correction:	D(CD90)	D(B1)	D(B3)	D(B10)
CointEq1	0.182697	-0.012605	0.114975	0.000000
	(0.06819)	(0.07134)	(0.05181)	(0.00000)
	[2.67920]	[-0.17669]	[2.21919]	[NA]
CointEq2	0.144464	0.104439	-0.160622	0.000000
	(0.06513)	(0.06813)	(0.04948)	(0.00000)
	[2.21813]	[1.53284]	[-3.24602]	[NA]
CointEq3	-0.109847	-0.025926	0.092158	0.000000
	(0.03582)	(0.03747)	(0.02721)	(0.00000)
	[-3.06663]	[-0.69185]	[3.38630]	[NA]

D(CD90(-1))	0.162766	0.109476	-0.106238	-0.165222
	(0.09304)	(0.11679)	(0.14641)	(0.15476)
	[1.74933]	[0.93737]	[-0.72561]	[-1.06763]
D(B1(-1))	0.167712	0.075129	0.007289	-0.027330
	(0.12188)	(0.15299)	(0.19179)	(0.20272)
	[1.37602]	[0.49108]	[0.03801]	[-0.13482]
D(B3(-1))	0.138325	0.140417	0.288026	0.051386
	(0.12098)	(0.15185)	(0.19036)	(0.20121)
	[1.14340]	[0.92470]	[1.51302]	[0.25538]
D(B10(-1))	0.022959	0.153682	0.102244	0.233584
	(0.09167)	(0.11506)	(0.14424)	(0.15246)
	[0.25046]	[1.33565]	[0.70882]	[1.53205]
C	-0.013036	-0.012234	-0.016585	-0.020567
	(0.00824)	(0.01034)	(0.01296)	(0.01370)
	[-1.58223]	[-1.18302]	[-1.27922]	[-1.50084]
R-squared	0.489973	0.296345	0.154656	0.068427
Adj. R-squared	0.474584	0.275114	0.129150	0.040319
Sum sq. resids	3.636891	5.730054	9.005343	10.06100
S.E. equation	0.125205	0.157158	0.197018	0.208246
F-statistic	31.83969	13.95815	6.063509	2.434453
Log likelihood	162.1959	107.6444	53.39325	40.09139
Akaike AIC	-1.284966	-0.830370	-0.378277	-0.267428
Schwarz SC	-1.168945	-0.714349	-0.262256	-0.151407
Mean dependent	-0.025958	-0.024796	-0.024250	-0.022937
S.D. dependent	0.172731	0.184587	0.211122	0.212576

Determinant resid covariance (dof adj.)	1.45E-08
Determinant resid covariance	1.27E-08
Log likelihood	818.8594
Akaike information criterion	-6.457162
Schwarz criterion	-5.819045
Number of coefficients	44

가설검정 결과로 미루어 두 추정 결과 모두 나름 나쁘지는 않으나 두 VECM 의 R^2, 잔차자승합(sum of squared residuals)과 AIC, SBC 등으로 볼 때 두 번째 추정이 다소 나은 것으로 판단된다.

이상 최종 추정 결과를 정리해 보면 다음과 같다.

$$coint_{1,t-1}; \ -1.08\,CD90_{t-1} + B1_{t-1} + 0.21$$

$$coint_{2,t-1}; \ -1.19\,CD90_{t-1} + B3_{t-1} + 0.29$$

$$coint_{3,t-1}; \ -1.30\,CD90_{t-1} + B10_{t-1} + 0.11$$

$$\begin{bmatrix} \Delta CD90_t \\ \Delta B1_t \\ \Delta B3_t \\ \Delta B10_t \end{bmatrix} = \begin{bmatrix} +0.18 \\ -0.01 \\ +0.11 \\ 0 \end{bmatrix} coint_{1,t-1} + \begin{bmatrix} +0.14 \\ +0.10 \\ -0.16 \\ 0 \end{bmatrix} coint_{2,t-1} + \begin{bmatrix} -0.11 \\ -0.03 \\ +0.09 \\ 0 \end{bmatrix} coint_{3,t-1}$$

$$+ \begin{bmatrix} +0.16 +0.17 +0.14 +0.02 \\ +0.11 +0.08 +0.14 +0.15 \\ -0.11 +0.01 +0.29 +0.10 \\ -0.17 -0.03 +0.05 +0.23 \end{bmatrix} \begin{bmatrix} \Delta CD90_{t-1} \\ \Delta B1_{t-1} \\ \Delta B3_{t-1} \\ \Delta B10_{t-1} \end{bmatrix} + \begin{bmatrix} -0.013 \\ -0.012 \\ -0.017 \\ -0.021 \end{bmatrix} + \begin{bmatrix} \epsilon_{1t} \\ \epsilon_{2t} \\ \epsilon_{3t} \\ \epsilon_{4t} \end{bmatrix}$$

끝으로 각 변수의 안정성을 VECM을 통하여 확인해 보았다. 모든 변수에 대하여 귀무가설이 기각되는 것으로 나타나 각 변수들이 단위근 검정 결과처럼 불안정적인 시계열이라고 판단할 수 있다.

‖ *CD*90, *B*1, *B*3, *B*10의 안정성 검정 ‖

CD90				B1			
Vector Error Correction Estimates				**Vector Error Correction Estimates**			
Sample: 2001M01 2020M12				Sample: 2001M01 2020M12			
Included observations: 240				Included observations: 240			
Standard errors in ( ) & t-statistics in [ ]				Standard errors in ( ) & t-statistics in [ ]			
Cointegration Restrictions:				Cointegration Restrictions:			
B(1,1)=1,B(1,2)=0,B(1,3)=0,B(1,4)=0				B(1,1)=0,B(1,2)=1,B(1,3)=0,B(1,4)=0			
Convergence achieved after 12 iterations.				Convergence achieved after 13 iterations.			
Not all cointegrating vectors are identified				Not all cointegrating vectors are identified			
LR test for binding restrictions (rank = 3):				LR test for binding restrictions (rank = 3):			
Chi-square(1)	10.36428			Chi-square(1)	11.42578		
Probability	0.001285			Probability	0.000724		
Cointegrating Eq:	CointEq1	CointEq2	CointEq3	Cointegrating Eq:	CointEq1	CointEq2	CointEq3
CD90(-1)	1.000000	3.656969	5.475548	CD90(-1)	0.000000	3.797588	-5.869948
B1(-1)	0.000000	-8.496856	-4.495413	B1(-1)	1.000000	-8.598340	4.041040
B3(-1)	0.000000	7.238038	-6.026119	B3(-1)	0.000000	7.117949	6.491647
B10(-1)	0.000000	-2.284204	4.755772	B10(-1)	0.000000	-2.202105	-4.967527
C	-3.188208	-0.158541	-1.086926	C	-3.239046	-0.190895	3.047602

| | $B3$ | | | | $B10$ | | |

Vector Error Correction Estimates

Sample: 2001M01 2020M12
Included observations: 240
Standard errors in ( ) & t-statistics in [ ]

Cointegration Restrictions:
  B(1,1)=0,B(1,2)=0,B(1,3)=1,B(1,4)=0
Convergence achieved after 15 iterations.
Not all cointegrating vectors are identified
LR test for binding restrictions (rank = 3):
Chi-square(1)   12.41990
Probability   0.000425

Vector Error Correction Estimates

Sample: 2001M01 2020M12
Included observations: 240
Standard errors in ( ) & t-statistics in [ ]

Cointegration Restrictions:
  B(1,1)=0,B(1,2)=0,B(1,3)=0,B(1,4)=1
Convergence achieved after 26 iterations.
Not all cointegrating vectors are identified
LR test for binding restrictions (rank = 3):
Chi-square(1)   12.74601
Probability   0.000357

Cointegrating Eq:	CointEq1	CointEq2	CointEq3	Cointegrating Eq:	CointEq1	CointEq2	CointEq3
CD90(-1)	0.000000	4.080334	-5.690077	CD90(-1)	0.000000	1.676644	-7.273530
B1(-1)	0.000000	-8.800747	3.659625	B1(-1)	0.000000	-6.650226	7.800217
B3(-1)	1.000000	6.743493	7.106718	B3(-1)	0.000000	8.698333	3.229163
B10(-1)	0.000000	-1.906717	-5.275810	B10(-1)	1.000000	-3.625145	-3.816315
C	-3.488283	-0.323781	2.809349	C	-4.039596	0.496770	2.076405

다. ECM 방법

다음에는 ECM(Error Correction Model)에 대하여 살펴보기로 한다.

Engle and Granger(1987)는 회귀식의 잔차를 구하여 잔차가 안정적일 경우 두 변수간 공적분 관계가 있음을 보였다. 나아가 두 변수간 공적분 관계가 있을 경우 차분변수와 오차수정항으로 이루어진 ECM으로 나타낼 수 있음을 보이고 공적분 관계식의 잔차를 구한 후 이를 이용하여 ECM을 추정할 수 있다고 하였다.

$$y_t = y_{t-1} + \epsilon_{1,t}$$

$$x_t = x_{t-1} + \epsilon_{2,t}, \quad \epsilon_t \sim N(0,\Sigma)$$

라고 할 때 $(y_t - \delta x_t) \sim I(0)$라면 다음과 같은 ECM이 존재한다.

$$y_t = \delta x_t + \nu_t, \quad \nu_t \sim I(0)$$

$$\Leftrightarrow y_t - y_{t-1} = \delta x_t - \delta x_{t-1} + \delta x_{t-1} - y_{t-1} + \nu_t$$

$$\Leftrightarrow \Delta y_t = \delta \Delta x_t - (y_{t-1} - \delta x_{t-1}) + v_t$$

가 되어 종속변수 Δy_t에 대해 $(y_{t-1} - \delta x_{t-1})$, 즉 변수 y_t와 x_t간의 불균형이 시간을 두고 조정되는 구조이기 때문에 ECM이라고 한다.[43, 44]

---

43 Phillips(1954) 및 Sargan(1964)이 ECM을 개발하였으며 Engle and Granger(1987)는 공적분모형과 오차수정모형이 동일 구조임을 보였다.

이는 y_t와 x_t의 차분 시차항(모두 $I(0)$)을 설명변수로 추가하여도 마찬가지
이다.

따라서 두 변수간 공적분 관계가 있다면 다음과 같은 일반적인 형태의 ECM
이 존재한다.

$$\Delta y_t = \alpha_0 + \sum_{i=1} \alpha_i \Delta y_{t-i} + \sum_{i=0} \beta_i \Delta x_{t-i} + \gamma (y_{t-1} - \delta x_{t-1}) + v_t$$

단 $\gamma \neq 0$

이를 앞의 Johansen 분석과 연관지어 살펴보면 ECM은 설명변수의 약외생
성을 가정한 단일방정식 모형으로 VECM의 특수한 경우에 해당한다고 할 수 있
다(Barrow Lisa et al.(1997), Ericsson and MacKinnon(1999)).

Johansen에 의해 공적분 관계가 1개 존재하는 2변수 VAR(1) 모형을 가정해
보자.

$$\Delta x_t = \pi x_{t-1} + \epsilon_t, \ 단 \ x_t = (y_t, \ z_t), \quad \epsilon_t \sim N(0, \Sigma)$$

$$\Delta y_t = \pi_{11} y_{t-1} + \pi_{12} z_{t-1} + \epsilon_{1t}$$

$$\Delta z_t = \pi_{21} y_{t-1} + \pi_{22} z_{t-1} + \epsilon_{2t}$$

공적분 벡터가 1개 존재한다고 할 경우

$$\alpha = \begin{bmatrix} \alpha_1 \\ \alpha_2 \end{bmatrix}, \ \beta' = \begin{bmatrix} \beta_1 & \beta_2 \end{bmatrix} = \begin{bmatrix} 1 & -\delta \end{bmatrix}$$

$$\Delta y_t = \alpha_1 (y_{t-1} - \delta z_{t-1}) + \epsilon_{1t}$$

$$\Delta z_t = \alpha_2 (y_{t-1} - \delta z_{t-1}) + \epsilon_{2t}$$

$$\llcorner \ \beta' x_{t-1} \ \lrcorner$$

$$\Delta x_t = \alpha \beta' x_{t-1} + \epsilon_t$$

여기서 $\alpha_1 = \pi_{11}$, $\alpha_2 = \pi_{21}$, $\delta = -\pi_{12}/\pi_{11} = -\pi_{22}/\pi_{21}$.

이제 $\epsilon_{1t} = \gamma_1 \epsilon_{2t} + v_{1t}$, 단 $E(\epsilon_{2t} v_{1t}) = 0$이라고 가정한다.

그러면 위의 두 식은

---

44 $\eta_t = -(y_{t-1} - \delta x_{t-1}) + v_t$라고 하자. Δy_t를 Δx_t에 대하여 회귀분석할 경우 Δx_t와 η_t 사이에
상관관계가 있기 때문에 Δx_t의 계수 δ를 추정에 의해 제대로 얻을 수 없다. 즉 공적분 관계
가 있을 경우 변수를 차분하여 회귀분석하면 추정치에 편의(bias)가 발생하게 된다.

$$\Delta y_t = \gamma_1 \Delta z_t + (\alpha_1 - \gamma_1 \alpha_2)(y_{t-1} - \delta z_{t-1}) + v_{1t}$$
$$\Delta z_t = \qquad\qquad \alpha_2(y_{t-1} - \delta z_{t-1}) + \epsilon_{2t}$$

가 된다.

이 때 $\alpha_2 = 0$이면 β'에 대하여 z_t가 약외생적(weakly exogenious)이다.

$$\Delta y_t = \gamma_1 \Delta z_t + \alpha_1(y_{t-1} - \delta z_{t-1}) + v_{1t}$$
$$\Delta z_t = \qquad\qquad\qquad + \epsilon_{2t}$$

이와 같은 모형의 형태가 ECM이다.

여기서 $\alpha_1 = 0$를 검정하면 y_t와 z_t 사이에 공적분 관계가 존재하는지를 알 수 있다. 즉 $\alpha_2 = 0$ 하에서 $\alpha_1 \neq 0$라면 공적분 관계가 존재한다.[45]

Ericsson and MacKinnon(1999)은 ECM을 이용하여 공적분 관계를 검정하는 방법을 제시하였다.

$$\Delta y_t = \gamma'_0 \Delta z_t + \alpha y_{t-1} + \delta' z_{t-1} + \sum_{i=1}^{l-1} \Gamma_i \Delta x_{t-i} + \phi' D_t + v_t$$

단 $x_t = (y_t, z_{1t}, \cdots, z_{(k-1)t})$,

D_t는 추세항이나 계절조정 더미변수 등과 같은

deterministic 변수들

모형에서 $\alpha = 0$이면 y와 z 사이에 공적분 관계가 존재하지 않으며 $\alpha < 0$이면 y_t와 z_t 사이에 공적분 관계가 존재한다. 공적분 관계 검정에는 y_{t-1} 추정치에 대한 t값을 사용하는데 임계치는 대략 다음과 같이 구해진다.

5% 임계치 $\approx -3.0 - 0.2k - 0.3(d-1)$

단 k는 stochastic 변수들($y_t, z_{1t}, \cdots, z_{(k-1)t}$)의 수,

d는 deterministic terms의 수

이를 '3/2/3 rule'이라고 한다.[46, 47]

---

45 또한 y_t가 β'에 대하여 약외생적(weakly exogenious)이라는 귀무가설도 기각된다. 따라서 약외생성과 공적분 관계 검정은 밀접한 관계가 있다.

46 Ericsson and MacKinnon(1999)은 모형에 상수항이 있는 경우, 상수항과 시간추세항이 포함된 경우 등 여러 경우에 대한 검정 임계치를 제시하였다. <참고 Ⅴ-5>를 참조하시오.

47 ECM의 경우 경제학에서 경험적으로 weak exogeneity가 받아들여지고, 분석대상 변수의 선정, 설명변수의 시차 결정, 장·단기 동학 분석 등에 용이한 측면이 있어 단일변수모형 구축

ECM은 ADL(Autoregressive Distributed Lag) 모형의 일종이다. ADL 모형은 종속변수의 자기 시차항 및 설명변수의 시차항을 포함하는 변수들로 구성된다.

$$y_t = \alpha + \beta_0 z_t + \sum \beta_{1i} z_{t-i} + \sum \beta_{2j} y_{t-j} + \epsilon_t$$

의 형태를 지닌다.

예를 들어 설명변수가 1개이고 래그시차가 1인 ADL(1,1) 모형을 가정해 보자.

$$y_t = \beta_0 z_t + \beta_1 z_{t-1} + \beta_2 y_{t-1} + v_t$$

$$단 \ v_t \sim i.i.d \ N(0, \sigma^2)$$

양 변에서 y_{t-1}을 차감하면

$$y_t - y_{t-1} = \beta_0 z_t + \beta_1 z_{t-1} + \beta_2 y_{t-1} - y_{t-1} + v_t$$

$$\Delta y_t = \beta_0 z_t + \beta_0 z_{t-1} - \beta_0 z_{t-1} + \beta_1 z_{t-1} + \beta_2 y_{t-1} - y_{t-1} + v_t$$

$$= \beta_0 \Delta z_t + (\beta_0 + \beta_1) z_{t-1} + (\beta_2 - 1) y_{t-1} + v_t$$

$$= \beta_0 \Delta z_t + (\beta_2 - 1)\left(y_{t-1} + \frac{\beta_0 + \beta_1}{\beta_2 - 1} z_{t-1}\right) + v_t$$

$$= \beta \Delta z_t + \gamma(y_{t-1} - \delta z_{t-1}) + v_t$$

$$단 \ \beta = \beta_0, \ \gamma = (\beta_2 - 1), \ \delta = -\frac{\beta_0 + \beta_1}{\beta_2 - 1}$$

이와 같이 ADL(1,1) 모형을 ECM으로 바꾸어 표현할 수 있다.[48, 49, 50]

시 출발점으로 많이 활용된다. Johansen, VECM, ECM 및 Engle−Granger 공적분 모형의 장·단점에 대하여는 Ericsson and MacKinnon(1999)을 참조하시오.

[48] Ericsson(1997)을 참조하시오.

[49] ADL(2,2)의 경우
$$y_t = c + \alpha_1 y_{t-1} + \alpha_2 y_{t-2} + \beta_0 x_t + \beta_1 x_{t-1} + \beta_2 x_{t-2} + e_t$$
이는 다음과 같은 ECM 형태로 변환될 수 있다.
$$\Delta y_t = c + (\alpha_1 + \alpha_2 - 1) y_{t-1} - \alpha_2 \Delta y_{t-1} + (\beta_0 + \beta_1 + \beta_2) x_{t-1} + \beta_1 \Delta x_t - \beta_2 \Delta x_{t-1} + e_t$$
ADL(2,2) 및 ECM의 장기관계
$$c + (\alpha_1 + \alpha_2 - 1) y + (\beta_0 + \beta_1 + \beta_2) x = 0$$
로부터 y와 x에 대한 다음 관계를 얻을 수 있다.
$$y = \frac{c}{(1 - \alpha_1 - \alpha_2)} + \frac{(\beta_0 + \beta_1 + \beta_2)}{(1 - \alpha_1 - \alpha_2)} x$$

[50] ECM과 ADL을 이용하면 변수들이 $I(1)$일지라도 일관성 있는(consistent) 추정치를 얻을 수 있다. y_t 및 x_t가 $I(1)$이라고 하자. y_t와 x_t 사이에 공적분 관계가 존재하지 않을 경우 y_t, x_t를 각각 종속변수 및 설명변수로 한 다음 회귀분석에는 허구적 회귀(spurious regression) 문제가 발생한다.
$$y_t = \alpha + \beta x_t + e_t$$

　　ADL 모형을 ECM으로 전환하는 경우 경제시계열에서 흔히 관찰되는 다중공선성(multicollinearity)[51]이 제거[52]되고 장·단기 효과를 구분하여 분석할 수 있는 이점이 있다.

　　ADL 모형은 계수에 대한 제약을 부과하거나 repharameterization을 통해 다양한 모형으로의 전환이 가능하다. ADL(1,1) 모형에서 도출되는 아홉 가지 모형의 예는 다음 표와 같다.

　　그런데 이들 모형의 잘못된 식별은 과거 분석뿐만 아니라 미래 예측 등과 관련하여 여러 문제점을 야기할 우려가 있으므로 적절한 시차 선택, 추정계수에 대한 가설검정, 설명변수의 추가·제외 등을 통하여 정확한 추정이 될 수 있도록 노력해야 한다.

이 때 종속변수와 설명변수의 시차항을 회귀분석에 포함하면 y_t와 y_t의 시차항, x_t와 x_t의 시차항 사이에 공적분 관계가 있으므로 일관성 있는 추정치를 얻을 수 있다. 예를 들어

$$y_t = \alpha + \beta_0 x_t + \beta_1 x_{t-1} + \beta_2 y_{t-1} + e_t$$

를 추정한다(Hamilton(1994)).

51 다변수 회귀분석에서 설명변수간 선형 상관성이 높아질 경우 OLS 추정으로 구한 추정치의 분산이 커지게 되어 추정계수가 부정확한 추정치가 될 가능성이 높아진다.

52 경제시계열은 대체로 수준변수간에는 자기상관성이 높은($Corr(z_t,\ z_{t-1}) \approx 1$) 반면 차분변수간에는 자기상관성이 낮아지는($Corr(\Delta z_t,\ \Delta z_{t-1}) \approx 0$) 특성이 있으므로 변수를 차분하여 모형화 하는 ECM을 사용할 경우 다중공선성 문제가 해결되는 장점이 있다.

▌ADL 모형에서 도출되는 여러 모형 유형 ▌

ADL(1,1) 모형 :

$$y_t = \beta_0 z_t + \beta_1 z_{t-1} + \beta_2 y_{t-1} + v_t, \ 단 \ v_t \sim i.i.d \ N(0, \sigma^2)$$

모형 유형	회귀식	제약조건
① static regression	$y_t = \beta_0 z_t + v_t$	$\beta_1 = \beta_2 = 0$
② univariate time series	$y_t = \beta_2 y_{t-1} + v_t$	$\beta_0 = \beta_1 = 0$
③ differenced data /growth rate	$\Delta y_t = \beta_0 \Delta z_t + v_t$	$\beta_2 = 1, \ \beta_1 = -\beta_0$
④ leading indicator	$y_t = \beta_1 z_{t-1} + v_t$	$\beta_0 = \beta_2 = 0$
⑤ distributed lag	$y_t = \beta_0 z_t + \beta_1 z_{t-1} + v_t$	$\beta_2 = 0$
⑥ partial adjustment	$y_t = \beta_0 z_t + \beta_2 y_{t-1} + v_t$	$\beta_1 = 0$
⑦ common factor(AR)	$y_t = \beta_0 z_t + u_t$ $u_t = \beta_2 u_{t-1} + v_t$	$\beta_1 = -\beta_0 \beta_2$
⑧ homogeneous error correction	$\Delta y_t = \beta_0 \Delta z_t$ $\quad + (\beta_2 - 1)(y - z)_{t-1} + v_t$	$\beta_0 + \beta_1 + \beta_2 = 1$
⑨ reduced form /dead start	$y_t = \beta_1 z_{t-1} + \beta_2 y_{t-1} + v_t$	$\beta_0 = 0$

주: Ericsson(1997)

앞서 p.56에서 살펴본 공적분 개수가 1개인 VECM을 ECM을 이용하여 추정해 보기로 한다. 먼저 모형에 들어갈 시차항의 개수를 결정해야 한다.

$$Y_{1,t} = \alpha + \sum_{i=1}^{k} \beta_{1i} Y_{1,t-i} + \sum_{i=0}^{k} \beta_{2i} Y_{2,t-i} + \sum_{i=0}^{k} \beta_{3i} Y_{3,t-i} + \sum_{i=0}^{k} \beta_{4i} Y_{4,t-i} + \epsilon_t$$

VECM에서 포함된 시차항은 $t, \ (t-1)$이므로 이를 $Y_{1,t}$에 대한 ADL 모형으로 추정할 경우 시차항은 2가 된다.

┃ ADL 모형 추정 결과 ┃

Dependent Variable: Y1
Method: Least Squares

Sample (adjusted): 3 250
Included observations: 248 after adjustments

Variable	Coefficient	Std. Error	t-Statistic	Prob.
C	-0.114481	0.202928	-0.564145	0.5732
Y1(-1)	0.612417	0.062329	9.825626	0.0000
Y1(-2)	0.306441	0.059905	5.115444	0.0000
Y2	-0.036462	0.054430	-0.669875	0.5036
Y2(-1)	0.058183	0.066473	0.875294	0.3823
Y2(-2)	0.051705	0.055570	0.930438	0.3531
Y3	-0.121207	0.057968	-2.090941	0.0376
Y3(-1)	0.047876	0.068033	0.703728	0.4823
Y3(-2)	0.057659	0.058357	0.988035	0.3241
Y4	-0.033367	0.061203	-0.545180	0.5861
Y4(-1)	0.061228	0.091320	0.670478	0.5032
Y4(-2)	0.030614	0.062394	0.490658	0.6241

R-squared	0.997088	Mean dependent var		-8.500040
Adjusted R-squared	0.996953	S.D. dependent var		1.622660
S.E. of regression	0.089574	Akaike info criterion		-1.940332
Sum squared resid	1.893535	Schwarz criterion		-1.770327
Log likelihood	252.6012	Hannan-Quinn criter.		-1.871894
F-statistic	7347.363	Durbin-Watson stat		1.924680
Prob(F-statistic)	0.000000			

시차항 k가 2인 ADL 모형을 ECM으로 전환하면 다음과 같이 나타내어진다.

$$Y_{1,t} = \alpha + \beta_{11} Y_{1,t-1} + \beta_{12} Y_{1,t-2}$$
$$+ \beta_{20} Y_{2,t} + \beta_{21} Y_{2,t-1} + \beta_{22} Y_{2,t-2}$$
$$+ \beta_{30} Y_{3,t} + \beta_{31} Y_{3,t-1} + \beta_{32} Y_{3,t-2}$$
$$+ \beta_{40} Y_{4,t} + \beta_{41} Y_{4,t-1} + \beta_{42} YI_{4,t-2} + \epsilon_t$$
$$= \alpha + \beta_{11} Y_{1,t-1} + \beta_{12} Y_{1,t-1} - \beta_{12} Y_{1,t-1} + \beta_{12} Y_{1,t-2}$$
$$+ \beta_{20} Y_{2,t} + \beta_{20} Y_{2,t-1} - \beta_{20} Y_{2,t-1} + \beta_{21} Y_{2,t-1}$$
$$+ \beta_{22} Y_{2,t-1} - \beta_{22} Y_{2,t-1} + \beta_{22} Y_{2,t-2}$$
$$+ \beta_{30} Y_{3,t} + \beta_{30} Y_{3,t-1} - \beta_{30} Y_{3,t-1} + \beta_{31} Y_{3,t-1}$$
$$+ \beta_{32} Y_{3,t-1} - \beta_{32} Y_{3,t-1} + \beta_{32} Y_{3,t-2}$$
$$+ \beta_{40} Y_{4,t} + \beta_{40} Y_{4,t-1} - \beta_{40} Y_{4,t-1} + \beta_{41} Y_{4,t-1}$$
$$+ \beta_{42} Y_{4,t-1} - \beta_{42} Y_{4,t-1} + \beta_{42} Y_{4,t-2} + \epsilon_t$$

$$\Delta Y_{1,t} = \alpha + (\beta_{11} + \beta_{12} - 1) Y_{1,t-1} - \beta_{12} \Delta Y_{1,t-1}$$
$$+ (\beta_{20} + \beta_{21} + \beta_{22}) Y_{2,t-1} + B_{20} \Delta Y_{2,t} - B_{22} \Delta Y_{2,t-1}$$
$$+ (\beta_{30} + \beta_{31} + \beta_{32}) Y_{3,t-1} + B_{30} \Delta Y_{3,t} - B_{32} \Delta Y_{3,t-1}$$
$$+ (\beta_{40} + \beta_{41} + \beta_{42}) Y_{4,t-1} + B_{40} \Delta Y_{4,t} - B_{42} \Delta Y_{4,t-1} + \epsilon_t$$

즉 $\Delta Y_{1,t}$를 종속변수로 하고 (Y_1, Y_2, Y_3, Y_4)의 $(t-1)$항들과 $\Delta Y_{1,t-1}$, 그리고 ΔY_2, ΔY_3, ΔY_4의 t와 $(t-1)$항들을 설명변수로 하는 회귀방정식을 추정하면 된다. 추정 결과는 다음과 같다.

‖ ECM 추정 결과 ‖

Dependent Variable: D(Y1)
Method: Least Squares

Sample (adjusted): 3 250
Included observations: 248 after adjustments

Variable	Coefficient	Std. Error	t-Statistic	Prob.
C	-0.114481	0.202928	-0.564145	0.5732
Y1(-1)	-0.081142	0.018169	-4.465999	0.0000
Y2(-1)	0.073427	0.019385	3.787857	0.0002
Y3(-1)	-0.015672	0.022411	-0.699284	0.4851
Y4(-1)	0.058476	0.019163	3.051433	0.0025
D(Y1(-1))	-0.306441	0.059905	-5.115444	0.0000
D(Y2)	-0.036462	0.054430	-0.669875	0.5036
D(Y2(-1))	-0.051705	0.055570	-0.930438	0.3531
D(Y3)	-0.121207	0.057968	-2.090941	0.0376
D(Y3(-1))	-0.057659	0.058357	-0.988035	0.3241
D(Y4)	-0.033367	0.061203	-0.545180	0.5861
D(Y4(-1))	-0.030614	0.062394	-0.490658	0.6241

R-squared	0.212654	Mean dependent var	-0.016331
Adjusted R-squared	0.175956	S.D. dependent var	0.098675
S.E. of regression	0.089574	Akaike info criterion	-1.940332
Sum squared resid	1.893535	Schwarz criterion	-1.770327
Log likelihood	252.6012	Hannan-Quinn criter.	-1.871894
F-statistic	5.794666	Durbin-Watson stat	1.924680
Prob(F-statistic)	0.000000		

공적분 관계에 대해서는 $Y_{1,t-1}$항의 t값이 -4.47로 5% 임계치인 -3.8[53] 보다 작으므로 귀무가설$(H_0: Y_{1,t-1}$항의 계수$=0)$을 기각하게 되어 공적분

---

[53] Mackinnon(2010)에 따르면 상수항만 있을 경우 공적분 관계 검정을 위한 5% 임계치는 -3.77 이다. $-3.7592 - 2.92/T^a - 3.7/(T^a)^2 + 5.0/(T^a)^3$, $T^a = T - (2k-1) - d$ (단, T는 표본규모)에 의하여 구할 수 있다. <참고 Ⅴ-5>를 참조하시오.

관계가 존재한다고 판단할 수 있다.

$$5\% \text{ 임계치} \approx -3.0 - 0.2*4 - 0.3*(1-1) = -3.8$$

단 k는 stochastic 변수들$(y_t,\ z_{1t},\ \cdots,\ z_{(k-1)t})$의 수로서

여기서는 4개,

d는 deterministic terms의 수로서 여기서는 상수항 1개

장기식의 경우 차분항을 0으로 두면 되는데 상수항을 제외하고는 VECM의 가설검정 절차 이전 추정 결과와 큰 차이가 없다.

$$0 = -0.11 - 0.08\,Y_{1,t-1} + 0.07\,Y_{2,t-1} - 0.02\,Y_{3,t-1} + 0.06\,Y_{4,t-1}$$

이므로

$$Y_{1,t-1} = -1.41 + 0.90\,Y_{2,t-1} - 0.19\,Y_{3,t-1} + 0.72\,Y_{4,t-1}$$

이 된다.[54]

다음에는 우리나라의 실제 자료를 ECM을 이용하여 분석해 보기로 한다. 일반적으로 수입은 소득과 물가, 환율 등의 함수라고 볼 수 있다. 소득이 증가할 경우 수입이 늘어나며, 물가가 오를 경우 국내재의 가격이 높아지므로 수입이 늘어나지만, 환율이 상승할 경우에는 국내가격으로 표시한 수입품의 가격이 높아지므로 수입은 감소하게 된다. LM, LY, LPD 및 $LNER$은 각각 1990년부터 2018년 기간 중 우리나라의 수입(실질, 계절조정), 소득(실질, 계절조정), 소비자물가, 대미달러명목환율의 분기 시계열이다. 한국은행 ECOS 자료를 이용하였으며 각 변수는 로그 전환하였다.

---

54 ADL 모형 추정 결과로부터도 같은 관계를 얻을 수 있다. ADL 모형과 ECM 추정 결과를 비교해보면 추정 잔차의 표준오차(S.E. of regression), 잔차자승합(sum of squared residuals), 우도함수값(log-likelihood), AIC, SBC 등이 같다.

▌각 변수들의 변화 추이 ▌

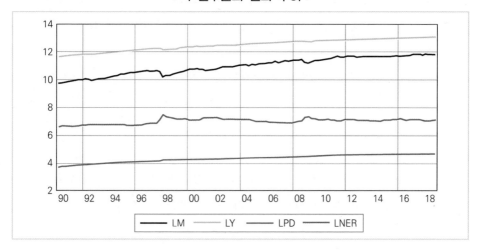

수준변수에 대한 안정성 여부를 검정해 본 결과 변수들 모두 불안정적 과정 ($I(1)$)들인 것으로 나타났다.

ECM 분석에 앞서 포함될 시차항을 살펴보았다. VAR 모형 분석 시 시차항 결정 기준을 활용하면 된다.

▌ECM 추정의 시차항 선정 ▌

VAR Lag Order Selection Criteria
Endogenous variables: LNER LPD LY LM
Exogenous variables: C

Sample: 1990Q1 2018Q4
Included observations: 108

Lag	LogL	LR	FPE	AIC	SC	HQ
0	469.4593	NA	2.12e-09	-8.619617	-8.520279	-8.579339
1	1149.458	1297.034	9.70e-15	-20.91589	-20.41920*	-20.71450
2	1183.321	62.08240	6.97e-15*	-21.24669*	-20.35264	-20.88419*
3	1196.869	23.83451	7.32e-15	-21.20128	-19.90988	-20.67767
4	1208.812	20.12671	7.94e-15	-21.12616	-19.43741	-20.44143
5	1230.681	35.23253*	7.19e-15	-21.23483	-19.14873	-20.38899
6	1239.908	14.18305	8.27e-15	-21.10942	-18.62596	-20.10247
7	1245.882	8.738727	1.02e-14	-20.92374	-18.04293	-19.75567
8	1258.699	17.80189	1.11e-14	-20.86480	-17.58664	-19.53562

* indicates lag order selected by the criterion
LR: sequential modified LR test statistic (each test at 5% level)
FPE: Final prediction error
AIC: Akaike information criterion
SC: Schwarz information criterion
HQ: Hannan-Quinn information criterion

수준변수 분석에 포함할 시차항의 계수가 AIC의 경우 2, SBC의 경우 1로 나타났으나 여기서는 AIC를 따르기로 한다. 이 경우 ECM에 포함될 차분항의 시차는 1이 된다.

ADL 모형을 변형한 ECM 추정 결과는 다음과 같다. 추정 결과 예상대로 소득이 증가하거나 물가가 오르면 수입이 늘어나고 환율이 상승하면 수입이 줄어드는 것으로 나타났다. 차분항을 0으로 둘 경우 다음과 같은 장기 관계식이 얻어진다.

$$0 = -1.07 - 0.17 LM_{t-1} + 0.23 LY_{t-1} + 0.12 LPD_{t-1} - 0.07 LNER_{t-1}$$

$$\Leftrightarrow LM_t = -6.33 + 1.36 LY_t + 0.71 LPD_t - 0.42 LNER_t$$

그러나 LM_{t-1}항 계수에 대한 t값이 -2.48로 5% 임계치 -3.8보다 크기 때문에 LM_{t-1}항의 계수가 0이라는 귀무가설을 기각할 수 없어 변수들간 공적분 관계는 존재하지 않는 것으로 판정된다.

‖ ECM 추정 결과 ‖

Dependent Variable: D(LM)
Method: Least Squares

Sample (adjusted): 1990Q3 2018Q4
Included observations: 114 after adjustments

Variable	Coefficient	Std. Error	t-Statistic	Prob.
C	-1.066473	0.683030	-1.561385	0.1215
LM(-1)	-0.168398	0.067927	-2.479093	0.0148
LY(-1)	0.229261	0.125704	1.823817	0.0711
LPD(-1)	0.119649	0.158019	0.757181	0.4507
LNER(-1)	-0.070548	0.042038	-1.678188	0.0964
D(LM(-1))	-0.220625	0.100684	-2.191268	0.0307
D(LY)	2.684908	0.324530	8.273215	0.0000
D(LY(-1))	0.868330	0.402624	2.156676	0.0334
D(LPD)	0.829976	0.418640	1.982552	0.0501
D(LPD(-1))	1.064252	0.403001	2.640814	0.0096
D(LNER)	-0.304201	0.063738	-4.772676	0.0000
D(LNER(-1))	-0.111293	0.079564	-1.398783	0.1649

R-squared	0.784778	Mean dependent var	0.018211
Adjusted R-squared	0.761568	S.D. dependent var	0.055612
S.E. of regression	0.027155	Akaike info criterion	-4.275194
Sum squared resid	0.075215	Schwarz criterion	-3.987173
Log likelihood	255.6861	Hannan-Quinn criter.	-4.158303
F-statistic	33.81184	Durbin-Watson stat	2.104803
Prob(F-statistic)	0.000000		

한편 Engle and Granger(1987)는 ECM 구축을 위한 2단계 추정법을 제시하였다. 먼저 공적분 관계가 있을 것으로 생각되는 변수들을 OLS를 이용 추정하여 이로부터 구한 잔차의 단위근 검정을 하고 추정 잔차가 안정적일 경우 이를 설명변수로 사용하면서 단기방정식을 추정하는 것이다.[55]

이 방법을 따를 경우 장기식과 추정 잔차에 대한 단위근 검정 결과는 다음과 같다.

$$LM_t = -4.41 + 1.35 LY_t + 0.45 LPD_t - 0.49 LNER_t$$

위 식으로부터 구한 잔차($\hat{e_t}$)에 대하여 단위근 검정을 한 결과 t값이 -4.16으로 이는 MacKinnon(1991, 2010)에 의한 5% 임계치 -4.19보다는 약간 크지만 10% 임계치 -3.88보다는 작은 것으로 나타났다. 따라서 ADL을 변형한 ECM 공적분 관계 검정 결과와 달리 공적분 관계가 존재할 가능성이 있다고도 할 수 있다.[56, 57]

┃ 장기식 추정 및 추정 잔차의 단위근 검정 ┃

장기식 추정 결과

Dependent Variable: LM
Method: Least Squares

Sample: 1990Q1 2018Q4
Included observations: 116

Variable	Coefficient	Std. Error	t-Statistic	Prob.
C	-4.410819	0.933796	-4.723539	0.0000
LY	1.354464	0.133635	10.13558	0.0000
LPD	0.454934	0.208466	2.182290	0.0312
LNER	-0.494419	0.035964	-13.74751	0.0000

R-squared	0.995302	Mean dependent var	10.99069
Adjusted R-squared	0.995176	S.D. dependent var	0.625165
S.E. of regression	0.043421	Akaike info criterion	-3.401868
Sum squared resid	0.211164	Schwarz criterion	-3.306916
Log likelihood	201.3083	Hannan-Quinn criter.	-3.363323
F-statistic	7908.939	Durbin-Watson stat	0.548120
Prob(F-statistic)	0.000000		

단위근 검정

Null Hypothesis: RESIDUAL_LM has a unit root
Exogenous: Constant
Lag Length: 0 (Automatic - based on SIC, maxlag=12)

		t-Statistic	Prob.*
Augmented Dickey-Fuller test statistic		-4.161964	0.0012
Test critical values:	1% level	-3.488063	
	5% level	-2.886732	
	10% level	-2.580281	

*MacKinnon (1996) one-sided p-values.

---

55 추정 잔차의 단위근 검정을 통하여 공적분 관계를 검정하는 Engle–Granger 방법은 공적분 관계 변수들의 동학(dynamcis)에 존재하는 제약(<참고> Ⅰ-6 참조), 추정계수의 편의(bias) 가능성과 검정력 약화, 추정계수가 표준분포를 따르지 않는 문제 등 한계가 있다. ADL 모형을 변형한 ECM이 더 유연한 것으로 평가된다(Ericsson and MacKinnon(1999)).

56 Engle and Yoo(1987)에 의한 공적분 관계 검정 통계량의 5% 및 10% 임계치는 각각 -4.22, -3.89로 이에 의해서도 둘 사이에 있다.

57 VECM에 따르면 1개의 공적분 관계가 존재하는 것으로 나타났다. 다만 일부 설명변수들이 약외생성을 보이지 않았다.

이에 따라 추정 잔차의 $(t-1)$기항$(\widehat{e_{t-1}})$을 설명변수로 포함하여 추정한 ECM은 다음과 같다.

‖ ECM 추정 결과 ‖

Dependent Variable: D(LM)
Method: Least Squares

Sample (adjusted): 1990Q3 2018Q4
Included observations: 114 after adjustments

Variable	Coefficient	Std. Error	t-Statistic	Prob.
C	-0.015643	0.005594	-2.796399	0.0061
D(LM(-1))	-0.187681	0.103578	-1.811977	0.0728
D(LY)	2.217406	0.299092	7.413797	0.0000
D(LY(-1))	0.511720	0.386338	1.324541	0.1882
D(LPD)	0.283999	0.373803	0.759755	0.4491
D(LPD(-1))	0.365901	0.350192	1.044858	0.2985
D(LNER)	-0.355076	0.062539	-5.677709	0.0000
D(LNER(-1))	-0.126131	0.080703	-1.562904	0.1211
RESIDUAL_LM(-1)	-0.168630	0.069889	-2.412841	0.0176

R-squared	0.762930	Mean dependent var		0.018211
Adjusted R-squared	0.744868	S.D. dependent var		0.055612
S.E. of regression	0.028090	Akaike info criterion		-4.231140
Sum squared resid	0.082851	Schwarz criterion		-4.015124
Log likelihood	250.1750	Hannan-Quinn criter.		-4.143471
F-statistic	42.23847	Durbin-Watson stat		2.032581
Prob(F-statistic)	0.000000			

설명변수 중 유의하지 않은 변수들을 제외하면 다음과 같은 최종 결과를 얻는다.

❚ ECM 추정 결과 ❚

Dependent Variable: D(LM)
Method: Least Squares

Sample (adjusted): 1990Q2 2018Q4
Included observations: 115 after adjustments

Variable	Coefficient	Std. Error	t-Statistic	Prob.
C	-0.010377	0.004121	-2.518169	0.0132
D(LY)	2.424736	0.245361	9.882304	0.0000
D(LNER)	-0.342493	0.055489	-6.172299	0.0000
RESIDUAL_LM(-1)	-0.199709	0.064340	-3.103965	0.0024

R-squared	0.751193	Mean dependent var		0.018280
Adjusted R-squared	0.744468	S.D. dependent var		0.055373
S.E. of regression	0.027991	Akaike info criterion		-4.279700
Sum squared resid	0.086968	Schwarz criterion		-4.184224
Log likelihood	250.0828	Hannan-Quinn criter.		-4.240947
F-statistic	111.7096	Durbin-Watson stat		2.232451
Prob(F-statistic)	0.000000			

이처럼 실제 시계열 자료를 이용하여 모형을 구축할 경우 방법에 따라 검정 결과가 다소 상이한 경우가 있을 수도 있다.

ECM을 이용하면 시계열의 장·단기 동학과정(dynamic process)에 대한 설명이 가능하다.

예를 들어 설명변수가 z_t가 한 개이고 시차항이 포함되지 않은 다음 모형에서

$$\Delta y_t = \alpha + \beta_0 \Delta z_t + \gamma(y_{t-1} - \delta z_{t-1}) + v_t$$

$\beta_0 \Delta z_t$는 설명변수 z_t의 변화에 대한 종속변수 y_t의 단기반응을 보여준다. 즉 β_0는 설명변수에 대한 종속변수의 단기탄력성이라고 할 수 있다. $\gamma(y_{t-1} - \delta z_{t-1})$은 불균형 효과를 보여준다. δ는 장기탄력성이며 γ는 피드백 효과를 나타내는 계수에 해당한다.

이 모형에서 $\Delta y = \Delta z = 0$으로 하면 장기균형 경로("no change" steady state)

$$y_t = \frac{-\alpha}{\gamma} + \delta z_t$$

를 얻을 수 있다. 장기균형성장 경로(steady state growth path)는 $\Delta y = \Delta z = g$를 이용하여 구한다(Solow(1956, 1970)).

$$y_t = \frac{-\alpha + g(1-\beta_0)}{\gamma} + \delta z_t$$

y_t 및 z_t가 로그 형태를 취할 경우에는 지수 변환을 통하여

$$Y_t = (\exp[\frac{-\alpha + g(1-\beta_0)}{\gamma}])Z_t^{\delta}, \quad 단 \ y(t) = \log Y_t, \ z_t = \log Z_t$$

가 된다.

Y_1, Y_2, Y_3 및 Y_4에 대해 ECM으로 구한 추정식으로부터 장기탄력성을 살펴보면 Y_1의 Y_2에 대한 장기탄력성은 0.9이고, Y_3 및 Y_4에 대하여는 각각 -0.19, 0.72이다. 단기탄력성은 Y_2, Y_3 및 Y_4에 대하여 각각 -0.04, -0.12, -0.03이다. 장기식의 불균형은 분기당 약 8%씩 조정된다.

〈참고 I - 6〉 Engle-Granger 공적분 검정과 ECM

ECM에서 단기탄력성 β_0은 0에서 1 사이에 존재하며 조정계수 γ는 -1에서 0 사이의 값을 가진다.

$$\Delta y_t = \beta_0 \Delta z_t + \gamma(y_{t-1} - \delta z_{t-1}) + v_t$$

$$0 \le \beta_0 \le 1$$

$$-1 \le \gamma \le 0$$

이 ECM의 양변에 $\delta \Delta z_t$를 차감하면

$$\Delta y_t - \delta \Delta z_t = \beta_0 \Delta z_t - \delta \Delta z_t + \gamma(y_{t-1} - \delta z_{t-1}) + v_t$$

여기서 $\beta_0 = \delta$라고 하고 $w_t = y_t - \delta z_t$라고 할 경우 위 ECM은

$$\Delta w_t = \gamma w_{t-1} + v_t$$

가 되어 Engle - Granger가 제시한 공적분 검정을 위한 모형 형태가 된다.

공적분 관계를 검정하기 위해서는 ECM이나 Engle-Granger 모형 모두 H_0 : $\gamma=0$을 검정한다. $\gamma=0$이라면 w_t는 단위근을 가지게 되고 y_t와 z_t 사이에는 공적분 관계가 존재하지 않게 된다.

이렇게 볼 때 Engle-Granger 모형은 $\beta_0=\delta$, 즉 단기탄력성과 장기탄력성이 일치하는 ECM의 특수한 형태라고 할 수 있다. 그런데 단기탄력성과 장기탄력성이 같다는 것은 자의적인 데다, $\beta_0 \neq \delta$이라면 $(\beta_0\Delta z_t - \delta\Delta z_t)$이 회귀식의 오차로 ν_t에 추가되게 되는데 차이 부분이 안정적이라고 하더라도 설명변수 및 종속변수와 연관되는 문제가 있다. 즉 Engle and Granger 방법은 제약이 있다고 하겠다 (Kremers, Ericsson and Dolado(1992), Ericsson and Mackinnon(1999)).

ADL을 변형한 ECM은 단일 방정식 추정 및 장·단기 동학 설명에 많은 장점이 있기 때문에 경제행태 분석에 널리 활용된다.

〈참고 I - 7〉 ECM의 장·단기 동학

모든 변수가 로그값으로 표현되어 있다고 할 때 다음 ECM에서 설명변수 x_t에 대한 종속변수 y_t의 단기탄력성은 α_1, 장기탄력성은 β_1이 된다. α_2는 장기균형으로부터 괴리가 발생할 경우 괴리가 조정되는 속도인데 분기자료일 경우 각 분기당 괴리의 $-\alpha_2\%$가 조정된다.

$$y_t = \beta_0 + \beta_1 x_t + \epsilon_t$$
$$\Delta y_t = \alpha_0 + \alpha_1 \Delta x_t + \alpha_2 \epsilon_{t-1} + \eta_t$$

이 식에서 설명변수 x_t가 $\delta\%$ 변할 경우 종속변수 y_t의 반응은 다음과 같이 구할 수 있다.

먼저 단기방정식은 위의 두 식들로부터 다음과 같이 나타낼 수 있다.

t기: $\Delta y_t = \alpha_0 + \alpha_1 \Delta x_t + \alpha_2(y_{t-1} - \beta_0 - \beta_1 x_{t-1}) + \eta_t$

식에서 t기에 x_t가 $\delta\%$만큼 변한다고 할 경우 y_t는 $\alpha_1\delta\%$만큼 변화한다. 이 때 Δx_t는 $\delta\%$p만큼 변하며 Δy_t는 $\alpha_1\delta\%$p만큼 변한다.

$(t+1)$기: $\Delta y_{t+1} = \alpha_0 + \alpha_1 \Delta x_{t+1} + \alpha_2(y_t - \beta_0 - \beta_1 x_t) + \eta_{t+1}$

$(t+1)$기에는 t기에 변한 y_t로 인해 Δy_{t+1}값이 $\alpha_2\alpha_1\delta$% 변하며, t기에 변한 x_t로 인해 Δy_{t+1}값이 $-\alpha_2\beta_1\delta$% 변하게 된다. 전체적인 Δy_{t+1} 변화는 이 둘을 합친 것으로 $\alpha_2(\alpha_1-\beta_1)\delta$%가 된다.

y_{t+1}값의 변화는 t기의 y_t와 $(t+1)$기의 Δy_{t+1} 변화분을 합하여 구해지는데 이는 $(\alpha_1+\alpha_2(\alpha_1-\beta_1))\delta$%가 된다.

$(t+2)$기: $\Delta y_{t+2} = \alpha_0 + \alpha_1\Delta x_{t+2} + \alpha_2(y_{t+1}-\beta_0-\beta_1 x_{t+1}) + \eta_{t+2}$

$(t+2)$기에는 $(t+1)$기에 변한 y_{t+1}로 인해 Δy_{t+2}값이 $\alpha_2(\alpha_1+\alpha_2(\alpha_1-\beta_1))\delta$% 변하며, $(t+1)$기에 변한 x_{t+1}로 인해 Δy_{t+2}값이 $-\alpha_2\beta_1\delta$% 변한다. 전체적으로 Δy_{t+2}는 $\alpha_2((\alpha_1+\alpha_2(\alpha_1-\beta_1))-\beta_1)\delta$%만큼 변한다.

y_{t+2}값의 변화는 $(t+1)$기의 y_{t+1}와 $(t+2)$기의 Δy_{t+2} 변화분을 합한 $\{(\alpha_1+\alpha_2(\alpha_1-\beta_1))+\alpha_2((\alpha_1+\alpha_2(\alpha_1-\beta_1))-\beta_1)\}\delta$%가 된다.

$(t+3)$기도 마찬가지 방식으로 구할 수 있으며 이를 정리하면 다음 표와 같다.

┃ECM에 의한 변수의 장·단기 변화┃

t기	y_{t-1}	x_{t-1}	Δy_t	y_t
	0	0	$\alpha_1\delta$	$\alpha_1\delta$
$(t+1)$기	y_t	x_t	Δy_{t+1}	y_{t+1}
	$\alpha_2\alpha_1\delta$	$-\alpha_2\beta_1\delta$	$\alpha_2(\alpha_1-\beta_1)\delta$	$(\alpha_1+\alpha_2(\alpha_1-\beta_1))\delta$
$(t+2)$기	y_{t+1}	x_{t+1}	Δy_{t+2}	y_{t+2}
	$\alpha_2(\alpha_1 + \alpha_2(\alpha_1-\beta_1))\delta$	$-\alpha_2\beta_1\delta$	$\alpha_2(\alpha_1+\alpha_2(\alpha_1-\beta_1))\delta -\alpha_2\beta_1\delta$	$(\alpha_1+\alpha_2(\alpha_1-\beta_1))\delta +\alpha_2(\alpha_1+\alpha_2(\alpha_1-\beta_1))\delta -\alpha_2\beta_1\delta$
$(t+3)$기	y_{t+2}	x_{t+2}	Δy_{t+3}	y_{t+3}
	$\vdots$	$\vdots$	$\vdots$	$\vdots$

이를 그림으로 나타내면 다음과 같다. 예를 들어 α_1, β_1, α_2가 $(0.5, 0.2, -0.3)$, $(0.5, 0.2, -0.8)$, $(-0.5, 0.2, -0.3)$, $(0.5, -0.2, -0.3)$이라고 할 경우 종속변수는 각각 다음과 같은 과정을 보이면서 장기탄력성으로 수렴한다. 조정계수의 절대값이 클 경우(0.8) 수렴 속도가 빨라진다.

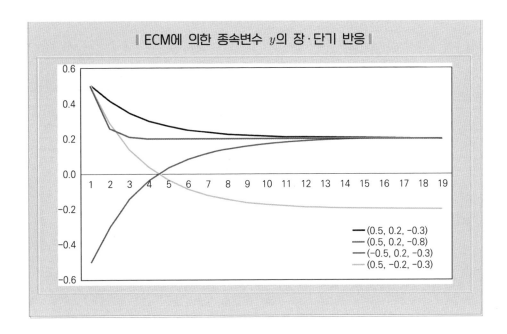

| ECM에 의한 종속변수 y의 장·단기 반응 |

II

시계열의 비선형성

Ⅱ. 시계열의 비선형성

경제전망의 어려움을 야기하는 또 하나의 가능성은 경제시계열 자료가 비선
형성을 지니는 경우가 상당히 발생한다는 점이다.

예를 들어 경기의 경우 확장과 수축 국면에서 행태가 다르게 나타나는 것이
일반적이다. 확장기의 경우 오랜 기간 확장세가 이어지고 시계열의 지속성이 높
은 반면 수축기에는 기간이 짧을 뿐만 아니라 지속성이 낮은 현상이 관찰된다.[1]

‖ 우리나라의 경기동행종합지수 순환변동치 ‖

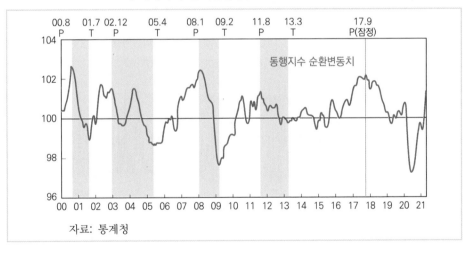

자료: 통계청

이 장에서는 시계열에서 자주 관찰되는 시계열의 비선형성에 대하여 살펴보

---

1 국면에 따라 선형관계가 비대칭적으로 다른 것인지, 비선형적으로 점진적으로 이행하는 것인
지 구분하기가 쉽지 않다.

기로 한다.

1. 시계열자료의 비선형성(nonlinearity)

선형모형은 시계열 분석뿐만 미래 예측을 위한 모형 구축의 준거(benchmark)로 널리 사용된다. 선형모형에서 종속변수는 시간이나 설명변수의 변화에 직선의 형태(straight line)로 반응한다(예 : $y = a + bx$). 그러나 종속변수의 반응이 설명변수의 선형결합으로 나타나지 않는 경우도 있다. 시간의 변화나 설명변수 값의 크기에 따라 반응이 직선이 아닌 형태로 달라지는 것이다(예 : $y = a + bt^2$, $y = a + bx^3$, $y = a + bx + cz^2$).

다음과 같은 시계열에서 선형관계의 경우에는 y_t와 x_t의 값이 일정한 평균을 중심으로 변동하면서 대체로 비례적으로 움직이는 모습을 보이는 반면 비선형관계의 경우에는 z_t값이 x_t값의 움직임에 대하여 특히 아래 쪽으로 일정 수준이하로 내려가지 않는 모습을 보이고 있다.

∥ 선형 및 비선형 관계 ∥

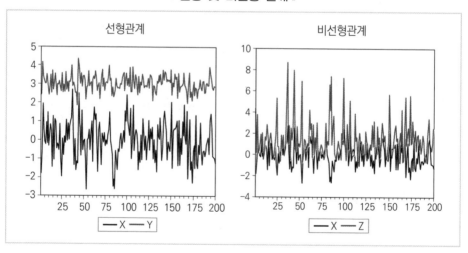

두 변수의 관계를 산포도 형태로 나타낼 경우 비선형 관계는 보다 뚜렷해
진다.

▌선형 및 비선형 관계▐

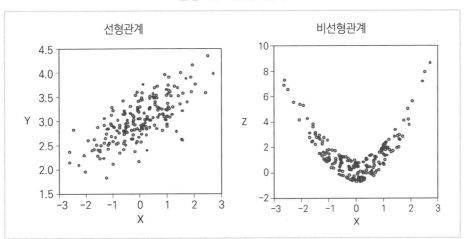

2. 시계열자료의 비선형성 분석

시계열자료의 비선형관계는 무수히 많은 형태로 존재할 수 있기 때문에 특
정 관계를 전제로 한 분석은 불가능하다.

이제까지 ARIMA 모형으로 대변되는 선형 시계열 모형에 비해 보다 풍부한
탄력성을 지닌 다양한 모형들이 제시되어 왔다. 이러한 모형들은 비모수적
(nonparametric) 모형, 반모수적(semiparametric) 모형, 모수적(parametric) 모형으로
크게 구분된다.

모형에 의해 추정될 함수의 형태가 미리 제시되는 모수적 모형으로는 다음
과 같은 것들이 있다(Granger and Teräsvirta(1993)).

(1) 다항식모형

$$y_t = \delta + \beta' Z_t + Z_t' C Z_t + e_t$$

　　단 Z_t는 외생적 설명변수 및 그 시차변수들

　　　C는 계수행렬

(2) STR(smooth transition regression) 모형

$$y_t = \beta_1' Z_t + F(Z_t)\beta_2' Z_t + e_t$$

단 F는 전이국면을 포착할 수 있는 누적확률밀도함수 혹은 로지스틱 (logistic) 함수 등

(3) 탄력적인 푸리에(Fourier) 형태의 모형

$$y_t = \alpha + \beta' Z_t + Z_t' C Z_t$$

$$+ \sum_{j=1}^{q} [c_j \sin(j(\gamma' Z_t)) + d_j \cos(j(\gamma' Z_t))] + e_t$$

(4) 인공신경망 모형

$$y_t = \alpha + \sum_{j=1}^{q} \beta_j \phi(\gamma'_j Z_t) + e_t$$

단 ϕ는 누적확률밀도함수 혹은 로지스틱 함수 등

NLAR(nonlinear autoregressive) 모형 형태로는 Jones(1976) 및 Ozaki and Oda (1978)에 의하여 소개된 EXPAR(amplitude−dependent exponential autoregressive) 모형이 알려져 있다.

$$y_t = \sum_{j=1}^{q} [\alpha_j + \beta_j \exp(-\delta y_{t-1}^2)] y_{t-j} + e_t, \quad \delta > 0$$

비선형 시계열 모형은 너무나 많은 형태가 있어 이를 모두 소개하는 것이 어렵다. 여기서는 시계열자료에서 흔히 관찰되는 비대칭성과 관련된 내용을 로지스틱(logistic) 함수나 하이퍼탄젠트(hypertangent) 함수를 이용하여 분석하는 방법을 중심으로 살펴보기로 한다.

로지스틱 함수의 경우 값들이 0에서 1 사이에서 움직이며 하이퍼탄젠트 함수의 경우에는 −1에서 1 사이 범위에서 상·하방으로 움직인다. 두 함수 모두 시간 경과나 상황 변화에 따라 크기가 비선형적으로 변하면서 값의 범위가 제한되는 경우에 이용하기 적합하다.

로지스틱 함수: $f(x) = \dfrac{1}{\exp(\alpha + \beta x) + 1}$, $0 < f(x) < 1$

하이퍼탄젠트 함수: $f(x) = \dfrac{\exp(\alpha + \beta x) - 1}{\exp(\alpha + \beta x) + 1}$, $-1 < f(x) < 1$

▌로지스틱 및 하이퍼탄젠트 함수 형태 ▌

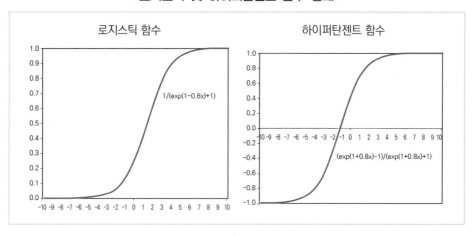

다음에서는 같은 자료를 선형함수와 비선형함수를 이용하여 추정하고 이를 비교하면서 살펴보기로 한다.

가. 전이함수모형 형태 분석

일반적인 전이함수(transfer function) 모형 형태는 다음과 같다.

$$y_t = \sum_{i=0}^{\infty} \gamma_i x_{t-i} + z_t$$
$$= \gamma(B)x_t + z_t,$$

단 $\sum_i |\gamma_i| < \infty$, B는 lag operator로서 $Bx_t = x_{t-1}$

입력계열 x_t와 z_t는 안정적 과정이며 상호 독립적이라고 가정한다. 이 때 입력변수들의 계수들인 γ_0, γ_1,⋯는 y_t를 예측하기 위하여 입력계열의 지난 값에 부여된 가중치이며

$$\gamma(B) = \sum_{i=0}^{\infty} \gamma_i B^i$$

와 같다.

전이함수모형은 x_t와 z_t가 ARMA 모형을 따를 때 다음과 같은 모형으로 나타낼 수 있으며 출력 시계열이 입력 시계열의 다항식 비율에 의한 시차 형태를 띄면서 변환되는 모습을 분석하기에 적합하다(Box and Jenkins(1970), Shumway and Stoffer(1999)).

$$y_t = r(B)x_t + z_t$$

$$= \frac{\psi(B)B^d}{\delta(B)} x_t + z_t$$

$$x_t = \frac{\theta(B)}{\phi(B)} w_t, \ \ z_t = \frac{\tau(B)}{\upsilon(B)} e_t$$

단 w_t 및 e_t는 서로 독립적인 white noise process,

B는 lag operator이며 d는 delay 시차

이 모형에서 종속변수인 y_t는 설명변수 x_t의 현재 및 과거 시차에 의존하며 설명변수의 계수 값이 다항식의 비율에 의해 선형적으로 고정되어 있다. 그러나 경우에 따라서는 설명변수 값 x_t의 크기나 시간의 변화에 따라 계수 값이 비선형적으로 달라지면서 종속변수의 반응이 달라지도 한다. 비선형모형이 고려될 수 있는 지점이다.

다음은 미국 North Carolina 州의 Goldsboro와 Kinston에서 측정된 강물 유량 자료이다(Brocklebank and Dickey(1986)).[2] 이 시계열을 전이함수모형과 로지스틱함수를 이용한 비선형모형에 의해 분석해 보기로 한다.

Goldsboro는 강 상류에 위치하고 있으며 Kinston은 하류에 위치하고 있다. Goldsboro의 강물 유량을 입력 시계열 x_t로 하고 하류인 Kinston의 강물 유량을 출력 시계열 y_t로 하는 전이함수모형을 추정해 보기로 한다. 두 변수는 로그로 전환되었다. 두 시계열의 모습 및 시차 산포도는 다음과 같다.

---

2 "https://waterdata.usgs.gov/nc/nwis/current"에서 자료들을 찾을 수 있다.

▌로그 형태로 전환한 두 시계열의 모습▐

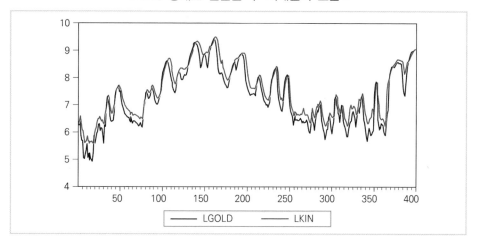

▌두 시계열의 시차 산포도▐

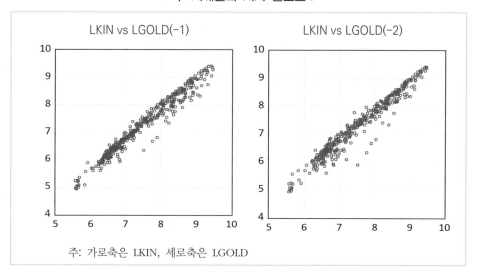

주: 가로축은 LKIN, 세로축은 LGOLD

　　분석을 위해 우선 두 변수의 교차시차상관계수를 구하여 보았다. 교차시차
상관계수는 다음과 같이 구해진다.

$$Corr(x_{t-h},\ y_t) = \frac{Cov(x_{t-h},\ y_y)}{\sqrt{Var(x_{t-h})}\ \sqrt{Var(y_t)}}$$

　교차시차상관계수를 구하기 위하여는 두 변수를 prewhitening하는 과정이 필요하다. prewhitening 과정은 입력 시계열 x_t를 white noise process로 만드는 것이다. 이런 과정을 거쳐 두 시계열의 교차시차상관계수를 구하면 x_t에 대한 y_t의 충격반응이 제대로 구해진다.

　앞의 식

$$y_t = \frac{\psi(B)B^d}{\delta(B)}x_t + z_t$$

$$\Leftrightarrow \frac{\phi(B)}{\theta(B)}y_t = \frac{\phi(B)}{\theta(B)}\frac{\psi(B)B^d}{\delta(B)}x_t + \frac{\phi(B)}{\theta(B)}\frac{\tau(B)}{\upsilon(B)}e_t$$

$$\Leftrightarrow \quad y'_t = \gamma(B)w_t + e'_t$$

여기서 prewhitening 과정을 거친 w_t와 전환된 y'_t의 교차시차상관계수를 구하면 입력 시계열에 대한 y_t의 충격반응 $\gamma(B)$가 구해진다.

〈참고Ⅱ-1〉 prewhitening 과정에 의한 시차상관계수 도출

　두 시계열자료 x_t와 y_t의 교차시차상관계수를 분석할 때 정확한 관계를 구하기 위해서는 변수들의 prewhitening 과정이 필요하다. 이를 예를 들어 살펴보자.
　다음과 같이 생성된 두 시계열 y_t와 x_t에서 y_t는 x_t에 선행하거나 후행함이 없이 같은 시차 구조를 가지면서 변한다.

　$x_t = 0.7x_{t-1} + u_t$

　$y_t = 3 + 0.5x_t + \nu_t$, 단 u_t 및 ν_t는 서로 독립

　여기서 두 변수의 단순 교차시차상관계수를 구하면 시차상관계수가 다음 좌측 그림과 같이 동행시차(시차 0)를 중심으로 서로 대칭적인 모습을 띄고 있는 것으로 나타나 정확한 시차상관관계가 관찰되지 못한다. 이 경우 설명변수인 x_t를 white noise process로 만든 다음 두 변수의 시차상관계수를 구하면 동행시차에서만 상관계수가 관찰되어 x_t와 y_t의 관계를 제대로 반영하는 시차상관계수의 분석이 가능하게 된다.

앞의 두 식으로부터

$$0.7y_{t-1} = 0.7*3 + 0.7*0.5x_{t-1} + 0.7\nu_{t-1}$$

이므로

$$y_t - 0.7y_{t-1} = 0.9 + 0.5*(x_t - 0.7x_{t-1}) + (\nu_t - 0.7\nu_{t-1})$$

$$\Leftrightarrow y'_t = 0.9 + 0.5u_t + \nu'_t$$

$$단 \quad y'_t = (1 - 0.7B)y_t, \quad \nu'_t = (1 - 0.7B)\nu_t$$

u_t에 대한 y'_t의 계수가 충격반응으로 이는 당기에만 나타난다.

┃ 두 시계열의 시차상관계수 ┃

주: 1) 점선은 2*standard deviation 상·하한을 표시
　　2) 시차가 양(+)인 경우 x_t가 y_t에 선행함을 의미

　　두 변수의 교차시차상관계수를 구해본 결과[3] 상류에서의 충격은 1~2일에 걸쳐 하류에 대부분 발생하는 것으로 나타났다.

---

3 두 시계열의 단위근 검정 결과 5% 유의수준에서 AIC에 의하면 불안정적인 시계열, SBC에 의하면 안정적인 시계열로 나타났다. 여기서는 변수를 차분하여 사용하였다. 수준변수를 이용한 분석 결과도 큰 차이가 보이지 않았다.

┃ 두 시계열의 시차상관계수 ┃

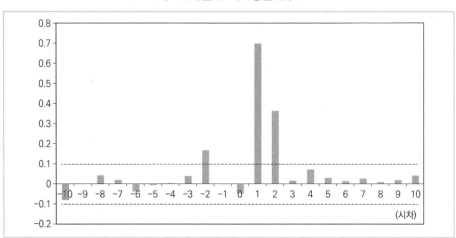

이를 바탕으로 Brocklebank and Dickey(1986)는 다음과 같은 형태의 전이
함수모형을 추정하였다.

$$\Delta y_t = 0.4954(1+0.5503B)\Delta x_{t-1}$$
$$\quad\quad (26.83) \quad\quad\quad (12.12)$$
$$\quad + (1-0.8878B)/(1-1.1632B+0.4796B^2)\epsilon_t$$
$$\quad\quad\quad (25.32) \quad\quad\quad\quad (23.05) \quad\quad (10.51)$$

추정계수는 모두 유의하였으며(( ) 내는 t값이다. 이하 동일) 추정 모형의 오차
크기를 나타내는 MSE(mean squared error)는 0.00584(수준변수를 이용한 분석에서는
0.00625)로 나타났다.[4] Goldsboro와 Kinston이 같은 강가에 위치해 있고 상류의
강물은 대체로 일정한 유속으로 하류로 흘러가기 때문에 전이함수 형태의 모형
은 두 시계열을 잘 설명해 주는 것으로 보인다.

그러나 x_t의 1 및 2기 선행시차 계수인 0.4954, 0.2726(=0.4954*0.5503)은
여건 변화에 따라 달라질 가능성이 있다. 즉 비가 많이 내리거나 계절적 요인 등
으로 수량이 늘어날 경우 상류 수량의 변화가 하류에 미치는 영향은 수량이 작

---

4 MSE $= \dfrac{1}{T}\sum_{t=1}^{T}(y_t^f - y_t^a)^2$. y_t^f 및 y_t^a는 각각 추정치와 실제치이다.

을 경우에 비해 크고 동시에 긴 기간 동안 영향을 미칠 것이라고 생각해 볼 수 있다.

이러한 점을 감안하여 먼저 모형의 비선형성을 검정해 보기로 한다. 비선형성 검정은 설명변수의 다항시차를 포함하여 이루어진다. Fuller(1996)에 의하면 설명변수의 다항시차를 포함한 회귀분석에서 일차항을 제외한 항들의 계수가 모두 0이라는 귀무가설을 검정함에 의하여 비선형성 검정이 가능하다.[5, 6]

1 및 2기 선행시차가 반응시차 구조의 대부분을 차지하기 때문에 설명변수의 이차다항식을 포함하는 회귀분석을 해 보기로 한다.

회귀분석 모형은 다음과 같다.

$$y_t = \beta_0 + \beta_1 x_{t-1} + \beta_2 x_{t-2} + \beta_3 x_{t-1}^2 + \beta_4 x_{t-1} x_{t-2} + \beta_5 x_{t-2}^2 + \epsilon_t$$

회귀분석 결과 $H_0 : \beta_3 = \beta_4 = \beta_5 = 0$이라는 귀무가설이 기각($F$ 통계량이 12.48로 5% 임계치인 2.60을 상회)되기 때문에 두 변수간의 관계가 비선형성을 띄고 있다고 생각해 볼 수 있다.[7]

$$y_t = 1.8734 + 1.9046 x_{t-1} - 1.2672 x_{t-2} + 0.0512 x_{t-1}^2$$
$$\qquad (4.94) \qquad (6.34) \qquad\quad (4.22) \qquad\qquad (0.70)$$

$$\qquad - 0.2985 x_{t-1} x_{t-2} + 0.2659 x_{t-2}^2 + \eta_t$$
$$\qquad\quad (2.21) \qquad\qquad\quad (3.90)$$

추정 결과에서 유의하지 않은 항인 x_{t-1}^2을 제외할 경우 $x_{t-1} x_{t-2}$ 및 x_{t-2}^2 항이 남게 되는데 x_{t-2}가 두 항에 모두 나타나므로 로지스틱함수를 이용한 가중치에서 x_{t-2}를 매개변수로 사용할 수 있을 것으로 판단된다.

위의 정보를 이용한 추정모형은 다음과 같이 설정할 수 있을 것이다. 로지스틱함수는 두 시차변수 x_{t-1} 및 x_{t-2}에 대한 가중치라고 할 수 있다.

---

5 According to the Weierstrass theorem, any continuous function on a compact set may be approximated by a polynomial(Fuller(1996)).

6 여타 비선형성을 검정하는 여러 방법에 대해서는 Tong(1990), Granger and Teräsvirta(1993) 등을 참조하시오.

7 원계열의 정보를 최대한 이용하기 위하여 여기서는 수준변수를 이용 분석하였다.

$$y_t = \gamma_0 + \gamma_1 \frac{\exp(\alpha + \beta x_{t-2})}{\exp(\alpha + \beta x_{t-2}) + 1} x_{t-1}$$

$$+ \gamma_2 (1 - \frac{\exp(\alpha + \beta x_{t-2})}{\exp(\alpha + \beta x_{t-2}) + 1}) x_{t-2} + \eta_t$$

잔차(η_t)에 남아있는 자기상관 현상을 제거하면서 비선형모형 추정 방법을 이용하여 회귀식을 추정하였다.[8, 9] 그 결과는 다음과 같이 나타났다.

$$y_t = 7.5852 + 0.8942 \frac{\exp(-0.1570 - 0.4069 dx_{t-2})}{\exp(-0.1570 - 0.4069 dx_{t-2}) + 1} dx_{t-1}$$

$$\quad (88.0) \quad (8.87) \qquad\qquad (0.76) \qquad (3.95)$$

$$+ 0.5523 [1 - \frac{\exp(-0.1570 - 0.4069 dx_{t-2})}{\exp(-0.1570 - 0.4069 dx_{t-2} + 1)}] dx_{t-2} + \eta_t$$

$$\quad (8.39)$$

$$dx_t = x_t - \overline{x} = x_t - 7.2736$$

MSE는 0.00585로 나타나 전이함수모형과 큰 차이를 보이지 않았다. 여기서 로지스틱함수에 의한 $p = \dfrac{\exp(-0.1570 - 0.4069 dx_{t-2})}{\exp(-0.1570 - 0.4069 dx_{t-2}) + 1}$ 는 상류에서의 유량 x_{t-2}를 배분하는 가중치로 볼 수 있다. 추정 결과에 의하면 가중치 p값이 0.26에서 0.69 사이의 범위에서 움직이며 상류에서의 유량이 높은 수준에 있을 때 x_{t-2}항의 계수값($q = 1 - p$)이 커지면서 하류에서의 반응도 커지고 오래 지속되는 결과가 야기됨을 알 수 있다.[10]

---

8 비선형함수도   선형회귀식과   마찬가지로   잔차의   제곱합을   최소화하는   방법 ($\min \sum (y_t - f(\cdots))^2$) 에 의하여 추정하는데 추정 방법 및 과정상 여러 문제 등으로 선형함수에 비해 불안정적인 측면이 많다. SAS를 이용하여 추정하였다.

9 잔차에 자기상관이 있을 경우에는 다음과 같이 추정한다. 예를 들어
$$y_t = f(x_t) + \eta_t$$
$$\eta_t = \delta_1 \eta_{t-1} + \delta_2 \eta_{t-2} + e_t$$
일 때
$$y_t = f(x_t) + \delta_1 \eta_{t-1} + \delta_2 \eta_{t-2} + e_t$$
$$\Leftrightarrow y_t = f(x_t) + \delta_1 (y_{t-1} - f(x_{t-1})) + \delta_2 (y_{t-2} - f(x_{t-2})) + e_t$$
이므로 다음 식을 최소화하는 추정치를 구하면 된다.
$$\sum [y_t - f(x_t) - \delta_1 (y_{t-1} - f(x_{t-1})) - \delta_2 (y_{t-2} - f(x_{t-2}))]^2$$

▌Goldsboro의 강물 유량 및 가중치 $p,\ q$ ▌

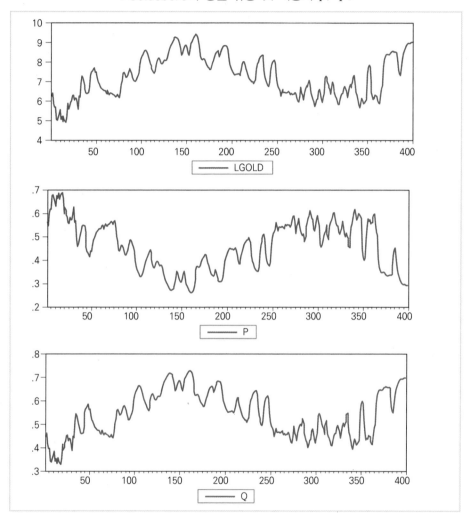

　　이러한 모형은 3개 이상의 가중치를 사용하는 모형으로도 확장될 수 있다. 3개의 가중치를 가지면서 시차가 당기 및 1, 2의 선행 시차를 가질 경우는 다음과 같은 모습이 된다.

---

10 가중치 p의 상·하한인 0.26, 0.69를 x_{t-1}항의 계수값에 대입하여 구한 시계열 x_t 및 y_t의 스펙트럴 분석(Ⅳ장 참조) 결과 상류에서의 유량이 많을 경우 두 변수의 시차효과가 1.55일로 적을 경우인 1.14일에 비해 길어지는 것으로 나타났다.

$$y_t = \gamma_0 + \gamma_1 [1 - \rho_1(x_{t-d}) - \rho_2(x_{t-d})]x_t + \gamma_2 \rho_1(x_{t-d})x_{t-1}$$
$$+ \gamma_3 \rho_2(x_{t-d})x_{t-2} + \eta_t$$

단 $\rho_1(x_{t-d}) = \dfrac{\exp(a_1 + \beta_1 x_{t-d})}{\sum\limits_{i=1}^{2} \exp(\alpha_i + \beta_i x_{t-d}) + 1}$,

$$\rho_2(x_{t-d}) = \dfrac{\exp(a_2 + \beta_2 x_{t-d})}{\sum\limits_{i=1}^{2} \exp(\alpha_i + \beta_i x_{t-d}) + 1}, \quad d = 0, 1, 2, \cdots$$

다음에는 선형함수의 추정계수가 로지스틱함수에 의해 곱해지는 형태의 경우를 살펴보기로 한다.

$$y_t = \rho(x_{t-d})[\gamma_0 x_t + \gamma_1 x_{t-1} + \cdots + \gamma_k x_{t-k}] + \eta_t$$

단 $\rho(x_{t-d}) = \dfrac{1}{\exp(\alpha + \beta x_{t-d}) + 1}, \quad d = 0, 1, 2, \cdots$

Shumway and Stoffer(1999)에 소개된 southern oscillation index(SOI)(x_t) 와 신종 어류 개체 수(y_t)의 관계에 대한 자료를 사용하였다.[11] SOI는 중앙 태평양의 해수표면 온도와 밀접한 관련이 있는 공기압의 변화로 측정된다. 두 변수의 모습은 다음과 같다.

┃ 두 시계열의 모습 ┃

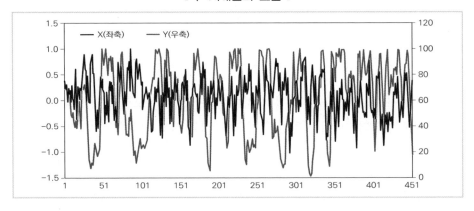

---

11 "http://www.stat.ucdavis.edu/~shumway/tsa.html"에서 자료를 구할 수 있다.

두 변수의 산포도를 그려보면 다음과 같은 모습을 보이고 있는데 시차 $h = 5, \cdots, 10$에서 강한 상관관계가 관찰된다.

┃ 두 시계열의 시차 산포도 ┃

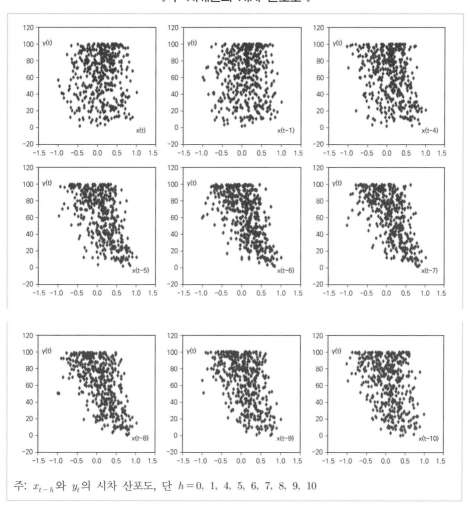

주: x_{t-h}와 y_t의 시차 산포도, 단 $h = 0, 1, 4, 5, 6, 7, 8, 9, 10$

먼저 전이함수모형을 이용하여 추정해 보기로 한다. 추정에 앞서 앞에서 살펴본 대로 prewhitening한 두 변수 x_t 및 y_t의 시차상관계수를 살펴보았다. prewhitening을 위해서는 AR(1) 모형이 사용되었다. 시차상관계수 분석 결과 y_t

는 x_t에 5기 정도 후행하며 상관계수가 단조적으로 줄어들고 있음을 알 수 있다.

┃ 두 시계열의 시차상관계수 ┃

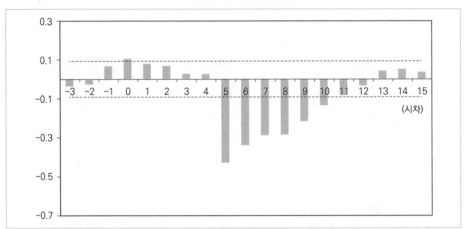

이러한 시차구조를 반영하여 전이함수모형 형태로 추정하면서 다음과 같은 추정결과를 얻었다.[12]

$$y_t = -0.7536(1-0.8157B)^{-1}x_{t-5} + (1-1.2647B+0.4105B^2)^{-1}e_t$$
$$\quad (19.2) \qquad (35.6) \qquad\qquad\qquad (29.3) \qquad (9.50)$$

추정계수 모두 유의하며 MSE가 0.0638인 것으로 나타났다. 그러나 다시 그림을 잘 살펴보면 시차 $h=5, \cdots, 10$에서 강한 상관관계뿐만 아니라 x_t의 값이 중심에서 양쪽으로 멀어지면 y_t값이 일정 수준에서 더 이상 변하지 않는 비선형관계가 발견된다. 즉 종속변수 y_t의 반응 모습이 시차를 두고 x_{t-h}값의 크기에 따라 달라지며 로지스틱함수 형태를 이용하여 추정의 정도를 높일 수 있음을 알 수 있다.

비선형모형 추정 방법을 사용하는 가운데 잔차에 남아있는 시차상관 현상을 제거하면서 다음과 같은 추정 결과를 얻었다.

---

12 실제 추정에 앞서 y_t를 평균 0 및 분산 1로 표준화 하였다.

$$y_t = \frac{1}{\exp(-4.0422 - 3.8784 x_{t-5}) + 1} \, [-0.8049 x_{t-5}$$
$$\quad\; (5.32) \qquad (4.49) \qquad\qquad\qquad (18.0)$$

$$-0.5647 x_{t-6} - 0.4818 x_{t-7} - 0.4771 x_{t-8} - 0.3858 x_{t-9}$$
$$\quad (11.5) \qquad\qquad (9.28) \qquad\qquad (9.21) \qquad\qquad (7.64)$$

$$-0.2596 x_{t-10} - 0.1512 x_{t-11}] + \eta_t$$
$$\quad (5.40) \qquad\qquad (3.91)$$

추정계수의 수가 전이함수모형에 비해 크게 늘어나긴 했지만 MSE가 0.0595로 줄어들었다. 모든 계수가 유의하였으며, 오차항 분석 결과 전이함수모형에서는 이분산(heteroscedasticity) 현상이 관찰되었으나 비선형모형에서는 이분산 현상이 모두 사라진 것으로 나타났다.[13]

이와 같이 두 변수의 관계에 대한 비선형함수의 형태를 제대로 파악할 수만 있다면 예측오차를 줄이면서 모형의 정도를 더욱 제고할 수 있다.

나. 자기시차회귀모형 형태 분석

자기시차회귀모형(AR model)과 관련한 비선형함수모형으로 AR(1) 시차항의 계수가 로지스틱함수 형태를 띠는 모형에 대하여 살펴보기로 한다.

$$y_t = \gamma \rho(y_{t-1}) y_{t-1} + e_t$$

$$\rho(y_{t-1}) = \frac{1}{\exp(\alpha + \beta y_{t-1}) + 1}, \quad e_t \sim i.i.d \; N(0, \sigma^2)$$

$\rho(y_{t-1})$의 값이 y_{t-1}의 값에 따라 0에서 1 사이에서 움직이므로 $(0 < \rho(y_{t-1}) < 1)$ AR(1)의 계수값도 y_{t-1}값의 변화와 함께 지속적으로 변하게 된다.

우선 $|\gamma| < 1$인 경우에 대하여 살펴본다. 예를 들어 $\gamma = 0.9$이고 $\alpha = 1.0$, $\beta = -2.0$인 시계열의 모습은 다음과 같다.

---

13 모형 추정이 제대로 되었을 경우 오차항의 평균이 0이고 분산이 일정할 것으로 기대되나 경우에 따라서는 분산의 크기가 시간에 따라 상관성을 보이면서 변하는 경우가 있는데 이분산이 있을 경우 이러한 모습이 나타날 수 있다. 두 모형의 이분산 현상을 ARCH LM 검정을 사용하여 분석한 결과 전이함수모형에서는 ARCH(1), ARCH(4), ARCH(6) 통계량에 대한 p값이 각각 0.0451, 0.0123, 0.0229로 5% 유의수준에서 이분산 현상이 발견되었으나 비선형모형에서는 각각 0.3935, 0.3635, 0.1195로 이분산 현상이 나타나지 않았다.

‖ 로지스틱함수를 이용한 AR process ‖

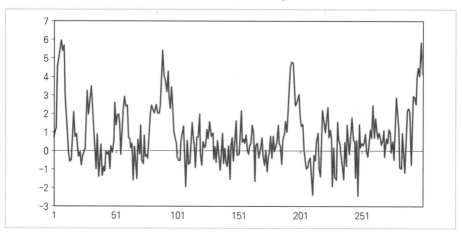

　전형적인 AR process와는 달리 y_t값이 증가함에 따라 시차상관 현상이 커지면서 0을 중심으로 비대칭적으로 움직이는 모습이 관찰된다.

　y_t 및 y_{t-1}의 산포도를 살펴보면 y_t값이 커질수록 강한 상관관계를 보이며 y_t값이 작은 곳에서는 상관성이 약해진다. 이는 $\rho(y_{t-1})$의 값이 y_{t-1}값의 크기에 따라 0에서 1 사이에서 비선형적으로 변동하기 때문이다.[14]

‖ 산포도 및 $\rho(y_{t-1})$값의 변화 ‖

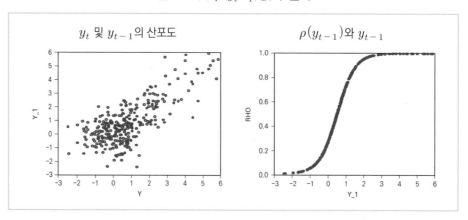

---

14 AR(1) process $y_t = \rho y_{t-1} + e_t$에서 1기 자기시차상관계수는 ρ로 일정하다.

생성된 시계열의 통계적 특성을 살펴본 결과 표본평균은 0.81이고 표본분산
은 2.40(≒1.7^2)이며 오른쪽으로 꼬리가 매우 긴 모습을 보인다.

┃ 로지스틱함수를 이용한 AR process의 통계적 분석 ┃

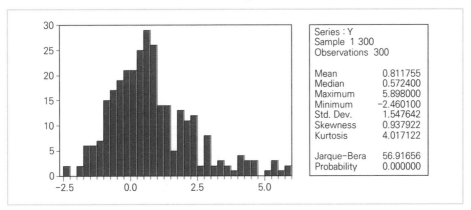

시차상관계수는 AR(1) 모형과 매우 유사한 모습을 나타내고 있다.

┃ 로지스틱함수를 이용한 AR process의 자기시차상관계수 ┃

Sample: 1 300
Included observations: 300

Autocorrelation	Partial Correlation		AC	PAC	Q-Stat	Prob
		1	0.731	0.731	161.98	0.000
		2	0.592	0.123	268.53	0.000
		3	0.485	0.033	340.19	0.000
		4	0.358	-0.077	379.45	0.000
		5	0.277	0.005	402.98	0.000
		6	0.182	-0.066	413.18	0.000
		7	0.103	-0.040	416.46	0.000
		8	0.082	0.060	418.57	0.000
		9	0.036	-0.036	418.97	0.000
		10	0.001	-0.025	418.97	0.000
		11	-0.058	-0.096	420.02	0.000
		12	-0.129	-0.101	425.30	0.000
		13	-0.159	-0.018	433.32	0.000
		14	-0.193	-0.036	445.14	0.000
		15	-0.217	-0.024	460.10	0.000
		16	-0.203	0.027	473.27	0.000
		17	-0.188	0.013	484.55	0.000
		18	-0.149	0.030	491.70	0.000
		19	-0.066	0.116	493.12	0.000
		20	-0.032	-0.003	493.46	0.000

생성된 시계열을 AR 모형을 이용하여 추정해 보기로 한다. 추정 결과 AR(1) 모형의 시차항 계수가 0.74이고 상수항이 0.22인 것으로 나타났다.

$$y_t = 0.22 + 0.74 y_{t-1} + e_t$$
$$\quad (3.18) \quad (18.8)$$

▎AR(1) 모형 추정 결과 ▎

```
Dependent Variable: Y
Method: Least Squares

Sample (adjusted): 2 300
Included observations: 299 after adjustments
```

Variable	Coefficient	Std. Error	t-Statistic	Prob.
C	0.217693	0.068488	3.178552	0.0016
Y_1	0.742219	0.039536	18.77303	0.0000

R-squared	0.542673	Mean dependent var		0.812090
Adjusted R-squared	0.541134	S.D. dependent var		1.550226
S.E. of regression	1.050118	Akaike info criterion		2.942348
Sum squared resid	327.5160	Schwarz criterion		2.967100
Log likelihood	-437.8811	F-statistic		352.4266
Durbin-Watson stat	2.214152	Prob(F-statistic)		0.000000

추정이 제대로 되었는지 알아보기 위하여 잔차에 시차상관 현상이 남아있는지 살펴보았다. 그 결과 추정 잔차에는 자기상관 현상이 존재하지 않는 것으로 나타났으나 추정 잔차의 제곱의 경우 초기 시차에서 자기상관 현상이 일부 발견되었다. 잔차 제곱의 자기상관 현상은 비선형성이나 이분산성과 관련이 높다.

▮ AR(1) 모형에 의한 추정 잔차의 시차상관계수 ▮

추정 잔차

Sample: 2 300
Included observations: 299

Autocorrelation	Partial Correlation		AC	PAC	Q-Stat	Prob
		1	-0.107	-0.107	3.4872	0.062
		2	0.054	0.043	4.3565	0.113
		3	0.107	0.119	7.8273	0.050
		4	-0.011	0.011	7.8610	0.097
		5	0.076	0.065	9.6116	0.087
		6	0.003	0.006	9.6151	0.142
		7	-0.076	-0.086	11.407	0.122
		8	0.070	0.038	12.925	0.114
		9	-0.003	0.016	12.929	0.166
		10	0.020	0.029	13.048	0.221
		11	0.014	0.008	13.106	0.286
		12	-0.084	-0.079	15.293	0.226
		13	-0.008	-0.040	15.311	0.288
		14	-0.032	-0.040	15.637	0.336
		15	-0.101	-0.088	18.884	0.219
		16	-0.039	-0.054	19.366	0.250
		17	-0.054	-0.035	20.293	0.259
		18	-0.097	-0.086	23.321	0.179
		19	0.055	0.045	24.308	0.185
		20	-0.019	0.030	24.421	0.224

추정 잔차의 제곱

Sample: 2 300
Included observations: 299

Autocorrelation	Partial Correlation		AC	PAC	Q-Stat	Prob
		1	0.137	0.137	5.6987	0.017
		2	0.038	0.020	6.1396	0.046
		3	0.056	0.049	7.1010	0.069
		4	-0.043	-0.059	7.6761	0.104
		5	-0.012	-0.001	7.7207	0.172
		6	-0.005	-0.003	7.7276	0.259
		7	-0.058	-0.052	8.7619	0.270
		8	0.010	0.024	8.7933	0.360
		9	0.020	0.018	8.9167	0.445
		10	0.012	0.013	8.9640	0.536
		11	0.024	0.013	9.1512	0.608
		12	0.036	0.030	9.5616	0.654
		13	0.004	-0.005	9.5675	0.729
		14	-0.021	-0.027	9.7115	0.783
		15	-0.027	-0.021	9.9408	0.823
		16	-0.100	-0.090	13.096	0.666
		17	0.015	0.047	13.172	0.725
		18	-0.018	-0.021	13.271	0.775
		19	0.073	0.092	15.003	0.722
		20	0.036	0.000	15.426	0.752

이에 시계열의 비선형성 존재 여부를 Fuller의 방법을 이용하여 검정해 보기로 한다. 다항시차항 y_{t-1}^2, y_{t-1}^3, y_{t-1}^4을 설명변수로 추가하면서 다음과 같은 추정 결과를 얻었다. 5% 유의수준에서 y_{t-1}^2, y_{t-1}^3, y_{t-1}^4항들의 계수가 모두 0이라는 귀무가설을 기각할 수 없어(F 통계량 17.37, p값 < 0.05) 시계열 y_t에 비선형성이 존재한다고 판단할 수 있다.

┃ 다항시차항을 추가한 회귀분석 결과 ┃

Dependent Variable: Y
Method: Least Squares

Sample (adjusted): 2 300
Included observations: 299 after adjustments

Variable	Coefficient	Std. Error	t-Statistic	Prob.
C	0.016939	0.077257	0.219257	0.8266
Y_1	0.398725	0.090159	4.422484	0.0000
Y_1_SQUARE	0.241820	0.042159	5.735880	0.0000
Y_1_TRIPLE	-0.014383	0.023766	-0.605201	0.5455
Y_1_FOURTH	-0.002580	0.003447	-0.748594	0.4547

R-squared	0.611533	Mean dependent var	0.812090
Adjusted R-squared	0.606248	S.D. dependent var	1.550226
S.E. of regression	0.972762	Akaike info criterion	2.799226
Sum squared resid	278.2019	Schwarz criterion	2.861106
Log likelihood	-413.4842	F-statistic	115.7053
Durbin-Watson stat	1.981615	Prob(F-statistic)	0.000000

┃ 추정계수의 가설검정 결과 ┃

Wald Test:
Equation: EQ01

Test Statistic	Value	df	Probability
F-statistic	17.37148	(3, 294)	0.0000
Chi-square	52.11443	3	0.0000

Null Hypothesis Summary:

Normalized Restriction (= 0)	Value	Std. Err.
C(3)	0.241820	0.042159
C(4)	-0.014383	0.023766
C(5)	-0.002580	0.003447

Restrictions are linear in coefficients.

따라서 자료가 생성된 비선형함수를 이용하여 모형을 추정해 보기로 한다. 추정 결과는 다음과 같이 나타났으며 MSE가 1.0504로 AR(1) 모형에 의한 MSE 1.0991보다 작았다. 다만 추정치가 실제 자료 생성에 이용된 값들과 크게 다르고 α 계수에 대한 t값의 경우 유의성이 낮은 것으로 나타났는데 이는 $\rho(y_{t-1})$의 기울기가 변하는 부분의 관측치가 충분하지 않아 α 및 β의 실제값을 제대로 포착할 수 없었기 때문이다.

$$y_t = 0.9117 \frac{1}{(1+\exp(0.4828 - 1.5191 * y_{t-1}))} y_{t-1} + \epsilon_t$$
$$\quad\;\; (21.10) \qquad\qquad (0.66) \quad\; (2.28)$$

한편 추정 모형의 잔차에 대한 시차상관계수를 분석해 본 결과 추정 잔차나 잔차 제곱 모두 시차상관 현상이 나타나지 않았다.

┃ 비선형모형에 의한 추정 잔차의 시차상관계수 ┃

	추정 잔차			추정 잔차의 제곱		

Sample: 1 300   Included observations: 300

Autocorrelation	Partial Correlation	AC	PAC	Q-Stat	Prob
		1 -0.017	-0.017	0.0884	0.766
		2 0.019	0.019	0.2030	0.903
		3 0.087	0.088	2.5088	0.474
		4 0.025	0.028	2.7076	0.608
		5 0.041	0.039	3.2296	0.665
		6 0.005	-0.002	3.2361	0.779
		7 -0.089	-0.097	5.7121	0.574
		8 0.044	0.032	6.3033	0.613
		9 0.013	0.016	6.3565	0.704
		10 0.001	0.014	6.3565	0.784
		11 -0.001	-0.002	6.3569	0.849
		12 -0.108	-0.108	10.013	0.615
		13 -0.010	-0.020	10.042	0.690
		14 -0.016	-0.022	10.121	0.753
		15 -0.102	-0.079	13.430	0.569
		16 -0.089	-0.084	15.939	0.457
		17 -0.030	-0.021	16.233	0.507
		18 -0.124	-0.111	21.149	0.272
		19 0.013	0.009	21.203	0.326
		20 -0.027	-0.003	21.438	0.372

Sample: 1 300   Included observations: 300

Autocorrelation	Partial Correlation	AC	PAC	Q-Stat	Prob
		1 -0.008	-0.008	0.0210	0.885
		2 -0.024	-0.024	0.1946	0.907
		3 -0.012	-0.012	0.2387	0.971
		4 -0.076	-0.077	2.0143	0.733
		5 -0.005	-0.007	2.0210	0.846
		6 0.080	0.076	3.9709	0.681
		7 -0.070	-0.072	5.4914	0.600
		8 0.032	0.029	5.8072	0.669
		9 0.017	0.016	5.8969	0.750
		10 -0.011	-0.000	5.9370	0.821
		11 -0.003	-0.012	5.9407	0.877
		12 0.057	0.056	6.9708	0.860
		13 0.029	0.044	7.2379	0.889
		14 0.030	0.022	7.5270	0.912
		15 -0.046	-0.042	8.1917	0.916
		16 -0.071	-0.060	9.7874	0.877
		17 -0.000	-0.004	9.7874	0.912
		18 0.016	0.007	9.8731	0.936
		19 0.066	0.063	11.273	0.914
		20 0.037	0.027	11.719	0.925

$\rho(y_{t-1})$를 하이퍼탄젠트함수로 바꿀 경우에도 비대칭적인 확률 변동성을 보이면서 지속적인 자기상관성을 나타내는 시계열이 생성될 수 있다.

$$y_t = \gamma \rho(y_{t-1}) y_{t-1} + e_t$$

$$\rho(y_{t-1}) = \frac{\exp(\alpha + \beta y_{t-1}) - 1}{\exp(\alpha + \beta y_{t-1}) + 1}, \quad e_t \sim i.i.d\ N(0, \sigma^2)$$

다음은 각각 $\gamma = 0.9$, $\alpha = 1.0$, $\beta = 0.8$ 및 $\gamma = 0.9$, $\alpha = -3.0$, $\beta = 0.1$인 시계열의 모습들이다.

▌하이퍼탄젠트함수를 이용한 AR process ▌

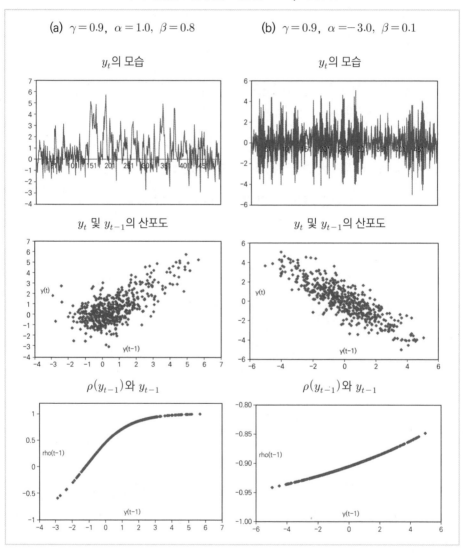

$\rho(y_{t-1})$의 y_{t-1}을 $|y_{t-1}|$로 대치할 경우에는 0을 중심으로 대칭적으로 움직이는 모습을 보이는 시계열이 생성된다.

▎하이퍼탄젠트함수를 이용한 AR process ▎

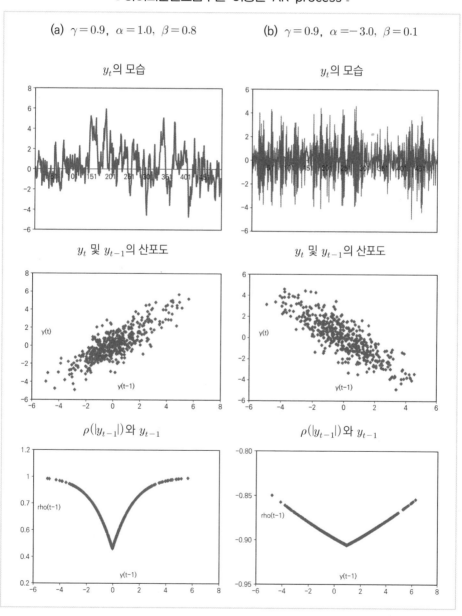

(a) $\gamma = 0.9$, $\alpha = 1.0$, $\beta = 0.8$

(b) $\gamma = 0.9$, $\alpha = -3.0$, $\beta = 0.1$

$\rho(y_{t-1})$의 y_{t-1} 형태가 $|y_{t-1}|$일 경우 국지적으로는 비대칭적이나 장기적으로는 대칭적인 모습을 보이는 반면, y_{t-1}일 경우에는 장기간 비대칭적인 상태를 지속할 수 있다.

다음으로 $\gamma = 1$일 경우를 살펴보기로 한다. $|\gamma| < 1$일 때에는 국지적으로 불안정적일지라도 장기적으로는 평균으로 회귀(mean reverting)하게 되지만, $\gamma = 1$일 경우에는 $|\gamma\rho(y_{t-1})|$가 1 근처에 상당 기간 머무르게 되면서 random walk 와 같은 행태가 장기간 지속(stuck in the random-walk-like behavior) 되는 모습이 나타난다. 즉 $\gamma = 1$일 경우 이 시계열은 안정적 시계열이 아닌 것으로 판단될 가능성이 커지고 단위근 검정에 의해 불안정적인 시계열로 판정되는 경우가 많아질 것이다.[15]

┃ 하이퍼탄젠트함수를 이용한 AR process($\gamma = 0.99$ 및 $\gamma = 1$인 경우) ┃

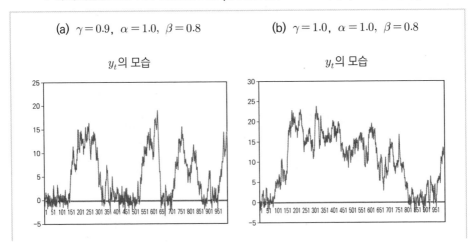

(a) $\gamma = 0.9$, $\alpha = 1.0$, $\beta = 0.8$ (b) $\gamma = 1.0$, $\alpha = 1.0$, $\beta = 0.8$

y_t의 모습 y_t의 모습

---

15 평균이나 추세 변화, 구조적인 변화가 있을 경우를 비롯하여 비선형 단위근 검정에 대한 많은 연구가 이루어져 왔다(Ouliaris, Park and Phillips(1989), Perron(1990), Banerjee, Lumsdaine and Stock(1992), Lanne and Lütkepohl(2002), Lanne, Lütkepohl and Saikkonen (2003)). STAR 모형 형태 하의 단위근 검정에 대해서는 Enders and Granger(1998), Leybourne, Newbold and Vougas(1998), Bec, Salem and Carrasco(2002), Eklund(2003), Kapetanios, Shin and Snell(2003) 등을 참조하시오.

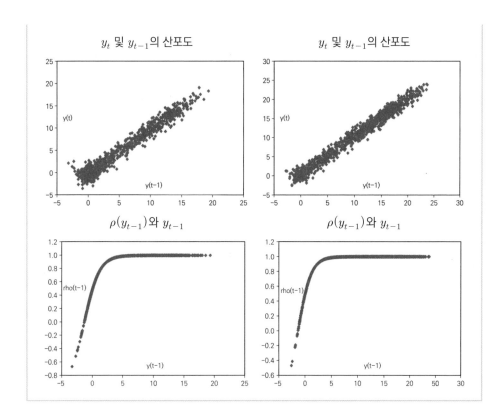

비선형함수의 안정성(stationarity) 조건은 비선형함수의 형태에 따라 달라지며 잘 알려져 있지 않다. 대체로

$$y_t = T(y_{t-1}) + e_t$$

에서 $0 = T(0)$이고 $|y_t| \le Ke^{-ct}|y_0|$인 K와 $c > 0$가 존재하면, 즉 $t \to \infty$일 때 y_t가 지수적으로 y_0에 수렴하면 t가 충분히 클 때 T함수의 파라미터들에 대해 안정적인 분포, 즉 일관성(consistency)과 점근적 정규분포(asymptotic normality)가 얻어진다(TjΦstheim(1986), Tong(1990)).[16]

---

16 이 때 시계열 y_t는 geometrically ergodic하다. y_t가 각각 다음 조건을 만족할 때

$$\lim_{T \to \infty} \frac{1}{T} \sum_{t=1}^{T} x_t = \mu \ \text{및} \ \lim_{T \to \infty} \frac{1}{T} \sum_{t=1}^{T-k} (x_t - \bar{x})(x_{t+k} - \bar{x}) = \gamma_{lk}$$

y_t는 평균과 공분산에 대하여 ergodic하다. 대부분의 경우 안정성(stationarity)과 ergodicity는 같은 조건을 만족하면 충족된다. 안정적인 Gaussian process의 경우 모든 모멘트에 대해 ergodicity가 충족된다.

예를 들어 앞서 본 AR(1) process

$$y_t = 0.9y_{t-1} + e_t$$

에서 $y_{t-1} = 0$이면 $y_t = 0$이고 y_0에 대하여 $y_1 = 0.9y_0$, $y_2 = 0.9^2 y_0, \cdots$ 가 되어 $t \to \infty$ 일 때 $y_t \to y_0$가 된다. 따라서 AR(1) process의 파라미터에 대한 점근적 정규분포를 얻을 수 있다.

위의 비선형 AR의 경우 $|\gamma| < 1$이면

$$y_t = \gamma^t \rho(y_{t-1})\rho(y_{t-2}) \cdots \rho(y_1)\rho(y_0)y_0$$

이므로

$$\left| \gamma^t \rho(y_{t-1})\rho(y_{t-2}) \cdots \rho(y_1)\rho(y_0)y_0 \right| < |\gamma^t y_0| < |\gamma^t||y_0|$$

가 되어

$$|y_t| \le |\gamma^t||y_0| \le Ke^{-ct}|y_0|$$

인 K와 $c > 0$가 존재한다. 따라서 앞에서 제시된 조건이 만족되므로 시계열 y_t의 α 및 β에 대한 일관성과 점근적 정규분포를 얻을 수 있다(Hwang(2004)).

그러나 $\gamma = 1$인 경우에는 $\beta = 0$일 경우를 제외하고는 이러한 조건을 찾기 어렵다. 즉 $|y_t| \le Ke^{-ct}|y_0|$인 K와 $c > 0$가 존재하지 않는다. $\gamma = 1$이면서 $\beta = 0$일 경우에는 $\rho(y_{t-1}) = \dfrac{(\exp(a_0) - 1)}{(\exp(a_0) + 1)}$이 되어 $\rho(y_{t-1})$이 상수가 되므로 이 모형은 단순한 AR(1) process가 된다.

이 비선형모형에 대해 점근적 정규분포를 얻을 수 있도록 파라미터들이 잘 행동하는(well-behaved) 영역은 시뮬레이션을 통하여 간접적으로 유추해 볼 수 있다.

$\gamma = 1$일 경우 단위근 검정을 통하여 안정적인 시계열이라고 판정된 시계열에 대하여 α 및 β의 분포가 정규분포를 이루는 영역을 시뮬레이션을 통하여 살펴본 결과 다음과 같은 모습을 나타내었다(Hwang(2004)).

┃ 하이퍼탄젠트함수를 이용한 AR process parameter의 안정적 분포 영역 ┃

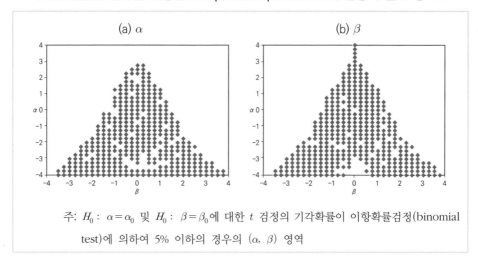

주: H_0 : $\alpha = \alpha_0$ 및 H_0 : $\beta = \beta_0$에 대한 t 검정의 기각확률이 이항확률검정(binomial test)에 의하여 5% 이하의 경우의 (α, β) 영역

이 영역은 단순 AR(1) process에서 $|\rho| < 1$에 대응하는 영역이라고 볼 수 있다. $\gamma = 0.99$일 때는 모든 생성 시계열이 안정적인데 이 때도 추정 파라미터들이 잘 행동하는 영역은 $\gamma = 1$인 경우와 유사한 모습을 나타내었다. 이는 비선형 함수에 대해서도 선형함수에 대한 단위근 검정을 사용할 수 있음을 시사한다고 하겠다.

한편 하이퍼탄젠트함수에서 y_{t-1} 대신 $|y_{t-1}|$를 사용한 경우에는 다음과 같은 형태의 영역이 얻어진다.

┃ 하이퍼탄젠트함수를 이용한 AR process parameter의 안정적 분포 영역 ┃

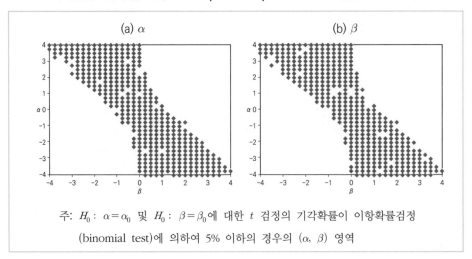

주: $H_0 : \alpha = \alpha_0$ 및 $H_0 : \beta = \beta_0$에 대한 t 검정의 기각확률이 이항확률검정
(binomial test)에 의하여 5% 이하의 경우의 (α, β) 영역

다음에는 실제 시계열자료를 비선형 AR 모형을 이용하여 분석해 보기로 한다. 자료는 미국 North Carloina 州의 1982년 3월 1일부터 1999년 3월 21일까지 대두(soybean) 가격이다. 계절성이나 단위근이 존재하지 않는 것으로 나타났다.[17]

┃ North Carolina 州 대두 가격 ┃

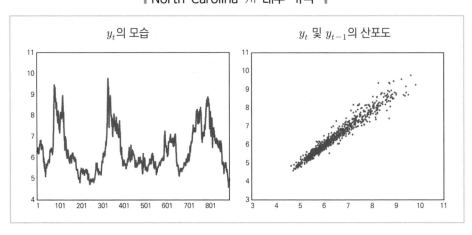

---

[17] 계절성은 더미변수를 사용하거나 뒤에서 설명할 frequency domain의 periodgram을 살펴보아 판단할 수 있다.

자기시차상관계수 및 편자기시차상관계수를 살펴 본 결과 자기시차상관계수가 강한 지속성을 나타내고 편자기시차상관계수는 1기 시차에서 강한 상관성을 보여 AR(1) 모형이 적합한 것으로 보인다.

▎시계열 자료의 단위근 검정 및 시차상관계수 ▎

단위근 검정

Null Hypothesis: Y has a unit root
Exogenous: Constant
Lag Length: 0 (Automatic - based on SIC, maxlag=20)

	t-Statistic	Prob.*
Augmented Dickey-Fuller test statistic	-2.923011	0.0431
Test critical values: 1% level	-3.437409	
5% level	-2.864546	
10% level	-2.568424	

*MacKinnon (1996) one-sided p-values.

Augmented Dickey-Fuller Test Equation
Dependent Variable: D(Y)
Method: Least Squares

Sample (adjusted): 2 899
Included observations: 898 after adjustments

Variable	Coefficient	Std. Error	t-Statistic	Prob.
Y(-1)	-0.019843	0.006789	-2.923011	0.0036
C	0.125533	0.043988	2.853792	0.0044

R-squared	0.009446	Mean dependent var	-0.001462
Adjusted R-squared	0.008340	S.D. dependent var	0.207089
S.E. of regression	0.206224	Akaike info criterion	-0.317488
Sum squared resid	38.10521	Schwarz criterion	-0.306797
Log likelihood	144.5519	Hannan-Quinn criter.	-0.313403
F-statistic	8.543995	Durbin-Watson stat	2.071666
Prob(F-statistic)	0.003554		

시차상관계수

Sample (adjusted): 1 899
Included observations: 899 after adjustments

Autocorrelation	Partial Correlation		AC	PAC	Q-Stat	Prob
		1	0.978	0.978	863.10	0.000
		2	0.958	0.028	1692.0	0.000
		3	0.936	-0.059	2483.8	0.000
		4	0.914	-0.009	3239.6	0.000
		5	0.891	-0.031	3958.7	0.000
		6	0.873	0.097	4649.6	0.000
		7	0.855	0.021	5314.2	0.000
		8	0.839	-0.010	5953.4	0.000
		9	0.819	-0.072	6563.9	0.000
		10	0.797	-0.073	7143.0	0.000
		11	0.778	0.056	7694.9	0.000
		12	0.757	-0.031	8218.0	0.000
		13	0.736	-0.021	8712.8	0.000
		14	0.714	-0.038	9179.0	0.000
		15	0.694	0.013	9620.0	0.000
		16	0.678	0.120	10042.	0.000
		17	0.663	-0.017	10445.	0.000
		18	0.645	-0.072	10828.	0.000
		19	0.628	-0.006	11190.	0.000
		20	0.611	0.004	11534.	0.000
		21	0.592	-0.021	11857.	0.000
		22	0.574	0.010	12162.	0.000
		23	0.559	0.038	12450.	0.000
		24	0.543	-0.031	12724.	0.000
		25	0.529	0.019	12983.	0.000
		26	0.514	-0.028	13228.	0.000
		27	0.498	-0.026	13459.	0.000
		28	0.482	-0.013	13675.	0.000
		29	0.466	-0.030	13877.	0.000
		30	0.450	0.027	14065.	0.000
		31	0.432	-0.033	14240.	0.000
		32	0.416	-0.006	14402.	0.000
		33	0.400	-0.026	14551.	0.000
		34	0.384	0.000	14690.	0.000
		35	0.368	-0.006	14816.	0.000
		36	0.351	-0.035	14932.	0.000

AR(1) 모형으로 추정한 결과 y_{t-1} 계수의 추정치가 0.9802로 강한 지속성을 보이며 MSE는 0.04248인 것으로 나타났다.

$$y_t = 6.3263 + 0.9802 (y_{t-1} - 6.3263) + e_t$$
$$\quad (18.2) \qquad (144.4)$$

잔차의 경우 추정 잔차의 제곱에서 강한 자기상관 현상을 보여 비선형모형으로 추정 시도를 해볼만한 것으로 보인다.

▌추정 잔차 및 잔차 제곱의 시차상관계수 ▌

추정 잔차

Sample (adjusted): 2 899
Q-statistic probabilities adjusted for 1 dynamic regressor

Autocorrelation	Partial Correlation		AC	PAC	Q-Stat	Prob*
		1	-0.036	-0.036	1.1739	0.279
		2	0.060	0.059	4.4339	0.109
		3	0.000	0.005	4.4341	0.218
		4	0.029	0.026	5.2196	0.266
		5	-0.094	-0.093	13.262	0.021
		6	-0.011	-0.021	13.377	0.037
		7	0.006	0.016	13.407	0.063
		8	0.074	0.078	18.349	0.019
		9	0.066	0.076	22.290	0.008
		10	-0.045	-0.058	24.111	0.007
		11	0.049	0.032	26.321	0.006
		12	0.010	0.015	26.412	0.009
		13	0.026	0.036	27.048	0.012
		14	-0.058	-0.018	28.222	0.013
		15	-0.102	-0.124	37.799	0.001
		16	0.028	-0.022	38.516	0.001
		17	0.054	0.067	41.239	0.001
		18	-0.012	0.003	41.377	0.001
		19	-0.001	-0.010	41.378	0.002
		20	0.049	0.010	43.588	0.002

*Probabilities may not be valid for this equation specification.

추정 잔차 제곱

Sample (adjusted): 2 899
Included observations: 898 after adjustments

Autocorrelation	Partial Correlation		AC	PAC	Q-Stat	Prob
		1	0.332	0.332	99.059	0.000
		2	0.355	0.276	212.90	0.000
		3	0.172	-0.006	239.46	0.000
		4	0.284	0.178	312.29	0.000
		5	0.242	0.116	365.15	0.000
		6	0.186	-0.016	396.58	0.000
		7	0.225	0.107	442.42	0.000
		8	0.203	0.064	479.84	0.000
		9	0.178	-0.012	508.49	0.000
		10	0.081	-0.071	514.44	0.000
		11	0.078	-0.028	519.98	0.000
		12	0.072	-0.012	524.69	0.000
		13	0.094	0.016	532.77	0.000
		14	0.013	-0.012	535.90	0.000
		15	0.126	0.089	550.35	0.000
		16	0.004	-0.093	550.37	0.000
		17	0.104	0.070	560.28	0.000
		18	0.013	-0.007	560.43	0.000
		19	0.029	-0.051	561.22	0.000
		20	0.022	0.024	561.65	0.000

y_t의 설명변수로 y_{t-1} 및 y_{t-1}^2를 설명변수로 사용하면서 비선형성 검정을 해보았다. 이차항의 계수가 0이라는 가설에 대한 F 통계량이 7.87로 5% 유의수준(F값 임계치는 3.84)에서 귀무가설이 기각되어 비선형성이 존재하는 것으로 판단된다.

따라서 앞서 본 하이퍼탄젠트함수를 포함한 AR 모형을 이용하여 추정해 보았다. 초기 γ값으로 0.99를 사용하여 추정한 결과 다음 결과를 얻었다.

추정치가 모두 유의한 것으로 나타났으며 MSE는 0.04170으로 AR(1) 모형에 비해 줄어들었다.

$$y_t = 0.9976 \frac{\exp(4.7507 - 1.3765(y_{t-1} - 7.7129)) - 1}{\exp(4.7507 - 1.3765(y_{t-1} - 7.7129)) + 1}(y_{t-1} - 7.7129)$$

$$ (166.3) \quad\quad (2.13) \quad\quad (2.21) \quad\quad\quad (10.7)$$

$$+ 7.7129 + e_t$$

추정에 의해 얻어진 잔차를 살펴본 결과 자기상관 현상이 발견되어 이를 감안하여 다시 추정하면서 다음과 같은 최종 결과를 얻었다. MSE는 0.04157로 나타났다.

$$y_t = 0.9980 \frac{\exp\left(4.6409 - 1.2688\left(y_{t-1} - 7.6877\right)\right) - 1}{\exp\left(4.6409 - 1.2688\left(y_{t-1} - 7.6877\right)\right) + 1}\left(y_{t-1} - 7.6877\right)$$

$$(151.2) \qquad (2.38) \qquad (2.18) \qquad\qquad (11.8)$$

$$+\ 7.6877 + \eta_t$$

$$\eta_t = 0.0693\eta_{t-2} - 0.0727\eta_{t-5} + e_t$$

$$(2.01) \qquad\qquad (2.11)$$

다음은 추정 모형으로부터 구한 관련 변수들의 변화 모습이다.

∥ 모형 추정 결과에 의한 대두 가격의 특징 ∥

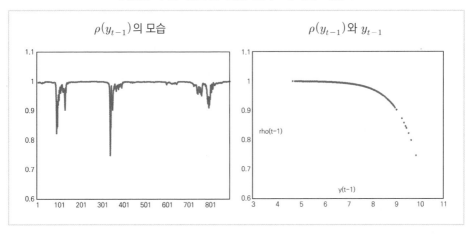

$\rho(y_{t-1})$로 하이퍼탄젠트함수를 사용한 경우는 LSTAR(logistic smooth transition autoregressive) 모형의 특수한 경우이다.

$$y_t = \gamma\rho(y_{t-1})y_{t-1} + e_t$$

$$= \gamma\frac{\exp\left(\alpha + \beta y_{t-1}\right) - 1}{\exp\left(\alpha + \beta y_{t-1}\right) + 1}y_{t-1} + e_t$$

$$= \gamma y_{t-1} - 2\gamma\frac{1}{\exp\left(\alpha + \beta y_{t-1}\right) + 1}y_{t-1} + e_t$$

가 되어 $\dfrac{1}{\exp\left(\alpha + \beta y_{t-1}\right) + 1}$ 의 값에 따라 γy_{t-1}과 $-\gamma y_{t-1}$의 두 국면 사이를

움직이게 된다.[18, 19]

STAR 모형은 마코프스위칭 모형[20]과 함께 과거 y_t값의 변화에 따라 국면이 전환되는 모형을 구축할 때 자주 사용된다.[21]

$$y_t = (1 - G(y_{t-d};\delta,c))(\phi_{10} + \phi_{11}y_{t-1} + \phi_{12}y_{t-2} + \cdots + \phi_{1p}y_{t-p})$$
$$+ G(y_{t-d};\delta,c)(\phi_{20} + \phi_{21}y_{t-1} + \phi_{22}y_{t-2} + \cdots + \phi_{2p}y_{t-p}) + e_t$$

에서 $G(y_{t-d};\delta,c)$가 다음과 같은 로지스틱함수 형태를 따를 때 LSTAR(logistic STAR)라고 불리며

$$G(y_{t-d};\delta,c) = (1 + \exp[-\delta(y_{t-d}-c)])^{-1}$$

과 같은 지수함수(exponential function) 형태를 따를 때 ESTAR(exponential STAR)라고 한다.

$$G(y_{t-d};\delta,c) = 1 - \exp[-\delta(y_{t-d}-c)^2]$$

LSTAR나 ESTAR 모두 $G(y_{t-d};\delta,c)$는 0에서 1 사이의 값을 가지나 LSTAR의 경우 y_{t-d}의 변화에 대하여 $G(y_{t-d};\delta,c)$가 비대칭적인 모습을 보이면 반면 ESTAR의 경우는 일정한 값을 경계로 대칭적인 모습을 나타낸다.

---

18 $\dfrac{1}{\exp(\alpha+\beta y_{t-1})+1}$가 0과 1 사이의 값을 가지므로 0에 가까울 경우는 $y_t = \gamma y_{t-1} + e_t$에 가깝게 되고 1에 가까울 경우에는 $y_t = -\gamma y_{t-1} + e_t$에 가깝게 된다.

19 이 비선형모형의 잔차에 자기상관이 존재하는 다음과 같은 모형이라면 네 국면 사이를 움직인다.
$$y_t = \gamma\rho(y_{t-1})y_{t-1} + \eta_t$$
$$\eta_t = \delta\eta_{t-1} + e_t, \ e_t \sim i.i.d$$
이 때
$$\delta y_{t-1} = \delta\gamma\rho(y_{t-2})y_{t-2} + \delta\eta_{t-1}$$
$$\Rightarrow y_t - \delta y_{t-1} = \gamma\rho(y_{t-1})y_{t-1} + \eta_t - \delta\gamma\rho(y_{t-2})y_{t-2} - \delta\eta_{t-1}$$
$$\Rightarrow y_t = [\delta + \gamma\rho(y_{t-1})]y_{t-1} - \delta\gamma\rho(y_{t-2})y_{t-2} + e_t$$
$$\Rightarrow y_t = (\delta+\gamma)y_{t-1} - \delta\gamma y_{t-2} - \gamma\dfrac{2}{\exp(\alpha+\beta y_{t-1})}y_{t-1} + \delta\gamma\dfrac{2}{\exp(\alpha+\beta y_{t-2})}y_{t-2} + e_t$$

20 $(t+1)$기에 국면 j가 나타날 확률이 현 시점 이전$(t-1, t-2, \cdots)$의 국면에 관계없이 현 시점 t기의 국면 i에 의해서만 영향을 받는다.

21 STAR 모형의 안정성 등 통계적 특성에 대하여는 Chan and Tong(1986), Tong(1990), Enders and Granger(1998), Franses and van Dijk(2000) 등에 의하여 많은 연구가 이루어졌으며 STAR 모형의 설정, 추정, 평가 등에 대해서는 Teräsvirta(1994), Eitrheim and Teräsvirta(1996)을 참조하시오.

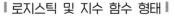

로지스틱 및 지수 함수 형태

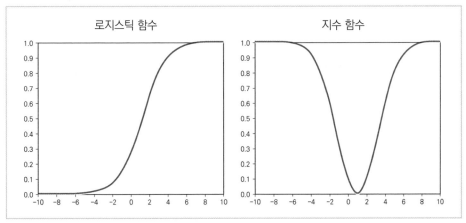

STAR 모형은 y_t와 독립변수 x_t만으로 이루어진 모형, 여러 국면을 포함하는 MRSTAR(multiple regime STAR)(van Dijk and Franses(1999)), 로지스틱 및 지수 함수의 매개변수가 과거 설명변수들의 선형결합으로 이루어진 flexible coefficient STAR 모형(Medeiros and Veiga(2000)), 매개변수가 시간 t의 함수인 TVSTAR(time-varying STAR) 모형(Franses and van Dijk(2000)) 등으로 확장이 가능하다.

다음은 MRSTAR 모형의 일반적인 모습이다. 이 경우에는 네 개의 국면을 나타낼 수 있다.

$$y_t = [\phi_1(B)x_t(1 - G_1(s_{1t};\delta_1,c_1)) + \phi_2(B)x_t G_1(s_{1t};\delta_1,c_1)][1 - G_2(s_{2t};\delta_2,c_2)]$$
$$+ [\phi_3(B)x_t(1 - G_1(s_{1t};\delta_1,c_1)) + \phi_4(B)x_t G_1(s_{1t};\delta_1,c_1)][G_2(s_{2t};\delta_2,c_2)] + e_t$$

단 s_{1t} 및 s_{2t}는 $f(y_{t-d})$, $f(x_{t-d})$, $f(t)$ 등의 형태

한편 비선형함수는 과거 자료의 특징을 잘 설명해주는 장점이 있는 반면, 예측력 측면에서는 선형모형에 비해 우월하지 않다.[22] 다음과 같은 비선형모형에서

$$y_t = F(y_{t-1};\theta) + e_t$$

---

22 Diebold and Nason(1990), de Gooijer and Kumar(1992), Brooks(1997) 등을 참조하시오.

h기 앞 미래 예측치는

$$\widehat{y_{t+h|t}} \;=\; E[y_{t+h}|\Omega_t]$$

과 같이 구해진다. 최소평균자승오차(minimum mean squared error) 기준 하에서 시계열의 최적 미래 예측치는 t 시점에 주어진 과거 정보 Ω_t를 이용한 h기 앞 조건부 기대치이다.[23, 24]

$E[e_{t+1}|\Omega_t]=0$를 이용하면서 1기 앞 미래 예측치는 다음과 같이 구해진다.

$$
\begin{aligned}
\widehat{y_{t+1|t}} &= E[y_{t+1}|\Omega_t] \\
&= E[F(y_t;\theta)+e_{t+1}|\Omega_t] \\
&= F(y_t;\theta)
\end{aligned}
$$

2기 앞 미래 예측치는 다음과 같이 구해질 수 있다.

$$
\begin{aligned}
\widehat{y_{t+2|t}} &= E[y_{t+2}|\Omega_t] \\
&= E[F(y_{t+1};\theta)+e_{t+2}|\Omega_t] \\
&= E[F(y_{t+1};\theta)|\Omega_t] \\
&= E[F(F(y_t;\theta)+e_{t+1};\theta)|\Omega_t] \\
&= E[F(\widehat{y_{t+1|t}}+e_{t+1};\theta)|\Omega_t]
\end{aligned}
$$

---

23 $\widehat{y_{t+h|t}}$는 t 시점에 주어진 정보 Ω_t 하에서 다음을 최소화하는 $g(y)$를 찾는 것이다.

$$E(y_{t+h}-g(y))^2$$

여기서

$$
\begin{aligned}
E(y_{t+h}-g(y))^2 &= E[E\{(y_{t+h}-g(y))^2 \mid \Omega_t\}] \quad (\because\; E(y)=E[E(y|\Omega)]) \\
&= E[E\{(y_{t+h}-E(y_{t+h}\mid\Omega_t)+E(y_{t+h}\mid\Omega_t)-g(y))^2 \mid \Omega_t\}] \\
&= E[E\{[(y_{t+h}-E(y_{t+h}\mid\Omega_t))^2 \\
&\quad +2(y_{t+h}-E(y_{t+h}\mid\Omega_t))(E(y_{t+h}\mid\Omega_t)-g(y)) \\
&\quad +(E(y_{t+h}\mid\Omega_t)-g(y))^2] \mid \Omega_t\}] \\
&= E[E\{[(y_{t+h}-E(y_{t+h}\mid\Omega_t))^2+(E(y_{t+h}\mid\Omega_t)-g(y))^2] \mid \Omega_t\}] \\
&\quad (\because\; E\{(y_{t+h}-E(y_{t+h}\mid\Omega_t)) \mid \Omega_t\}=0) \\
&= Var(y_{t+h}|\Omega_t)+(E(y_{t+h}|\Omega_t)-g(y))^2
\end{aligned}
$$

두 항이 모두 0보다 작을 수 없으므로 $g(y)=E(y_{t+h}|\Omega_t)$일 때 $E(y_{t+h}-g(y))^2$이 최소가 된다.

24 x, y가 확률밀도함수 $f(x,y)$의 결합확률분포 관계에 있을 때 평균자승오차(mean squared error), 즉 $E(y-g(x))^2$을 최소화하는 $g(x)$는 $E(y|x)$이다. 평균절대값오차(mean absolute value error), 즉 $E(|y-g(x)|)$을 최소화하는 $g(x)$는 $y|x$에 대한 median으로 구해진다.

그러나 여기서

$$E[F(y_{t+1};\theta)|\Omega_t] \neq F[E(y_{t+1};\theta)|\Omega_t] = F(\widehat{y_{t+1|t}};\theta)$$

이므로 미래 예측치는 편의가 발생하게 된다. 아울러 표본규모가 늘어나더라도 편의는 줄어들지 않는다(Brown and Marino(1989), Lin and Granger(1994)). 이러한 점을 감안하여 2기 앞 이상 미래 예측치를 구하기 위한 많은 방법이 연구되었는데 Monte Carlo 방법과 Bootstrap을 이용한 방법이 흔히 이용된다. 2기 앞 미래 예측치의 경우는 다음과 같이 구해진다.

먼저 Monte Carlo 방법에 의할 경우

$$\widehat{y_{t+2|t}} = \frac{1}{k}\sum_{i=1}^{k}F(\widehat{y_{t+1|t}}+e_i;\theta)$$

와 같이 구해지며 e_i는 e_{t+1}에 대하여 전제된 분포에서 생성된다. k는 생성된 e_i의 개수이다. Bootstrap 방법을 이용할 경우에는

$$\widehat{y_{t+2|t}} = \frac{1}{k}\sum_{i=1}^{k}F(\widehat{y_{t+1|t}}+\hat{e}_i;\theta)$$

과 같으며 $\hat{e}_i$은 Monte Carlo 방법과 달리 분포에 대한 특별한 가정 없이 y_t에 대한 추정으로부터 얻어진 잔차를 이용하게 된다.

〈참고 Ⅱ- 2〉 비선형함수 예측치의 편의 발생

　함수의 기대값과 기대값의 함수는 일반적으로 같지 않다. 다만 함수의 형태가 선형일 때는 같다. 다음과 같은 선형 AR(1) 모형 $y_t = \gamma y_{t-1} + e_t$ 에서

1기 앞 미래 예측치는

$$y_{t+1} = \gamma y_t + e_{t+1}$$

이므로

$$\widehat{y_{t+1|t}} = E(\gamma y_t + e_{t+1}|\Omega_t)$$
$$= E(\gamma y_t|\Omega_t) + E(e_{t+1}|\Omega_t)$$
$$= \gamma y_t$$

가 된다.

　한편 2기 앞 미래 예측치는

$$y_{t+2} = \gamma y_{t+1} + e_{t+2}$$
$$= \gamma^2 y_t + \gamma e_{t+1} + e_{t+2}$$

이므로

$$\widehat{y_{t+2|t}} = E(\gamma^2 y_t + \gamma e_{t+1} + e_{t+2}|\Omega_t)$$
$$= E(\gamma^2 y_t|\Omega_t) + E(\gamma e_{t+1}|\Omega_t) + E(e_{t+2}|\Omega_t)$$
$$= \gamma^2 y_t$$

가 된다.

　여기서 $F(y_{t-1};\gamma) = \gamma y_{t-1}$ 이므로

$$\widehat{y_{t+2|t}} = E(F(y_{t+1};\gamma)|\Omega_t) = \gamma^2 y_t$$
$$= F(E(y_{t+1};\gamma)|\Omega_t) = F(\widehat{y_{t+1|t}};\gamma)$$

가 성립한다.

　반면 다음과 같은 비선형 모형을 가정할 경우

$$y_t = \gamma y_{t-1}^2 + e_t$$

1기 앞 미래 예측치는

$$y_{t+1} = \gamma y_t^2 + e_{t+1}$$

이므로

$$\widehat{y_{t+1|t}} = E(\gamma y_t^2 + e_{t+1}|\Omega_t)$$
$$= E(\gamma y_t^2|\Omega_t) + E(e_{t+1}|\Omega_t)$$
$$= \gamma y_t^2$$

이 된다.

2기 앞 미래 예측치는

$$y_{t+2} = \gamma y_{t+1}^2 + e_{t+2}$$
$$= \gamma^3 y_t^4 + 2\gamma^2 y_t^2 e_{t+1} + \gamma e_{t+1}^2 + e_{t+2}$$

이므로

$$\widehat{y_{t+2|t}} = E(\gamma^3 y_t^4 + 2\gamma^2 y_t^2 e_{t+1} + \gamma e_{t+1}^2 + e_{t+2}|\Omega_t)$$
$$= E(\gamma^3 y_t^4|\Omega_t) + 2E(\gamma^2 y_t^2 e_{t+1}|\Omega_t) + E(\gamma e_{t+1}^2|\Omega_t) + E(e_{t+2}|\Omega_t)$$
$$= \gamma^3 y_t^4 + \gamma E(e_{t+1}^2|\Omega_t)$$

가 된다. 즉

$$\widehat{y_{t+2|t}} = E(F(y_{t+1};\gamma)|\Omega_t) = \gamma^3 y_t^4 + \gamma E(e_{t+1}^2|\Omega_t)$$
$$\neq F(E(y_{t+1};\gamma)|\Omega_t) = F(\widehat{y_{t+1|t}};\gamma) = \gamma^3 y_t^4$$

이 된다.

III

시계열의 변동성

Ⅲ. 시계열의 변동성

    시계열자료의 비선형성과 더불어 관심이 크게 높아진 시계열의 중요한 특성 중 하나가 변동성이다. 이는 금융시장이 발달하고 복잡해지면서 금융시계열에서 자주 관찰된다. 변동성의 증가는 불확실성을 확대하며 심리적 요인 등을 통해 경제현상에 큰 영향을 미친다.

    다음 원화의 대미달러환율 자료를 살펴보면 2008년 9월 리만브라더스 사태를 전후하여 환율의 수준이 높아짐과 동시에 일일 변동폭이 크게 확대되었다는 것을 알 수 있다. 환율의 일일변동폭을 일별 환율 변화율의 제곱으로 표시하여 측정해 보면 변동성이 2008년 하반기에서 2009년 상반기에 걸쳐 크게 증가한 모습이 관찰된다.

‖ 일별 대미달러환율 및 변동성 ‖

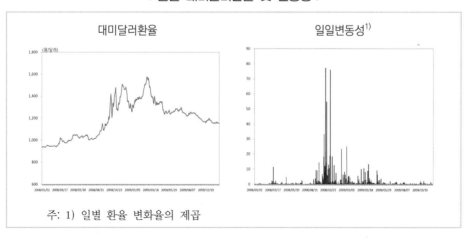

주: 1) 일별 환율 변화율의 제곱

1. 시계열자료의 변동성(volatility)

환율, 주가 등 금융시계열은 실물 혹은 금융시장에 큰 변화가 발생할 경우 충격의 영향으로 변동성이 확대되는 특징을 가진다. 특히 변동성이 큰 기간과 작은 기간이 교대로 일어나는데 이러한 현상을 '변동성 집중(volatility clustering)'이라고 한다.

예를 들어 대미달러환율의 경우 2008년 9월 리만브러더스 사태 직후 일일 변동률이 큰 부분이 집중되어 있다. 이와 같이 변동성이 시간과 함께 변하는 시계열은 일반적으로 정규분포보다 첨예한 정점과 두꺼운 꼬리(fat tail)를 보이며 좌우 비대칭적인 모습을 보이는 특징이 있다. 다음은 앞서 언급한 2008년 1월부터 2019년 12월말까지 환율의 일일변동률 분포이다. 왜도(skewness)가 -0.5로 陰($-$)의 부호를 나타내고 첨도(kurtosis)는 12.5이다.

▌일별 대미달러환율 변동률 분포 ▌

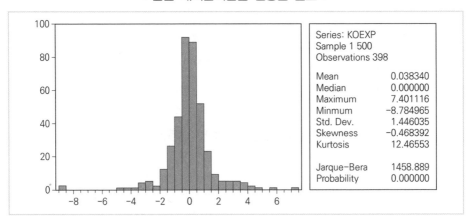

흔히 이용되는 표준정규분포의 경우 평균은 0이고 분산은 1이며 좌우대칭적인 모습을 하고 있다. 이 분포에서 왜도는 0이며 첨도는 3이다. 왜도 및 첨도는 각각 분포의 3차, 4차 모멘트(moment)와 관련이 있다.[1]

---

1 확률변수 X의 k차 central moment는 $E[(x-\mu)^k]$로 정의되며 1차 모멘트는 평균이고 0이다. 2차 모멘트는 분산이 된다. k차 central moment를 σ^k에 의하여 표준화 한 $E[\frac{(x-\mu)^k}{\sigma^k}]$를

$$왜도 : E[\frac{(x-\mu)^3}{\sigma^3}]$$

$$첨도 : E[\frac{(x-\mu)^4}{\sigma^4}]$$

왜도가 陰(ㅡ)의 값을 가지면 이 분포는 왼쪽으로 긴 꼬리를 갖게 되며 이 때 이 분포가 'left-skewed' 되었다고 한다. 반대로 陽(+)의 값을 가지면 오른 쪽으로 긴 꼬리를 보이며 'right-skewed' 되었다고 한다. 왜도가 0일 때 분포는 좌우대칭적인 모습을 나타낸다. 또한 왜도가 陰(ㅡ)일 경우 최빈값(mode)이나 중 간값(median)이 평균보다 크며 왜도가 陽(+)인 경우에는 최빈값이나 중간값이 평균보다 작다.

‖ 왜도와 분포의 모습 ‖

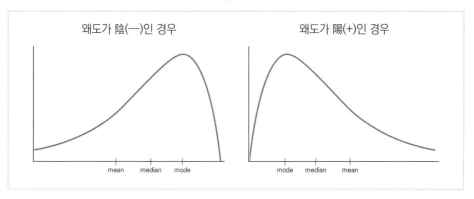

첨도는 정규분포에 비하여 분포의 모습이 평탄한지 혹은 첨예한지를 나타내 어 준다. 첨도는 4제곱항들의 기대치이므로 한 점으로 구성된 분포(point distribution)를 제외하고는 항상 0보다 크다. 정규분포의 첨도는 3이다. 첨도는 때 때로 위의 기대치에서 3을 뺀 것으로 정의되기도 한다. 어떤 분포가 평균을 중심 으로 몰려있고 긴 꼬리를 가지면 4차 모멘트가 커지면서 첨도도 커진다. 첨도가 3보다 큰 경우 '첨예분포(leptokurtic dsitribution)'라고 하며 3보다 작은 경우 '평탄 분포(platykurtic dsitribution)'라고 한다.

---

normalized k차 central moment라고 하며 3차 모멘트가 왜도이고 4차 모멘트가 첨도이다.

| 첨도와 분포의 모습 |

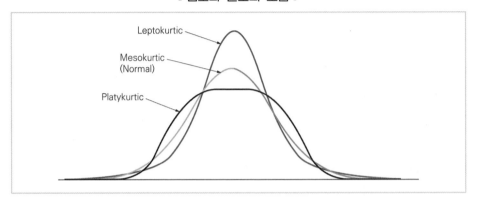

앞서 본 환율 변동성의 경우 left−skwed인 동시에 첨도가 3보다 큰 첨예분포의 형태를 보인다.

2. 시계열자료의 변동성 분석

시계열자료의 특징중 변동성 집중 현상과 첨도가 큰 현상을 잘 설명할 수 있는 모형이 ARCH(Autoegressive Conditional Heteroscedastic) 모형이다. 변동성 집중은 Mandelbrot(1963)에 의해 주목되기 시작하였으며 Engle(1982)과 Bollerslev(1986)에 의해 ARCH 및 GARCH 모형을 중심으로 연구되어 왔다(Ding(2011)). 변동성은 분산과 관련이 높으며 먼저 ARCH 모형에서는 조건부 분산이 시간에 따라 변하도록 모형을 설정한다.

금융시계열 y_t를 다음과 같이 나타낼 때

$$y_t = E[y_t|\Omega_{t-1}] + \epsilon_t$$

y_t는 예측 가능한 부분인 $E[y_t|\Omega_{t-1}]$과 예측 불가능한 ϵ_t로 나누어질 수 있다. Ω_{t-1}은 $(t-1)$기까지의 모든 관련정보로 구성된 정보집합(information set)이며 ϵ_t는 white noise process로 가정한다. 여기서 $E[\epsilon_t^2] = \sigma^2$이지만 ϵ_t의 조건부 분산 (conditional variance)이 시간에 따라 변동한다고 가정한다. 즉 $E[\epsilon_t^2|\Omega_{t-1}] = h_t$이며 $h_t = h_t(\Omega_{t-1})$. 이 때 ϵ_t는 조건부 이분산(conditionally heteroscedastic variance)을

갖는다고 한다.

일반적으로 ϵ_t는 다음과 같이 나타내어진다.

$$\epsilon_t = z_t \sqrt{h_t}$$
$$단 \ z_t \sim i.i.d \ N(0, \ 1)$$

이 경우 이 분포의 조건부 분산 $E[\epsilon_t^2|\Omega_{t-1}]$은 h_t가 되나 무조건부 분산은 σ^2이다.

$$E[\epsilon_t^2] = \sigma^2 이며 \ E[\epsilon_t^2] = E[E[\epsilon_t^2|\Omega_{t-1}]] = E[h_t]가 \ 되어$$

$$E[h_t] = \sigma^2, \ 즉 \ E[h_t]는 \ 상수가 \ 된다.$$

Engle(1982)은 h_t의 형태를 다음과 같이 가정하였다.

$$h_t = w + \alpha_1 \epsilon_{t-1}^2$$

h_t는 분산으로서 陰(-)이 될 수 없기 때문에 다음과 같은 추가 제약조건이 부여된다.

$$w > 0 \ 및 \ \alpha_1 \geq 0$$

$\alpha_1 = 0$이면 조건부 분산이 상수가 되어 ϵ_t는 조건부 동분산을 가지게 된다. α_1이 0이 아닐 경우 ϵ_t의 조건부 분산인 h_t는 ϵ_{t-1}^2의 증가함수이므로 ϵ_{t-1}^2가 클 경우 역시 클 것으로 기대된다. 반대로 ϵ_{t-1}^2가 작을 경우에는 작아지게 된다. 즉 큰 충격에 수반되어 큰 충격이 일어나게 되므로 금융시계열의 특징 중 하나인 변동성이 집중되는 현상이 설명될 수 있다.

ARCH 모형은 금융시계열의 특징 중 하나인 첨도가 큰 성격도 포착할 수 있다.

$$E[\epsilon_t^4] = E[z_t^4 h_t^2] = E[z_t^4]E[h_t^2] = E[z_t^4]E[h_t h_t]$$
$$\geq E[z_t^4]E[h_t]^2 = E[z_t^4]E[\epsilon_t^2]^2$$

부등식 단계는 Jensen's inequality[2]에서 도출된다. 즉 ϵ_t의 첨도는 z_t의 첨도인 3과 같거나 이보다 크게 된다.

Engle(1982)에 의하면 정규분포인 z_t 가정 하에서 ϵ_t의 첨도는

$$\frac{E[\epsilon_t^4]}{E[\epsilon_t^2]^2} = \frac{3(1-\alpha_1^2)}{(1-3\alpha_1^2)}$$

이 되어 $3\alpha_1^2 < 1$인 조건을 충족하는 한 유한하며(finite) 항상 3보다 크게 된다.

이처럼 ARCH 모형에 의할 경우 금융시계열의 변동성 특징이 잘 설명된다. 그러나 ARCH(1) 모형에서는 변동성이 빨리 사라질 수 있다.

ARCH(1) 모형은 ϵ_t^2에 대한 AR(1) 모형으로 나타낼 수 있다.

$$h_t = w + \alpha_1\epsilon_{t-1}^2$$

의 양변에 ϵ_t^2를 더하고 h_t를 빼면 위 식은 다음과 같이 변형된다.

$$\epsilon_t^2 = w + \alpha_1\epsilon_{t-1}^2 + \nu_t$$

단 $\nu_t = \epsilon_t^2 - h_t = h_t(z_t^2 - 1)$

여기서 $E[\nu_t|\Omega_{t-1}] = 0$이며 $\alpha_1 < 1$일 경우 ϵ_t^2는 안정적인 과정이 되고

$$\sigma^2 = E[\epsilon_t^2] = \frac{w}{1-\alpha_1}$$

가 된다. 따라서 AR(1) 모형에서처럼 α_1이 작을 경우 변동성은 빨리 사라지게 된다. 그러나 금융시계열에서는 때때로 변동성이 오래 지속되는 모습이 관찰된다. 이러한 특징을 감안하기 위하여 조건부 분산 h_t에 ϵ_t^2의 시차항이 추가된다. 이를 ARCH(q) 모형이라고 한다. ARCH(q) 모형과 ARCH(1) 모형의 관계는 AR(q) 모형과 AR(1) 모형의 관계와 같다.

ARCH(q) 모형에서 조건부 분산 h_t는 다음과 같이 나타내어진다.

$$h_t = w + \alpha_1\epsilon_{t-1}^2 + \alpha_2\epsilon_{t-2}^2 + \cdots + \alpha_q\epsilon_{t-q}^2$$

단 $w > 0$ 및 모든 $i = 1, \cdots, q$에 대하여 $\alpha_i \geq 0$

---

2 두 확률변수 X, Y에 대하여 $E[XY] \geq E[X]E[Y]$가 성립한다.

ARCH(1)의 경우와 마찬가지로

$$\epsilon_t^2 = w + \alpha_1 \epsilon_{t-1}^2 + \alpha_2 \epsilon_{t-2}^2 + \cdots + \alpha_q \epsilon_{t-q}^2 + \nu_t$$

가 되며

$$\sigma^2 = E[\epsilon_t^2] = \frac{w}{1 - \alpha_1 - \alpha_2 - \cdots - \alpha_q}$$

가 된다. 그리고 $(1 - \alpha_1 B - \alpha_2 B^2 - \cdots - \alpha_q B^q) = 0 (B$는 lag operator)의 모든 근의 절대값이 1보다 클 때 ARCH(q)는 공분산 안정적(covariance stationary)이다.[3]

ARCH(q) 모형에 의하여 변동성의 동학과정을 제대로 포착하기 위해서 때때로 q가 지나치게 커질 경우가 있다. 이러한 어려움을 줄이기 위하여 Bollerslev (1986)는 GARCH(Generalized ARCH) 모형을 제시하였다.

예를 들어 ARCH(1) 모형의 조건부 분산 h_t에 h_{t-1}을 더하면 GARCH (1,1) 모형이 된다.

$$h_t = w + \alpha_1 \epsilon_{t-1}^2 + \beta_1 h_{t-1}$$

$$\text{단 } w > 0, \ \alpha_1 > 0 \ \text{및} \ \beta_1 \geq 0$$

이 때 β_1이 식별되기 위하여 α_1은 0보다 커야만 한다. $\alpha_1 > 0$이고 h_t가 ϵ_{t-1}^2의 증가함수이므로 ARCH 모형과 마찬가지로 변동성 집중 현상이 잘 설명된다.

한편 GARCH(1,1) 모형은 ARCH(∞) 모형으로 나타낼 수 있으며 ϵ_t^2에 대한 ARMA(1,1) 모형으로도 나타낼 수 있다.

$$h_t = w + \alpha_1 \epsilon_{t-1}^2 + \beta_1 (w + \alpha_1 \epsilon_{t-2}^2 + \beta_1 h_{t-2})$$

이를 h_{t-k}에 대하여 축차적으로 대입하면

$$h_t = \sum_{i=1}^{\infty} \beta_1^{i-1} w + \alpha_1 \sum_{i=1}^{\infty} \beta_1^{i-1} \epsilon_{t-i}^2$$

이 되어 ARCH(∞)가 된다. 또한 h_t에 대한 원 방정식의 양변에 ϵ_t^2를 더하고 h_t

---

3 $(1 - \alpha_1 B - \alpha_2 B^2 - \cdots - \alpha_q B^q) = 0$의 모든 근의 절대값이 1보다 클 경우는 앞서 ARMA(p,q)의 특성방정식 형태로 표현하면 $(m^q - \alpha_1 m^{q-1} - \cdots - \alpha_{q-1} m - \alpha_q) = 0$의 모든 근의 절대값이 1보다 작을 때와 동일하다.

를 우변으로 옮기면

$$\epsilon_t^2 = w + (\alpha_1 + \beta_1)\epsilon_{t-1}^2 + \nu_t - \beta_1 \nu_{t-1}$$

$$\text{단 } \nu_t = \epsilon_t^2 - h_t$$

가 되어 ϵ_t^2와 ν_t에 대한 ARMA(1,1) 모형 형태가 된다.

따라서 ARMA 모형에서와 같이 GARCH(1,1) 모형은 $\alpha_1 + \beta_1 < 1$일 때 공분산 안정적(covariance−stationary)이 되고 ϵ_t^2의 무조건부 평균($E[\epsilon_t^2]$)이나 ϵ_t의 무조건부 분산($Var[\epsilon_t]$)은 모두

$$\sigma^2 = \frac{w}{1 - \alpha_1 - \beta_1}$$

가 된다.[4, 5]

또한 ϵ_t에 대한 무조건부 4차 모멘트는 $(\alpha_1 + \beta_1)^2 + 2\alpha_1^2 < 1$일 때 유한하며(finite), 특히 z_t가 정규분포이면

$$k = \frac{3[1 - (\alpha_1 + \beta_1)^2]}{1 - (\alpha_1 + \beta_1)^2 - 2\alpha_1^2}$$

가 되어 앞의 조건 하에서 항상 3보다 크게 된다(Bollerslev(1986)).

게다가 ϵ_t^2의 자기시차상관함수는

$$\rho_1 = \alpha_1 + \frac{\alpha_1^2 \beta_1}{1 - 2\alpha_1\beta_1 - \beta_1^2},$$

$$\rho_k = (\alpha_1 + \beta_1)^{k-1}\rho_1, \quad k = 2, \ 3, \cdots$$

이 되어 $(\alpha_1 + \beta_1)$을 밑으로 하면서 지수적 감소하기 때문에 이 합이 1에 가까우면 자기상관이 상당한 기간을 두고 감소하게 된다(Bollerslev(1988)).

---

4 $\alpha_1 = 0$이면 $(1 - \beta_1 B)\epsilon_t^2 = (1 - \beta_1 B)\nu_t$, 즉 $\epsilon_t^2 = \nu_t$가 되어 β_1이 식별되지 않는다. 따라서 β_1이 식별되기 위하여 α_1은 0보다 커야만 한다.

5 $\alpha_1 + \beta_1 = 1$인 경우 GARCH(1,1) 모형은 다음과 같이 나타내어지는데 이러한 경우 IGARCH (Integrated GARCH)라고 한다(Engle and Bollerslev(1986)).

$$(1 - B)\epsilon_t^2 = w + \nu_t - \beta_1 \nu_{t-1}$$

IGARCH의 경우 ϵ_t의 무조건부 분산이 유한하지 않아 공분산 안정적이지는 않지만 ARMA 모형에서 단위근을 가진 경우와는 달리 $E[\ln(\alpha_1 z_{t-i}^2 + \beta_1)] < 0$이면 강안정적일 수 있는 것으로 알려져 있다(Nelson(1990)).

GARCH(1,1) 모형을 확장한 GARCH(p,q)모형은

$$h_t = w + \sum_{i=1}^{q} \alpha_i \epsilon_{t-i}^2 + \sum_{i=1}^{p} \beta_i h_{t-i}$$

$$= w + \alpha(B)\epsilon_t^2 + \beta(B)h_t$$

$$단 \ \alpha(B) = \alpha_1 B + \alpha_2 B^2 + \cdots + \alpha_q B^q,$$

$$\beta(B) = \beta_1 B + \beta_2 B^2 + \cdots + \beta_p B^p$$

이며 $(1-\beta(B))$의 모든 근들의 절대값이 1보다 클 때 다음과 같은 ARCH(∞)로 나타낼 수 있다.

$$h_t = \frac{w}{1-\beta(1)} + \frac{\alpha(B)}{1-\beta(B)}\epsilon_t^2$$

$$= \frac{w}{1-\beta_1-\beta_2\cdots-\beta_p} + \sum_{i=1}^{\infty}\delta_i\epsilon_{t-1}^2, \quad 단 \ \delta_i \geq 0$$

또한 GACH(p,q) 모형은 ϵ_t^2에 대한 ARMA(m,p) 모형으로 나타낼 수 있는데 $(1-\alpha(B)-\beta(B))$의 모든 근들의 절대값이 1보다 클 경우 공분산 안정적이다.

$$\epsilon_t^2 = w + \sum_{i=1}^{m}(\alpha_i+\beta_i)\epsilon_{t-i}^2 - \sum_{i=1}^{p}\beta_i\nu_{t-i} + \nu_t,$$

$$단 \ m = \max(p,q), \ i > q일 \ 경우 \ \alpha_i \equiv 0, \ i > p일 \ 경우 \ \beta_i \equiv 0$$

GARCH 모형은 자기시차상관함수가 지수적으로 감소한다. 그러나 실제로 금융시계열의 변동성은 이보다 더 천천히(at a hyperbolic rate) 감소하는 경우가 많다. 이러한 과정을 포착하기 위해서 FIGARCH(Fractionally Integrated GARCH) 모형이 개발(Baillie, Bollerslev and Mikkelsen(1996))되었는데 이는 AR 모형에 있어서 장기기억(long memory or fractionally integrated) process에 대응된다.[6, 7]

---

[6] 전형적인 장기기억(long memory) process는 다음과 같이 생성된다.

$(1-B)^d y_t = e_t, \ -0.5 < d < 0.5, \ B$는 lag operator

이 process에서는 자기상관계수가 반드시 크지는 않을지라도 상당히 오랫동안 지속되는 특성을 보인다.

FIGARCH(1,d,0) 모형의 형태는 다음과 같다.

$(1-B)^d\epsilon_t^2 = w + \nu_t - \beta_1\nu_{t-1}, \ 0 < d < 1$

[7] 'long memory'와 관련하여 Fama and French(1988), Poterba and Summers(1988), Geweke and Porter-Hudak(1983), Fractional Integrated Exponential GARCH(Bollerslev and

한편 금융시계열은 수익과 위험(변동성)이 비례적 관계를 맺으면서 변하는 경우가 많은데 Engle, Lilien and Robins(1987)는 y_t의 조건부 평균에 조건부 분산의 함수를 포함하는 모형(GARCH-M)을 개발하여 이를 포착하려고 하였다. 즉

$$y_t = E[y_t|\Omega_{t-1}] + \epsilon_t$$

에서 $E[y_t|\Omega_{t-1}]$을 다음과 같이 확장한다.

$$y_t = \phi_0 + \phi_1 y_{t-1} + \phi_2 y_{t-2} + \cdots + \phi_p y_{t-p} + \delta g(h_t) + \epsilon_t$$

$g(h_t)$는 ϵ_t에 대한 조건부 분산의 함수이다.

아울러 변동성이 높은 기간은 대체로 큰 부정적인 충격에 의하여 발생하며 긍정적인 충격과 부정적인 충격은 비대칭성을 보이기도 한다.[8] 어떤 뉴스가 일어난 날처럼 특정 날의 충격은 변동성에 다른 날에 비해 특별한 영향을 미칠 수 있다.[9] 또한 변동성은 충격 초기에는 매우 크지만 그 후에는 장기간 지속되면서 아주 완만하게 줄어드는 경우도 있다.[10] 직접적으로 연관이 없는 금융시장 사이에서 충격이 전이(spillover effects)되는 경우도 발생한다.[11] 이처럼 다양한 특징들을 포착하기 위해 여러 유형의 GARCH 모형들이 제시되었다.

다음에는 앞에서 제시된 환율의 일일 변동률을 GARCH 모형을 이용하여 추정해 보기로 한다. 우선 변동성에 대한 모형을 설정하기에 앞서 환율의 일일 변동률의 평균에 대한 모형을 설정하여야 한다.

BIC(Bayesian Information Criterion)[12]에 의한 결과 MA(3) 모형이 가장 적합한 것으로 나타났다.

Mikkelsen(1996)) 등 많은 연구들이 있다.

8 'leverage effects'라고 불린다. Exponential GARCH(Nelson(1991)), Asymmetric power ARCH (Ding, Granger and Engle(1993), Ding(2011)), GJR-GARCH(Glosten, Jagannathan and Runkle(1993)), Quadratic GARCH(Sentana(1995)), Smooth Transition GARCH(Hagerud(1997)), Volatility-Switching GARCH(Fornari and Mele(1996)), Markov-Switching GARCH(Klaassen(1999)) 등을 참조하시오.

9 Jones, Lamont and Lumsdaine(1998)을 참조하시오.

10 Component GARCH(Ding and Granger(1996))를 참조하시오.

11 Ross(1989), King and Wadhwani(1990)), Engle, Ito and Lin(1990)), Chan, Chan and Karolyi(1991) 등을 참조하시오.

12 AIC 방법을 베이즈방식으로 확장한 것이다(Akaike(1978, 1979)). SBC와 같다.

‖ ARMA(p,q) 모형의 시차항 선택 ‖

```
                    Minimum Information Criterion
  Lags      MA 0       MA 1       MA 2       MA 3       MA 4       MA 5
  AR 0    0.73286   0.665397   0.679661    0.66206   0.677436   0.692719
  AR 1   0.677041   0.680617   0.694516   0.677404   0.691554   0.706812
  AR 2   0.668148   0.683228   0.686739   0.692796   0.706827   0.718394
  AR 3   0.670754   0.676879   0.692206   0.707473   0.721691   0.732042
  AR 4   0.680906   0.692241    0.70451   0.719895   0.732739   0.745795
  AR 5   0.693768   0.707473   0.719785   0.734979   0.740632   0.756016

             Error series model:   AR(5)
             Minimum Table Value: BIC(0,3) =   0.66206
```

MA(3) 모형에 의하여 환율의 일일 변동률을 추정하고 추정 잔차에 대한 Q 통계량 검정 결과 대부분의 시차에서 잔차의 자기상관 현상이 없는 것으로 나타났다.

‖ MA(3) 모형을 이용한 환율의 일일변동률 추정 ‖

Dependent Variable: KOEXP
Method: ARMA Maximum Likelihood (Newton-Raphson)

Sample: 1 387
Included observations: 387
Convergence achieved after 4 iterations
Coefficient covariance computed using outer product of gradients

Variable	Coefficient	Std. Error	t-Statistic	Prob.
C	0.038573	0.077958	0.494790	0.6210
MA(1)	0.298103	0.031395	9.495379	0.0000
MA(2)	-0.026244	0.035354	-0.742302	0.4584
MA(3)	-0.184329	0.033592	-5.487215	0.0000
SIGMASQ	1.857262	0.085549	21.70983	0.0000

R-squared	0.109489	Mean dependent var		0.038340
Adjusted R-squared	0.100164	S.D. dependent var		1.446035
S.E. of regression	1.371704	Akaike info criterion		3.483328
Sum squared resid	718.7604	Schwarz criterion		3.534470
Log likelihood	-669.0239	Hannan-Quinn criter.		3.503607
F-statistic	11.74182	Durbin-Watson stat		2.000843
Prob(F-statistic)	0.000000			

Inverted MA Roots	.50	-.40-.46i	-.40+.46i	

┃ MA 모형에 의한 추정 잔차의 시차상관성 검정 ┃

Sample (adjusted): 1 387
Q-statistic probabilities adjusted for 3 ARMA terms

Autocorrelation	Partial Correlation		AC	PAC	Q-Stat	Prob
		1	-0.001	-0.001	0.0002	
		2	-0.003	-0.003	0.0036	
		3	0.002	0.002	0.0051	
		4	0.004	0.004	0.0115	0.914
		5	0.004	0.004	0.0169	0.992
		6	0.017	0.017	0.1363	0.987
		7	0.044	0.044	0.8893	0.926
		8	0.027	0.027	1.1734	0.947
		9	-0.081	-0.080	3.7550	0.710
		10	-0.010	-0.011	3.7960	0.803
		11	-0.036	-0.037	4.3061	0.829
		12	0.157	0.158	14.158	0.117
		13	0.091	0.093	17.502	0.064
		14	-0.064	-0.068	19.164	0.058
		15	0.048	0.047	20.114	0.065
		16	-0.017	-0.014	20.227	0.090
		17	-0.077	-0.074	22.627	0.067
		18	-0.102	-0.115	26.852	0.030
		19	-0.085	-0.110	29.813	0.019
		20	0.047	0.030	30.707	0.022

다음으로 변동성과 관련이 있는 추정 잔차의 제곱에 대하여 Q 통계량에 의한 p값을 살펴본 결과 강한 시차상관관계가 존재하므로 GARCH 모형을 시도해 볼 필요가 있는 것으로 보인다.

┃ MA 모형에 의한 추정 잔차 제곱의 시차상관성 검정 ┃

Sample (adjusted): 1 387
Included observations: 387 after adjustments

Autocorrelation	Partial Correlation		AC	PAC	Q-Stat	Prob
		1	0.309	0.309	37.123	0.000
		2	0.226	0.144	57.071	0.000
		3	0.256	0.172	82.855	0.000
		4	0.195	0.068	97.853	0.000
		5	0.304	0.210	134.34	0.000
		6	0.175	-0.007	146.41	0.000
		7	0.167	0.042	157.52	0.000
		8	0.161	0.011	167.86	0.000
		9	0.168	0.059	179.04	0.000
		10	0.247	0.117	203.37	0.000
		11	0.131	-0.026	210.20	0.000
		12	0.227	0.130	230.97	0.000
		13	0.340	0.215	277.48	0.000
		14	0.150	-0.065	286.59	0.000
		15	0.212	0.044	304.87	0.000
		16	0.121	-0.062	310.84	0.000
		17	0.159	0.024	321.09	0.000
		18	0.232	0.054	343.07	0.000
		19	0.048	-0.119	344.01	0.000
		20	0.112	0.002	349.15	0.000

먼저 ARCH 모형을 추정해 보았다. 추정 결과 5기 시차항까지 유의한 것으로 나타났다.

$$KOEXP_t = -0.06 + 0.21\epsilon_t - 0.03\epsilon_{t-1} - 0.10\epsilon_{t-2}$$
$$(1.50)\quad(3.91)\quad\;\;(0.48)\qquad(1.57)$$

$$h_t = 0.15 + 0.15\epsilon_{t-1}^2 + 0.39\epsilon_{t-2}^2 + 0.15\epsilon_{t-3}^2 + 0.20\epsilon_{t-4}^2 + 0.19\epsilon_{t-5}^2$$
$$(4.52)\quad(2.15)\qquad(4.44)\qquad(2.07)\qquad(3.03)\qquad(2.43)$$

❙ MA(3)-ARCH(5) 모형에 의한 환율의 변동성 추정 결과 ❙

```
Dependent Variable: KOEXP
Method: ML - ARCH

Sample (adjusted): 1 387
Included observations: 387 after adjustments
Convergence achieved after 11 iterations
Coefficient covariance computed using outer product of gradients
MA Backcast: -2 0
Presample variance: backcast (parameter = 0.7)
GARCH = C(5) + C(6)*RESID(-1)^2 + C(7)*RESID(-2)^2 + C(8)*RESID(-3)^2
    + C(9)*RESID(-4)^2 + C(10)*RESID(-5)^2
```

Variable	Coefficient	Std. Error	z-Statistic	Prob.
C	-0.064180	0.042685	-1.503589	0.1327
MA(1)	0.210050	0.053752	3.907732	0.0001
MA(2)	-0.029263	0.060373	-0.484705	0.6279
MA(3)	-0.098138	0.062514	-1.569843	0.1165
Variance Equation				
C	0.150291	0.033275	4.516633	0.0000
RESID(-1)^2	0.152976	0.071120	2.150941	0.0315
RESID(-2)^2	0.394673	0.088914	4.438808	0.0000
RESID(-3)^2	0.151132	0.072840	2.074840	0.0380
RESID(-4)^2	0.196355	0.064799	3.030224	0.0024
RESID(-5)^2	0.191578	0.078800	2.431175	0.0150

R-squared	0.091718	Mean dependent var	0.038340
Adjusted R-squared	0.084603	S.D. dependent var	1.446035
S.E. of regression	1.383514	Akaike info criterion	2.864551
Sum squared resid	733.1043	Schwarz criterion	2.966836
Log likelihood	-544.2906	Hannan-Quinn criter.	2.905109
Durbin-Watson stat	1.824342		

Inverted MA Roots	.42	-.31+.37i	-.31-.37i

분산 추정에 이용한 시차항의 개수가 너무 늘어나므로 GARCH(1,1) 모형을 이용하여 다시 추정해 보기로 한다. 잔차에 대한 추정 결과는 다음과 같다.

$$KOEXP_t = -0.04 + 0.21\epsilon_t + 0.02\epsilon_{t-1} - 0.08\epsilon_{t-2}$$
$$\quad\quad (0.86)\quad (3.39)\quad\quad (0.29)\quad\quad\quad (1.32)$$

$$h_t = 0.02 + 0.1599\epsilon_{t-1}^2 + 0.8387h_{t-1}$$
$$\quad (2.93)\quad\quad (5.15)\quad\quad\quad (35.2)$$

▎ MA(3)-GARCH(1,1) 모형에 의한 환율의 변동성 추정 결과 ▎

Dependent Variable: KOEXP
Method: ML - ARCH

Sample (adjusted): 1 387
Included observations: 387 after adjustments
Convergence achieved after 15 iterations
Coefficient covariance computed using outer product of gradients
MA Backcast: -2 0
Presample variance: backcast (parameter = 0.7)
GARCH = C(5) + C(6)*RESID(-1)^2 + C(7)*GARCH(-1)

Variable	Coefficient	Std. Error	z-Statistic	Prob.
C	-0.038957	0.045131	-0.863190	0.3880
MA(1)	0.208092	0.061417	3.388166	0.0007
MA(2)	0.015663	0.054682	0.286430	0.7745
MA(3)	-0.078148	0.058985	-1.324861	0.1852
Variance Equation				
C	0.017525	0.005977	2.932267	0.0034
RESID(-1)^2	0.159870	0.031042	5.150096	0.0000
GARCH(-1)	0.838664	0.023821	35.20618	0.0000

R-squared	0.087808	Mean dependent var	0.038340
Adjusted R-squared	0.080663	S.D. dependent var	1.446035
S.E. of regression	1.386488	Akaike info criterion	2.833918
Sum squared resid	736.2598	Schwarz criterion	2.905517
Log likelihood	-541.3631	Hannan-Quinn criter.	2.862309
Durbin-Watson stat	1.826585		

Inverted MA Roots	.36	-.28-.37i	-.28+.37i

GARCH(1,1) 모형 추정 결과 $\alpha_1 + \beta_1 \doteqdot 0.1599 + 0.8387 = 0.9986$으로 변동성이 매우 강하게 지속됨을 알 수 있다. 한편 일부 MA 시차항의 계수가 유의미

하지 않으므로 유의하지 않은 항을 제거해 나가면서 추정하여 다음과 같은 최종 결과를 얻었다.

$$KOEXP_t = -0.04 + 0.19\epsilon_t$$
$$\qquad\quad (0.86) \quad (3.18)$$

$$h_t = 0.02 + 0.1629\epsilon_{t-1}^2 + 0.8356h_{t-1}$$
$$\quad (2.98) \quad\;\; (5.26) \qquad\quad (35.3)$$

‖ MA(1)-GARCH(1,1) 모형에 의한 환율의 변동성 추정 결과 ‖

Dependent Variable: KOEXP
Method: ML - ARCH

Sample (adjusted): 1 387
Included observations: 387 after adjustments
Convergence achieved after 13 iterations
Coefficient covariance computed using outer product of gradients
MA Backcast: 0
Presample variance: backcast (parameter = 0.7)
GARCH = C(3) + C(4)*RESID(-1)^2 + C(5)*GARCH(-1)

Variable	Coefficient	Std. Error	z-Statistic	Prob.
C	-0.039394	0.045617	-0.863576	0.3878
MA(1)	0.191183	0.060173	3.177235	0.0015
Variance Equation				
C	0.018303	0.006147	2.977721	0.0029
RESID(-1)^2	0.162899	0.030946	5.263963	0.0000
GARCH(-1)	0.835637	0.023704	35.25236	0.0000

R-squared	0.067000	Mean dependent var	0.038340
Adjusted R-squared	0.064577	S.D. dependent var	1.446035
S.E. of regression	1.398566	Akaike info criterion	2.830574
Sum squared resid	753.0546	Schwarz criterion	2.881717
Log likelihood	-542.7161	Hannan-Quinn criter.	2.850853
Durbin-Watson stat	1.798874		
Inverted MA Roots	-.19		

최종 모형에 의한 잔차에 이분산성이 남아있는지 검정해 본 결과 ARCH 모형의 계수들이 0이라는 귀무가설이 5% 유의수준에서 기각(F 통계량 0.27, p값 0.93)되어 더 이상 이분산성이 존재하지 않는 것으로 나타났다.

▌ 추정 잔차의 이분산성 검정 ▌

이분산성 추정 이전

Heteroskedasticity Test: ARCH

F-statistic	16.74724	Prob. F(5,376)	0.0000
Obs*R-squared	69.57734	Prob. Chi-Square(5)	0.0000

Test Equation:
Dependent Variable: RESID^2
Method: Least Squares

Sample (adjusted): 6 387
Included observations: 382 after adjustments

Variable	Coefficient	Std. Error	t-Statistic	Prob.
C	0.674471	0.274609	2.456116	0.0145
RESID^2(-1)	0.212641	0.050409	4.218355	0.0000
RESID^2(-2)	0.059354	0.051577	1.150781	0.2506
RESID^2(-3)	0.136377	0.051186	2.664338	0.0080
RESID^2(-4)	0.020534	0.051575	0.398141	0.6908
RESID^2(-5)	0.210966	0.050411	4.184916	0.0000

R-squared	0.182140	Mean dependent var	1.876769
Adjusted R-squared	0.171264	S.D. dependent var	5.107681
S.E. of regression	4.649774	Akaike info criterion	5.927097
Sum squared resid	8129.271	Schwarz criterion	5.989067
Log likelihood	-1126.075	Hannan-Quinn criter.	5.951682
F-statistic	16.74724	Durbin-Watson stat	1.997081
Prob(F-statistic)	0.000000		

이분산성 추정 이후

Heteroskedasticity Test: ARCH

F-statistic	0.270985	Prob. F(5,376)	0.9289
Obs*R-squared	1.371606	Prob. Chi-Square(5)	0.9274

Test Equation:
Dependent Variable: WGT_RESID^2
Method: Least Squares

Sample (adjusted): 6 387
Included observations: 382 after adjustments

Variable	Coefficient	Std. Error	t-Statistic	Prob.
C	0.941251	0.151053	6.231265	0.0000
WGT_RESID^2(-1)	-0.002877	0.051492	-0.055868	0.9555
WGT_RESID^2(-2)	0.026491	0.051365	0.515735	0.6063
WGT_RESID^2(-3)	-0.014323	0.051374	-0.278801	0.7806
WGT_RESID^2(-4)	-0.003687	0.051353	-0.071789	0.9428
WGT_RESID^2(-5)	0.052041	0.051367	1.013116	0.3117

R-squared	0.003591	Mean dependent var	0.999417
Adjusted R-squared	-0.009660	S.D. dependent var	1.901142
S.E. of regression	1.910302	Akaike info criterion	4.147982
Sum squared resid	1372.120	Schwarz criterion	4.209952
Log likelihood	-786.2646	Hannan-Quinn criter.	4.172567
F-statistic	0.270985	Durbin-Watson stat	1.992591
Prob(F-statistic)	0.928865		

GARCH(1,1) 모형에 의하여 구한 조건부 표준편차의 모습은 다음과 같다.

▌ 추정 조건부 표준편차 ▌

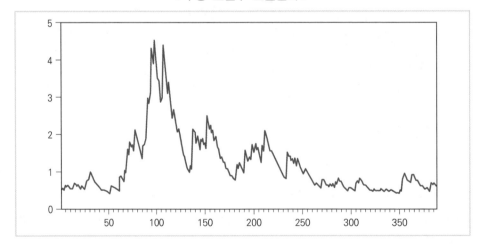

IV

시계열의 스펙트럴 분석

Ⅳ. 시계열의 스펙트럴 분석

시계열을 분석하는 방법은 크게 time domain 접근법과 frequency domain 접근법으로 나누어진다. time domain 접근법은 과거 시계열자료들에 대한 회귀를 이용하여 분석하는 방법으로 앞서 본 분석들은 모두 이에 해당한다. frequency domain 접근법은 사인(sin)함수 및 코사인(cos)함수와 같은 삼각함수의 결합을 이용하여 시계열자료의 frequency에 따른 특성을 파악하여 분석하는 방법이다.

frequency domain 접근법을 이용하는 이유는 이에 의해 분석할 때 time domain 접근법에서 나타나지 않는 좋은 장점들이 있기 때문이다. 앞으로 살펴보겠지만 frequency domain 접근법은 시계열자료들을 주파수(frequency)에 대하여 선형변환(linear transformation)하는 것으로 생각할 수 있으며, 이러한 선형변환은 주성분(principal components)이 삼각함수의 분산에 의해 결정되는 일종의 새로운 주성분을 만드는 것으로 볼 수 있다. 주파수별 분산은 power spectrum이라고도 불리며 주파수별 분산의 기여도를 평가함에 의해 시계열의 새로운 분석이 가능하다. 또한 사인함수 및 코사인함수의 주파수별 구성분은 서로 상관되어 있지 않으므로 통계적으로 분석하기가 한층 수월해진다.[1]

모든 연속함수는 다항함수(polynomial function)에 근사적으로 표현 가능하다.[2] 이 때 다항함수의 일종인 사인함수 및 코사인함수와 같은 삼각함수의 선형

---

1 변수들이 orthogonal 조건을 만족할 때 다변수 회귀식의 계수가 한 변수만을 이용한 단순회귀식의 계수와 같아지고 설명변수의 SSR(sum of squares)의 단순합이 전체 SSR과 같아지며 각 SSR의 분포가 독립분포를 따르는 등 통계적으로 좋은 점이 많다.

결합(trigonometric polynomial)에 의해 근사하는 것이 frequency domain 접근법에서 사용하는 방법이다.

예를 들어 시계열이 다음과 같이 사인함수 형태의 주기를 가지고 변화한다고 가정해 보자.

$$x_t = \mu + \alpha \sin(\omega t + \delta) + e_t$$

위 식에서 α는 amplitude이며 δ는 사인함수의 시작을 결정하는 phase이다. 사인함수는 -1과 $+1$ 사이에서 움직이므로 α는 사인함수의 변동폭을 확대 또는 축소하는 작용을 하며 δ는 사인함수를 가로축에 따라 그만큼 평행이동시키는 역할을 한다.

∥ amplitude 및 phase의 변화 ∥

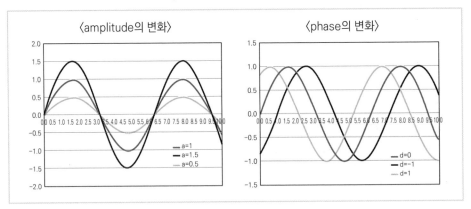

여기서

$$\sin(\alpha + \beta) = \sin(\alpha)\cos(\beta) + \cos(\alpha)\sin(\beta)$$

를 이용하면

$$x_t = \mu + \alpha \sin(\omega t + \delta) + e_t$$

$$= \mu + \alpha \sin(\omega t)\cos(\delta) + \alpha \cos(\omega t)\sin(\delta) + e_t$$

---

2 According to the Weierstrass theorem, any continuous function on a compact set may be approximated by a polynomial(Fuller(1996)).

$$= \mu + \mu_1 \sin(\omega t) + \mu_2 \cos(\omega t) + e_t$$

$\mu_1 = \alpha \cos(\delta)$, $\mu_2 = \alpha \sin(\delta)$이며 amplitde 및 phase α, δ는 각각 $\alpha = \sqrt{\mu_1^2 + \mu_2^2}$, $\delta = \tan^{-1}(\mu_2/\mu_1)$와 같은 관계를 가지게 된다. 즉 주어진 시계열 자료를 사인함수와 코사인함수의 합으로 나타낼 수 있다.

이런 방법으로 시계열자료를 다음과 같이 각 주파수에 대한 사인함수와 코사인함수의 선형결합에 의해 표현 가능하다는 것이 푸리에(Fourier)에 의해 증명되었다.

$$x_t = \mu + \sum_{m=0}^{L(N)} (a_m \sin(\omega_m t) + b_m \cos(\omega_m t))$$

이하에서는 시계열자료에 대하여 삼각함수를 이용하면서 분석하는 방법들에 대하여 차례로 살펴보기로 한다.

1. periodgram에 의한 분석

이 장에서는 periodgram에 의한 주파수별 분석에 대해여 살펴보기로 한다. periodgram의 정의는 차차 밝혀나가기로 한다.

먼저 다음과 같은 형태를 가진 시계열자료를 생성하여 보았다.

$$y_t = 0.3S1_t + 0.8S2_t - 0.3S3_t + 0.3e_t, \quad 단 \ e_t \sim i.i.d \ N(0,1)$$

$S1$, $S2$ 및 $S3$는 분기별 더미변수(dummy variables)[3]이다. 생성된 자료의 모습은 다음과 같으며 분기별로 계절성을 보이고 있음을 확인할 수 있다.

---

3 어떤 특징 조건이 존재하는지 여부에 따라 그 값이 1이나 0이 되는 변수이다. 여기 예에서 시계열자료가 1/4분기에 해당한다면 $S1 = 1$이고 여타 분기의 경우에는 $S1 = 0$이 된다. 1/4분기, 2/4분기, 3/4분기가 모두 아니라면 자동적으로 4/4분기가 되므로 더미변수는 3개면 충분하다.

▐ 생성 시계열의 모습 ▐

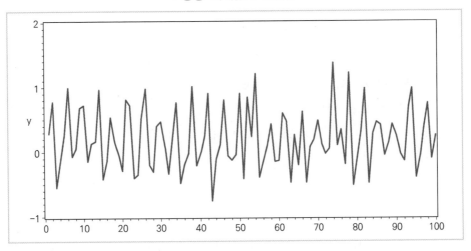

이 자료를 설명변수 $S1$, $S2$ 및 $S3$를 이용하여 선형회귀분석을 해 보기로 한다. 자료의 분석에는 통계분석 패키지의 하나인 SAS를 이용하였으며 그 결과는 다음과 같다.

▐ 시계열자료의 선형회귀분석 결과(더미변수 이용) ▐

```
                        The REG Procedure
                          Model: MODEL1
                      Dependent Variable: y

            Number of Observations Read          100
            Number of Observations Used          100

                      Analysis of Variance

                                 Sum of       Mean
    Source             DF       Squares      Square   F Value   Pr > F

    Model               3      14.68563     4.89521     66.83   <.0001
    Error              96       7.03218     0.07325
    Corrected Total    99      21.71781


                 Root MSE            0.27065    R-Square     0.6762
                 Dependent Mean      0.20327    Adj R-Sq     0.6661
                 Coeff Var         133.14859


                      Parameter Estimates

                     Parameter    Standard
    Variable    DF    Estimate       Error    t Value   Pr > |t|    Type I SS    Type II SS

    Intercept    1    -0.00432     0.05413      -0.08     0.9366      4.13186      0.00046568
    s1           1     0.29354     0.07655       3.83     0.0002      0.24625      1.07704
    s2           1     0.78297     0.07655      10.23     <.0001     13.68196      7.66294
    s3           1    -0.24616     0.07655      -3.22     0.0018      0.75743      0.75743
```

추정된 각 더미변수의 계수 값들이 실제 값과 매우 유사하게 추정되었으며 t값도 매우 높았다. 여기서 Type Ⅰ SS와 Type Ⅱ SS의 값이 다르다는 사실에 유의해야 할 필요가 있다. Type Ⅰ SS는 sequential SSR(sum of squares)이라고 하는데 $S1$, $S2$, $S3$ 변수를 하나씩 차례로 추가해 나가면서 추정할 때 추가되는 변수로 인해 설명되는 부분이다. 즉 $S1$에 대한 Type Ⅰ SS는 "$SSR(constant, S1)$ $- SSR(constant)$"가 되어 상수항 외에 $S1$이 설명변수로 추가되면서 추가적으로 설명되는 부분을 나타낸다.

$S1$에 대한 Type Ⅰ SS : $SSR(constant, S1) - SSR(constant)$

$S2$에 대한 Type Ⅰ SS : $SSR(constant, S1, S2) - SSR(constant, S1)$

$S3$에 대한 Type Ⅰ SS : $SSR(constant, S1, S2, S3)$
$$- SSR(constant, S1, S2)$$

따라서 $S1$, $S2$ 및 $S3$에 대한 Type Ⅰ SS를 모두 합하면 모형의 model SSR(sum of squares)인 14.69와 같아진다. 한편 Type Ⅱ SS는 partial SSR(sum of squares)이라고 하는데 이는 $S1$, $S2$, $S3$ 변수 전체를 이용하여 회귀분석했을 때의 SSR과 해당 변수를 제외하고 회귀분석했을 때의 SSR의 차이를 말한다. 즉

$S1$에 대한 Type Ⅱ SS :
$$SSR(constant, S1, S2, S3) - SSR(constant, S2, S3)$$

$S2$에 대한 Type Ⅱ SS :
$$SSR(constant, S1, S2, S3) - SSR(constant, S1, S3)$$

$S3$에 대한 Type Ⅱ SS :
$$SSR(constant, S1, S2, S3) - SSR(constant, S1, S2)$$

여기서 마지막 변수인 S_3에 대한 Type Ⅰ SS 및 Type Ⅱ SS는 항상 같음을 알 수 있다. Type Ⅰ SS 및 Type Ⅱ SS는 상수항과 설명변수를 원소로 구성된 행렬이 직교(orthogonal)[4]하지 않는 한 일반적으로 같지 않다. 또한 설명변수 $S1$, $S2$, $S3$의 순서를 바꿀 경우 sequential SSR은 달라지지만 partial SSR은 변하지

---

4 설명변수들이 서로 상관되어 있지 않다는 의미이다. 두 벡터의 원소들의 곱의 합이 0이면 두 벡터는 직교(orthogonal)한다. 예를 들어 다음 행렬 X와 Z에서 X의 두 벡터들은 직교하지 않지만 Z의 두 벡터들은 직교한다.

않을 것이라는 것도 알 수 있다.

다음에는 이 시계열 자료를 사인함수 및 코사인함수 등 삼각함수를 설명변수로 하여 회귀분석해 보기로 한다. 분기별 자료이므로 네 분기에 걸쳐 한 사이클($2\pi t/4$), 혹은 두 반기에 걸쳐 한 사이클($2\pi t/2$)이 있을 수 있다는 점을 감안하여 다음과 같은 설명변수를 사용하여 추정해 보기로 한다.

$$y_t = \beta_0 + \beta_1 \cos\left(\frac{2\pi t}{4}\right) + \beta_2 \sin\left(\frac{2\pi t}{4}\right) + \beta_3 \cos\left(\frac{2\pi t}{2}\right) + \beta_4 \sin\left(\frac{2\pi t}{2}\right) + \epsilon_t$$

추정 결과는 다음과 같다. 여기서 마지막 항인 $\sin(\pi t) = 0$이므로 사실상 $\beta_4 = 0$가 된다.

∥ 시계열 자료의 선형회귀분석 결과(삼각함수 이용) ∥

```
                          The REG Procedure
                           Model: MODEL1
                        Dependent Variable: y

                   Number of Observations Read        100
                   Number of Observations Used        100

                           Analysis of Variance

                                      Sum of       Mean
         Source            DF        Squares      Square    F Value   Pr > F

         Model              3       14.68563     4.89521      66.83   <.0001
         Error             96        7.03218     0.07325
         Corrected Total   99       21.71781


                  Root MSE           0.27065    R-Square     0.6762
                  Dependent Mean     0.20327    Adj R-Sq     0.6661
                  Coeff Var        133.14859

                           Parameter Estimates

                     Parameter    Standard
         Variable  DF  Estimate      Error   t Value  Pr > |t|   Type I SS   Type II SS

         Intercept  1   0.20327    0.02707     7.51    <.0001     4.13186     4.13186
         co1        1  -0.39148    0.03828   -10.23    <.0001     7.66294     7.66294
         si1        1   0.26985    0.03828     7.05    <.0001     3.64088     3.64088
         co2        1   0.18390    0.02707     6.79    <.0001     3.38182     3.38182
```

$$X = \begin{bmatrix} 1100 \\ 1010 \\ 1001 \\ 1000 \end{bmatrix}, \quad Z = \begin{bmatrix} 1 & 0 & 1 & -1 \\ 1 & -1 & 0 & 1 \\ 1 & 0 & -1 & -1 \\ 1 & 1 & 0 & 1 \end{bmatrix}$$

X의 경우 첫 번째 벡터, 두 번째 벡터

$\begin{bmatrix} 1 \\ 1 \\ 1 \\ 1 \end{bmatrix} [1000] = 1 \neq 0$. Z의 경우 두 번째 벡터, 세 번째 벡터 $\begin{bmatrix} 0 \\ -1 \\ 0 \\ 1 \end{bmatrix} [10-10] = 0$

추정 결과 앞선 추정 결과의 model SSR(=14.69)과 R^2(=0.68)이 같으며 F 통계량(=66.83)도 같았다. 각 설명변수의 t값도 모두 유의한 것으로 나타났다. 다만 기울기항은 이번 회귀식의 경우 약 0.20으로 더미변수를 이용한 회귀식의 추정 결과와 차이가 있음이 발견된다.

여기서 가장 중요한 것은 추정 결과의 Type Ⅰ SS 및 Type Ⅱ SS가 모든 설명변수에 대해 같으며 각 주파수별 SSR의 합이 전체 model SSR과 같다는 것이다. 이 같은 성질은 설명변수로 구성된 행렬이 직교(orthogonal)한다는 점에 기인한 것으로 각 주파수별 SSR의 합이 전체 model SSR과 같다는 점은 사인함수 및 코사인함수로 구성된 삼각함수를 이용할 경우 중요한 장점이 된다. 즉 각 변수에 의해 추가적으로 설명되는 부분이 설명변수 그 자체로 설명될 수 있는 부분과 같다는 것이다.

$S1$, $S2$ 및 $S3$ 더미변수를 사용한 경우 이를 행렬로 나타내면 설명변수(초기 4 관측치)로 구성된 행렬 X는 다음과 같은 형태가 될 것이다.

$$X = \begin{bmatrix} 1&1&0&0 \\ 1&0&1&0 \\ 1&0&0&1 \\ 1&0&0&0 \end{bmatrix}, \text{ 따라서 } X'X = \begin{bmatrix} 4&1&1&1 \\ 1&1&0&0 \\ 1&0&1&0 \\ 1&0&0&1 \end{bmatrix}$$

이 되어 $X'X$는 대각행렬(diagonal matrix)이 되지 않는다.

반면 삼각함수를 이용한 경우 설명변수(초기 4 관측치)로 구성된 행렬은 다음과 같이

$$Z = \begin{bmatrix} 1&0&1&-1 \\ 1&-1&0&1 \\ 1&0&-1&-1 \\ 1&1&0&1 \end{bmatrix}, \text{ 따라서 } Z'Z = \begin{bmatrix} 4&0&0&0 \\ 0&2&0&0 \\ 0&0&2&0 \\ 0&0&0&4 \end{bmatrix}$$

이 되어 $Z'Z$는 대각행렬이 된다. 삼각함수를 이용할 경우 좋은 통계적 특성이 나타나는 것이다.[5]

---

5 행렬 Z는 행렬 X의 선형 변환에 의해 얻을 수 있으며 설명변수로 구성된 행렬이 대각행렬이 되는 또 다른 예로 다음과 같은 행렬을 들 수 있다. 세 경우 모두 모형의 model SSR 및 R^2, F 통계량이 같게 된다.

$$H = \begin{bmatrix} 1&1&1&1 \\ 1&-1&1&1 \\ 1&0&-2&1 \\ 1&0&0&-3 \end{bmatrix}, \quad H'H = \begin{bmatrix} 4&0&0&0 \\ 0&2&0&0 \\ 0&0&6&0 \\ 0&0&0&12 \end{bmatrix}$$

주파수별로 사인함수 및 코사인함수에 대한 분산의 값을 더하여 구한 것을 나타낸 것이 periodgram이라고 불리는 것이다. 다음 그림에서 P_01이 각 주파수별 periodgram이다.

‖ 시계열 자료의 periodgram 분석 결과 ‖

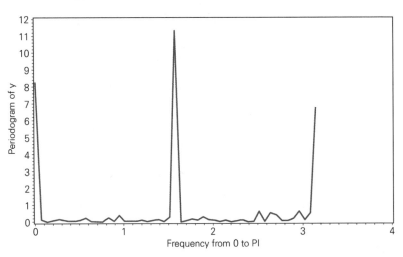

OBS	FREQ	PERIOD	P_01	S_01
1	0.00000	.	8.2637	0.01185
2	0.06283	100.000	0.1489	0.01185
3	0.12566	50.000	0.0031	0.00025
4	0.18850	33.333	0.0680	0.00541
5	0.25133	25.000	0.1519	0.01209
6	0.31416	20.000	0.1173	0.00933
7	0.37699	16.667	0.0624	0.00496
8	0.43982	14.286	0.0552	0.00439
9	0.50265	12.500	0.1021	0.00813
10	0.56549	11.111	0.2339	0.01861
11	0.62832	10.000	0.0427	0.00340
12	0.69115	9.091	0.0153	0.00121
13	0.75398	8.333	0.0106	0.00085
14	0.81681	7.692	0.2279	0.01814
15	0.87965	7.143	0.0534	0.00425
16	0.94248	6.667	0.3805	0.03028
17	1.00531	6.250	0.0640	0.00509
18	1.06814	5.882	0.0588	0.00468
19	1.13097	5.556	0.0612	0.00487
20	1.19381	5.263	0.1106	0.00880
21	1.25664	5.000	0.0229	0.00182
22	1.31947	4.762	0.1036	0.00824
23	1.38230	4.545	0.1301	0.01035
24	1.44513	4.348	0.0307	0.00245
25	1.50796	4.167	0.3054	0.02431
26	1.57080	4.000	11.3038	0.89953
27	1.63363	3.846	0.0282	0.00224
28	1.69646	3.704	0.0795	0.00632
29	1.75929	3.571	0.1714	0.01364
30	1.82212	3.448	0.0985	0.00784
31	1.88496	3.333	0.2930	0.02332
32	1.94779	3.226	0.1340	0.01066
33	2.01062	3.125	0.1065	0.00847
34	2.07345	3.030	0.0314	0.00250
35	2.13628	2.941	0.0999	0.00795
36	2.19911	2.857	0.0115	0.00091
37	2.26195	2.778	0.0836	0.00666
38	2.32478	2.703	0.1172	0.00933
39	2.38761	2.632	0.0080	0.00064
40	2.45044	2.564	0.0245	0.00195
41	2.51327	2.500	0.6284	0.05000
42	2.57611	2.439	0.0188	0.00149
43	2.63894	2.381	0.5465	0.04349
44	2.70177	2.326	0.3933	0.03130
45	2.76460	2.273	0.0738	0.00587
46	2.82743	2.222	0.0653	0.00520
47	2.89027	2.174	0.1939	0.01543
48	2.95310	2.128	0.6210	0.04942
49	3.01593	2.083	0.1169	0.00931
50	3.07876	2.041	0.5264	0.04189
51	3.14159	2.000	6.7636	0.53823

Fisher's Kappa 통계량과 Bartlett's Kolmogorov−Smirnov(BKS) 통계량은 시계열이 백색잡음 과정인지를 검정하기 위한 통계량이다(Fisher(1929), Bartlett(1966)). 뒤에서 다시 살펴보겠지만 백색잡음 과정의 경우 periodgram 값이 모든 주파수에서 골고루 퍼져 있으며 크기가 큰 차이를 나타내지 않는다.

Fisher's Kappa 검정은 periodgram의 최대치가 평균값을 어느 정도 이상 초과하게 되면 이 시계열이 백색잡음 과정이라는 귀무가설을 기각하도록 검정하는 것이다. BKS 검정은 periodgram의 표준화된 부분합이 균일분포(uniform distribution)의 누적확률밀도함수(cumulative probability density function)에서 일정 수준 이상으로 벗어나면 백색잡음 과정이라는 귀무가설을 기각하게 된다.[6]

이 시계열의 경우 Fisher's Kappa 통계량이 30.21로 5% 유의수준에서 임계치인 6.57보다 크므로 생성 시계열이 백색잡음 과정이라는 귀무가설이 기각된다. BKS 통계량도 약 0.36으로 p값으로 보아 5% 유의수준에 마찬가지로 이 시계열이 백색잡음 과정이라는 귀무가설이 기각된다.

periodgram 분석 결과(첨부된 표의 P_01)를 보면 주파수가 $\pi/2$ 및 π일 때 그 크기가 매우 크다는 것이 발견된다. 이 주파수에서의 periogram 값을 살펴보면 각각 11.30, 6.76이다. 11.30은 주기함수를 이용한 회귀분석에서 $\cos(2\pi t/4)$ 및 $\sin(2\pi t/4)$의 Type I SS를 합한 값과 같다. 6.76은 $\cos(2\pi t/2)$에 대한 Type I SS 값의 두 배와 같다.[7] 한편 주파수가 0일 때의 값은 평균에 해당되는데 그 값 8.26은 $n\overline{Y}^2$인 4.13, 즉 상수항에 대한 Type I SS 값의 두 배와 같다. 또한 모든 주파수에서 periodgram의 값을 합하면 -0 및 π에 대한 항은 2로 나눈 다음 $-$그 값이 25.85로 $\sum_{t=1}^{100} y_t^2$의 값인 25.85와 같아진다. 즉 y_t의 총변동이 각 주파수에서의 SSR의 합계와 같아진다.

periodgram에 의해 분석할 경우에도 우리는 이 시계열자료가 분기 및 반기 주기의 선형결합에 의해 크게 좌우된다는 것을 알 수 있다. 이처럼 time domain 접근법은 frequency domain 접근법에 의해서도 분석 가능하다고 하겠다.

다음은 실제 시계열자료를 분석해 보기로 한다. 분석자료는 1990년부터 2010년 동안 우리나라 분기별 실질GDP이다. 시계열의 추세를 제거하기 위하여

---

6 Fisher's Kappa 검정을 위한 임계치는 Fuller(1996)를 참조하시오.

7 시계열 자료의 관측치 n이 짝수일 때 주파수가 0인 항 및 π인 항의 경우 SAS에서는 SSR의 두 배로 나타난다. n이 홀수일 때는 주파수가 0인 항에 대해서만 두 배로 나타난다. 이는 시계열을 다음과 같이 표현한 데 기인한다. 즉 a_0는 상수항의 두 배이다.

$$x_t = \frac{a_0}{2} + \sum_{m=0}^{L(N)}(a_m\sin(\omega_m t) + b_m\cos(\omega_m t)),$$

단 $\omega_m = \frac{2\pi m}{n}$, n이 짝수일 때 $L(N) = \frac{n}{2}$이며 n이 홀수일 때 $L(N) = \frac{n-1}{2}$

로그로 전환한 후 1차 차분한 시계열을 이용하였다. 분석 시계열의 모습은 다음
과 같다. 강한 계절성을 지니고 있음이 발견된다.

│ 우리나라 실질GDP(로그 전환 후 차분)의 모습 │

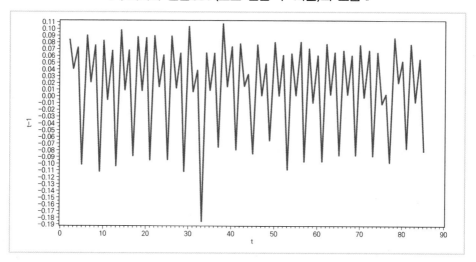

periodgram 분석 결과 예상대로 $\frac{\pi}{2}$ 및 π에서 그 값이 크게 나타나 이 시계
열이 네 분기 및 두 반기에 걸쳐 한 사이클의 주기를 가지고 변화한다는 것을 알
수 있다.[8]

---

8 주파수가 0인 경우의 값, 즉 평균항은 의미가 없으므로 이를 제외하고 구하였다.

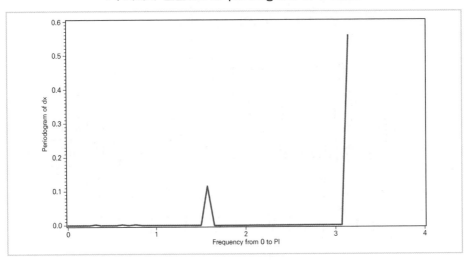

┃ 우리나라 실질GDP의 periodgram 분석 결과 ┃

이 같은 점을 감안할 때 일별, 주별, 분기별 자료 등과 같이 시계열에 주기적인 시간요인이 작용할 것으로 예상될 경우 먼저 periodgram 분석을 통해 주기의 대략적인 변화에 대해 감을 잡은 다음 해당 주기에 대응하는 삼각함수를 설명변수로 하여 회귀분석하면 기간 구분에 필요한 모든 더미변수를 사용하지 않아도 되는 등 회귀식에 포함되는 설명변수의 수를 줄일 수 있는 장점이 있다.[9], [10]

2. 안정적 시계열자료의 분석

안정적 시계열자료의 자기상관함수($\gamma(h)$, $h = 0$, ± 1, $\pm 2, \cdots$)가 다음 조건을 만족할 때,[11] 즉

$$\sum_{h=-\infty}^{\infty} |\gamma(h)| < \infty$$

---

9 예를 들어 주별 시계열자료 분석의 경우 더미변수를 사용할 경우에는 요일에 대한 6개의 더미변수를 사용해야 하지만 스펙트럴 분석을 통해 일주일에 걸쳐 한 사이클의 변화가 확인되면 $\sin(\frac{2\pi t}{7})$ 및 $\cos(\frac{2\pi t}{7})$의 두 개 변수만 포함하여 분석하면 된다.

10 특정 주기, 예를 들어 계절성분이 deterministic trend를 보이는지 혹은 stochastic trend를 가졌는지에 대한 단위근 검정을 하기 위해서도 사용될 수 있다.

11 이 경우 공분산이 absolute summable하다고 한다.

　　자기상관함수와 각 주파수별 스펙트럴 밀도함수(spectral density function) 사이에 다음과 같은 관계가 존재한다는 것이 알려져 있으며 이 두 관계를 Fourier transform pairs라고 한다. 스펙트럴 밀도함수는 각 주파수에서 periodgram 값을 4π로 나눈 것이다.

$$f(\omega) = \frac{1}{2\pi} \sum_{h=-\infty}^{\infty} \gamma(h) e^{-i\omega h}, \ \text{단} \ -\pi < \omega < \pi$$

$$\gamma(h) = \int_{-\pi}^{\pi} e^{i\omega h} f(\omega) d\omega$$

생성된 시계열이 백색잡음 과정(white noise process)이라고 하자.

$$x_t = e_t, \quad e_t \sim i.i.d \ N(0, \sigma^2)$$

이 때

$$\gamma(0) = \sigma^2,$$

$\gamma(h) = 0, \ |h| \geq 1$ 이므로 스펙트럴 밀도함수

$$f(\omega) = \frac{1}{2\pi} \gamma(0) = \frac{\sigma^2}{2\pi}$$

이 된다.

　　다음은 실제 백색잡음 과정($\sigma^2 = 1$)으로부터 생성된 스펙트럴 밀도함수이다. 먼저 Fisher's Kappa 통계량이 5.07로 5% 유의수준의 임계치인 6.57보다 작아 이 시계열이 백색잡음 과정이라는 귀무가설이 기각되지 못함을 알 수 있다. BKS 검정을 통해서도 백색잡음 과정이라는 귀무가설이 기각되지 못한다는 점이 확인된다.

　　한편 추정된 스펙트럴 밀도함수의 그래프를 살펴보면 모든 주파수에서 함수 값(첨부된 표의 S_01)의 크기가 불규칙적인 모습을 보이며 비교적 고르게 퍼져 있음이 관찰된다. 즉 모든 주파수가 골고루 시계열의 전체 변동에 기여한다. 이러한 점은 빛의 스펙트럼에서 모든 주파수 영역이 동시에 포함될 때 백색광(white light)으로 보이는 것과 흡사하며 백색잡음 과정이라는 용어는 여기서 유래한 것이다. 그래프에서 붉은 점선으로 표시된 것은 이론적으로 구한 스펙트럴 밀도함수이다. 스펙트럴 밀도함수의 값이 이론적인 값을 중심으로 변화하는 모습을 보이고 있으며 이론적인 값에서 크게 벗어나지 않는다는 것을 알 수 있다.

▌백색잡음 과정의 스펙트럴 밀도함수 추정 결과▌

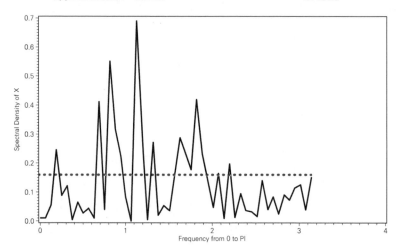

The SPECTRA Procedure

Test for White Noise for Variable x

M-1   49
Max(P(*))   8.677281
Sum(P(*))   83.78623

Fisher's Kappa: (M-1)*Max(P(*))/Sum(P(*))

Kappa   5.074662

Bartlett's Kolmogorov-Smirnov Statistic:
Maximum absolute difference of the standardized
partial sums of the periodogram and the CDF of a
uniform(0,1) random variable.

Test Statistic   0.173235
Approximate P-Value   0.1056

OBS	FREQ	PERIOD	P_01	S_01
1	0.00000	.	0.00317	0.00979
2	0.06283	100.000	0.12305	0.00979
3	0.12566	50.000	0.72065	0.05735
4	0.18850	33.333	3.08692	0.24565
5	0.25133	25.000	1.10777	0.08815
6	0.31416	20.000	1.53355	0.12204
7	0.37699	16.667	0.05466	0.00435
8	0.43982	14.286	0.83037	0.06608
9	0.50265	12.500	0.34453	0.02742
10	0.56549	11.111	0.56606	0.04505
11	0.62832	10.000	0.12954	0.01031
12	0.69115	9.091	5.17540	0.41185
13	0.75398	8.333	0.51848	0.04126
14	0.81681	7.692	6.92617	0.55117
15	0.87965	7.143	4.02966	0.32067
16	0.94248	6.667	2.87066	0.22844
17	1.00531	6.250	0.99918	0.07951
18	1.06814	5.882	0.00348	0.00028
19	1.13097	5.556	8.67728	0.69052
20	1.19381	5.263	3.54064	0.28176
21	1.25664	5.000	0.06082	0.00484
22	1.31947	4.762	3.42668	0.27269
23	1.38230	4.545	0.25576	0.02035
24	1.44513	4.348	0.68132	0.05422
25	1.50796	4.167	0.45730	0.03639
26	1.57080	4.000	2.05958	0.16390
27	1.63363	3.846	3.61164	0.28741
28	1.69646	3.704	2.87854	0.22907
29	1.75929	3.571	2.22214	0.17683
30	1.82212	3.448	5.27747	0.41997
31	1.88496	3.333	2.96627	0.23605
32	1.94779	3.226	1.71559	0.13652
33	2.01062	3.125	0.59249	0.04715
34	2.07345	3.030	2.05936	0.16388
35	2.13628	2.941	0.11859	0.00944
36	2.19911	2.857	2.47248	0.19675
37	2.26195	2.778	0.17174	0.01367
38	2.32478	2.703	1.20344	0.09577
39	2.38761	2.632	0.46251	0.03681
40	2.45044	2.564	0.40994	0.03262
41	2.51327	2.500	0.21048	0.01675
42	2.57611	2.439	1.75987	0.14005
43	2.63894	2.381	0.52009	0.04139
44	2.70177	2.326	1.06422	0.08469
45	2.76460	2.273	0.31162	0.02480
46	2.82743	2.222	1.13607	0.09041
47	2.89027	2.174	0.91617	0.07291
48	2.95310	2.128	1.43800	0.11443
49	3.01593	2.083	1.58252	0.12593
50	3.07876	2.041	0.50551	0.04023
51	3.14159	2.000	1.90648	0.15171

다음으로 MA(1) 과정의 스펙트럴 밀도함수에 대하여 살펴보기로 한다. MA(1) 과정은 아래와 같다.

$$x_t = \theta e_{t-1} + e_t, \quad e_t \sim i.i.d \ N(0, \sigma^2)$$

이 때

$$\gamma(0) = (1 + \theta^2)\sigma^2,$$

$$\gamma(\pm 1) = \theta\sigma^2,$$

$$\gamma(h) = 0, \;\; |h| \geq 2 \;\; 이므로$$

$$f(\omega) = \frac{1}{2\pi}(\gamma(0) + \gamma(1)e^{-i\omega} + \gamma(-1)e^{i\omega})$$

$$= \frac{1}{2\pi}((1+\theta^2)\sigma^2 + \theta\sigma^2 e^{-i\omega} + \theta\sigma^2 e^{i\omega})$$

그런데 $(e^{i\omega} + e^{-i\omega}) = 2\cos\omega$ 이므로 스펙트럴 밀도함수

$$f(\omega) = \frac{\sigma^2}{2\pi}(1 + \theta^2 + 2\theta\cos\omega)$$

가 된다.[12]

다음은 실제 MA(1) 과정($\theta = 0.8$, $\sigma^2 = 1$)으로부터 생성된 스펙트럴 밀도함수이다. Fisher's Kappa 검정으로는 통계량이 5.69로 5% 임계치인 6.57보다 작아 추정된 시계열자료가 백색잡음 과정이라는 귀무가설이 기각되지 못하지만 BKS 검정에 의해서는 백색잡음 과정이라는 귀무가설이 기각되는 것으로 나타났다. 추정된 스펙트럴 밀도함수와 이론적인 함수 형태는 다음 그래프와 같다.

❙ MA(1) 과정의 스펙트럴 밀도함수 추정 결과 ❙

```
                The SPECTRA Procedure

          Test for White Noise for Variable x

             M-1                      49
             Max(P(*))          19.40467
             Sum(P(*))          167.2218


     Fisher's Kappa: (M-1)*Max(P(*))/Sum(P(*))

             Kappa        5.686034


       Bartlett's Kolmogorov-Smirnov Statistic:
     Maximum absolute difference of the standardized
     partial sums of the periodogram and the CDF of a
             uniform(0,1) random variable.

     Test Statistic                    0.328347
     Approximate P-Value                 <.0001
```

---

12 $e^{i\omega} = \cos\omega + i\sin\omega,\;\; e^{-i\omega} = \cos\omega - i\sin\omega$

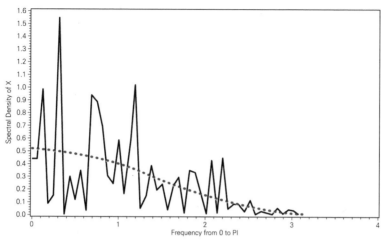

OBS	FREQ	PERIOD	P_01	S_01
1	0.00000	.	0.0277	0.44135
2	0.06283	100.000	5.5462	0.44135
3	0.12566	50.000	12.3767	0.98491
4	0.18850	33.333	1.1341	0.09025
5	0.25133	25.000	1.9223	0.15297
6	0.31416	20.000	19.4047	1.54417
7	0.37699	16.667	0.0664	0.00528
8	0.43982	14.286	3.8054	0.30283
9	0.50265	12.500	1.5167	0.12069
10	0.56549	11.111	4.3806	0.34860
11	0.62832	10.000	0.4453	0.03543
12	0.69115	9.091	11.8368	0.94195
13	0.75398	8.333	11.1744	0.88923
14	0.81681	7.692	8.6333	0.68702
15	0.87965	7.143	3.8223	0.30417
16	0.94248	6.667	3.0910	0.24597
17	1.00531	6.250	7.3724	0.58668
18	1.06814	5.882	2.1135	0.16818
19	1.13097	5.556	6.1792	0.49173
20	1.19381	5.263	12.7937	1.01809
21	1.25664	5.000	0.6612	0.05261
22	1.31947	4.762	1.8817	0.14974
23	1.38230	4.545	4.8668	0.38728
24	1.44513	4.348	2.4544	0.19532
25	1.50796	4.167	3.0797	0.24507
26	1.57080	4.000	0.4629	0.03683
27	1.63363	3.846	2.8526	0.22701
28	1.69646	3.704	3.7294	0.29678
29	1.75929	3.571	0.1921	0.01529
30	1.82212	3.448	4.4177	0.35155
31	1.88496	3.333	4.1891	0.33335
32	1.94779	3.226	2.4335	0.19365
33	2.01062	3.125	0.1238	0.00985
34	2.07345	3.030	5.3650	0.42693
35	2.13628	2.941	0.2174	0.01730
36	2.19911	2.857	5.6489	0.44952
37	2.26195	2.778	0.5768	0.04590
38	2.32478	2.703	1.1039	0.08784
39	2.38761	2.632	1.0764	0.08566
40	2.45044	2.564	0.3569	0.02840
41	2.51327	2.500	1.4072	0.11198
42	2.57611	2.439	0.0360	0.00286
43	2.63894	2.381	0.3324	0.02645
44	2.70177	2.326	0.1943	0.01546
45	2.76460	2.273	0.0337	0.00268
46	2.82743	2.222	0.6882	0.05476
47	2.89027	2.174	0.1351	0.01075
48	2.95310	2.128	0.5421	0.04314
49	3.01593	2.083	0.4496	0.03578
50	3.07876	2.041	0.0981	0.00780
51	3.14159	2.000	0.0279	0.00222

다음으로는 AR(1) 과정의 스펙트럴 밀도함수에 대하여 살펴보기로 한다. AR(1) 과정은 다음과 같다.

$$x_t = \rho x_{t-1} + e_t, \quad e_t \sim i.i.d \ N(0, \sigma^2)$$

스펙트럴 밀도함수를 구하기 위해서는 위 식을 다음과 같이 변형하는 것이 편리하다.

$$e_t = x_t - \rho x_{t-1}$$

이 때

$$\gamma_e(h) = E(x_{t+h} - \rho x_{t+h-1}, \ x_t - \rho x_{t-1})$$

$$= \gamma_x(h) - \rho \gamma_x(h+1) - \rho \gamma_x(h-1) + \rho^2 \gamma_x(h)$$

$$\frac{1}{2\pi} \sum_{h=-\infty}^{\infty} \gamma_e(h) e^{-i\omega h}$$

$$= \frac{1}{2\pi} \sum_{h=-\infty}^{\infty} ((1+\rho^2)\gamma_x(h) - \rho \gamma_x(h+1) - \rho \gamma_x(h-1))) e^{-i\omega h}$$

$$= (1+\rho^2)\frac{1}{2\pi} \sum_{h=-\infty}^{\infty} \gamma_x(h) e^{-i\omega h} - \rho \frac{1}{2\pi} \sum_{h=-\infty}^{\infty} \gamma_x(h+1) e^{-i\omega(h+1)} e^{i\omega}$$

$$- \rho \frac{1}{2\pi} \sum_{h=-\infty}^{\infty} \gamma_x(h-1) e^{-i\omega(h-1)} e^{-i\omega}$$

여기서 좌변항은 백색잡음 과정이므로

$$f_e(w) = \frac{\sigma^2}{2\pi}$$

이 되며 우변항은

$$= (1+\rho^2) f_x(\omega) - \rho e^{i\omega} f_x(\omega) - \rho e^{-i\omega} f_x(\omega)$$

$$= ((1+\rho^2) - \rho(e^{iw} + e^{-iw})) f_x(\omega)$$

$$= ((1+\rho^2) - 2\rho \cos\omega) f_x(\omega)$$

가 되므로 결국 시계열 x_t의 스펙트럴 밀도함수

$$f_x(\omega) = \frac{\sigma^2}{2\pi} \frac{1}{(1+\rho^2) - 2\rho \cos\omega}$$

이 된다.

다음은 실제 AR(1) 과정($\rho = 0.8$, $\sigma^2 = 1$)으로부터 생성된 스펙트럴 밀도함수이다. 추정 결과 추정된 시계열자료가 백색잡음 과정이라는 귀무가설이 기각되며 추정된 스펙트럴 밀도함수와 이론적인 함수 형태는 그래프와 같이 나타난다.

▌ AR(1) 과정의 스펙트럴 밀도함수 추정 결과 ▌

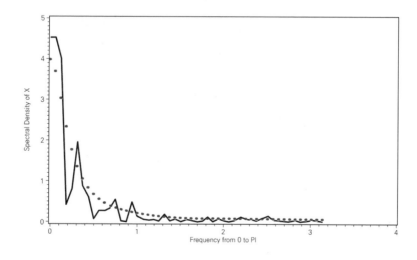

OBS	FREQ	PERIOD	P_01	S_01
1	0.00000	.	0.1456	4.52432
2	0.06283	100.000	56.8542	4.52432
3	0.12566	50.000	50.3398	4.00591
4	0.18850	33.333	5.3800	0.42813
5	0.25133	25.000	10.2026	0.81190
6	0.31416	20.000	24.5659	1.95489
7	0.37699	16.667	11.2148	0.89245
8	0.43982	14.286	7.9918	0.63597
9	0.50265	12.500	1.0011	0.07966
10	0.56549	11.111	3.4979	0.27835
11	0.62832	10.000	3.4065	0.27108
12	0.69115	9.091	4.1990	0.33415
13	0.75398	8.333	6.8667	0.54643
14	0.81681	7.692	0.2231	0.01776
15	0.87965	7.143	0.0701	0.00558
16	0.94248	6.667	6.1637	0.49049
17	1.00531	6.250	1.6938	0.13479
18	1.06814	5.882	0.9198	0.07319
19	1.13097	5.556	0.5273	0.04196
20	1.19381	5.263	0.7343	0.05843
21	1.25664	5.000	0.3082	0.02453
22	1.31947	4.762	2.3100	0.18382
23	1.38230	4.545	0.2787	0.02218
24	1.44513	4.348	0.8871	0.07060
25	1.50796	4.167	0.1447	0.01151
26	1.57080	4.000	0.7353	0.05851
27	1.63363	3.846	0.4863	0.03869
28	1.69646	3.704	0.0961	0.00765
29	1.75929	3.571	0.2973	0.02366
30	1.82212	3.448	1.4461	0.11508
31	1.88496	3.333	0.2389	0.01901
32	1.94779	3.226	0.9305	0.07405
33	2.01062	3.125	0.3175	0.02527
34	2.07345	3.030	0.2215	0.01763
35	2.13628	2.941	0.4331	0.03446
36	2.19911	2.857	1.5144	0.12051
37	2.26195	2.778	0.8649	0.06882
38	2.32478	2.703	0.6109	0.04861
39	2.38761	2.632	0.5141	0.04091
40	2.45044	2.564	1.1597	0.09229
41	2.51327	2.500	1.9112	0.15209
42	2.57611	2.439	0.5067	0.04033
43	2.63894	2.381	0.4863	0.03870
44	2.70177	2.326	0.2190	0.01743
45	2.76460	2.273	0.1130	0.00900
46	2.82743	2.222	0.4351	0.03463
47	2.89027	2.174	0.0625	0.00497
48	2.95310	2.128	0.1267	0.01008
49	3.01593	2.083	0.5488	0.04367
50	3.07876	2.041	0.4138	0.03293
51	3.14159	2.000	0.1066	0.00848

일반적으로 ARMA 과정의 스펙트럴 밀도함수는 다음과 같은 관계식에 의하여 쉽게 구할 수 있다.

우선 MA(q) 과정의 경우

$$x_t = e_t + \theta_1 e_{t-1} + \theta_2 e_{t-2} + \cdots + \theta_q e_{t-q}, \quad e_t \sim i.i.d \ N(0, \sigma^2)$$

lag operator B를 사용하면서 위 식은 다음과 같이 표현 가능하다.

$$x_t = (1 + \theta_1 B + \theta_2 B^2 + \cdots + \theta_q B^q) e_t$$

이에 대한 스펙트럴 밀도함수를 구하면 다음과 같다.

$$f_x(\omega) = (1 + \theta_1 e^{-i\omega} + \cdots + \theta_q e^{-qi\omega})(1 + \theta_1 e^{i\omega} + \cdots + \theta_q e^{qi\omega}) f_e(\omega)$$

구체적으로 q＝2인 경우에는

$$f_x(\omega) = (1 + \theta_1 e^{-i\omega} + \theta_2 e^{-2i\omega})(1 + \theta_1 e^{i\omega} + \theta_2 e^{2i\omega}) f_e(\omega)$$

$$= ((1 + \theta_1^2 + \theta_2^2) + (\theta_1 + \theta_1 \theta_2)(e^{-i\omega} + e^{i\omega}) + \theta_2(e^{2i\omega} + e^{-2i\omega})) f_e(\omega)$$

$$= ((1 + \theta_1^2 + \theta_2^2) + 2(\theta_1 + \theta_1 \theta_2)\cos\omega + 2\theta_2 \cos 2\omega) f_e(\omega)$$

e_t는 백색잡음 과정으로

$$f_e(\omega) = \frac{\sigma^2}{2\pi} \text{ 이므로}$$

MA(2) 과정에 대한 스펙트럴 밀도함수

$$f_x(\omega) = \frac{\sigma^2}{2\pi}((1 + \theta_1^2 + \theta_2^2) + 2(\theta_1 + \theta_1 \theta_2)\cos\omega + 2\theta_2 \cos 2\omega)$$

가 된다.

다음으로 AR(p) 과정의 경우

$$x_t = \rho_1 x_{t-1} + \rho_2 x_{t-2} + \cdots + \rho_p x_{t-p} + e_t, \quad e_t \sim i.i.d \ N(0, \sigma^2)$$

위 AR(p) 과정은 다음과 같이 변환된다.

$$x_t - \rho_1 x_{t-1} - \rho_2 x_{t-2} - \cdots - \rho_p x_{t-p} = e_t$$

$$\Leftrightarrow (1 - \rho_1 B - \rho_2 B^2 - \cdots - \rho_p B^p) x_t = e_t$$

$$\Leftrightarrow x_t = \frac{1}{(1 - \rho_1 B - \rho_2 B^2 - \cdots - \rho_p B^p)} e_t$$

이 때 스펙트럴 밀도함수는 다음과 같은 형태가 된다.

$$f_x(\omega) = \frac{1}{(1 - \rho_1 e^{-i\omega} - \cdots - \rho_p e^{-pi\omega})(1 - \rho_1 e^{i\omega} - \cdots - \rho_p e^{pi\omega})} f_e(\omega)$$

구체적으로 p=2인 경우에는

$$f_x(\omega) = \frac{1}{(1 - \rho_1 e^{-i\omega} - \rho_2 e^{-2i\omega})(1 - \rho_1 e^{i\omega} - \rho_2 e^{2i\omega})} f_e(\omega)$$

$$= \frac{1}{(1 + \rho_1^2 + \rho_2^2) + (\rho_1\rho_2 - \rho_1)(e^{-i\omega} + e^{i\omega}) - \rho_2(e^{-2i\omega} + e^{2i\omega})} f_e(\omega)$$

$$= \frac{1}{(1 + \rho_1^2 + \rho_2^2) + 2(\rho_1\rho_2 - \rho_1)\cos\omega - 2\rho_2\cos 2\omega} f_e(\omega)$$

e_t는 백색잡음 과정으로

$$f_e(\omega) = \frac{\sigma^2}{2\pi} \text{ 이므로}$$

AR(2) 과정에 대한 스펙트럴 밀도함수

$$f_x(\omega) = \frac{\sigma^2}{2\pi} \frac{1}{(1 + \rho_1^2 + \rho_2^2) + 2(\rho_1\rho_2 - \rho_1)\cos\omega - 2\rho_2\cos 2\omega}$$

이 된다.

ARMA(p,q) 과정의 경우

$$x_t = \rho_1 x_{t-1} + \rho_2 x_{t-2} + \cdots + \rho_p x_{t-p} + e_t + \theta_1 e_{t-1} + \theta_2 e_{t-2} + \cdots + \theta_q e_{t-q},$$

$$e_t \sim i.i.d \ N(0, \sigma^2)$$

위 과정은 다음과 같이 표현 가능하다.

$$(1 - \rho_1 B - \rho_2 B^2 - \cdots - \rho_p B^p)x_t = (1 + \theta_1 B + \theta_2 B^2 + \cdots + \theta_q B^q)e_t$$

이로부터 스펙트럴 밀도함수는 다음과 같은 형태가 될 것으로 알 수 있다.

$$f_x(\omega) = \frac{(1 + \theta_1 e^{-i\omega} + \cdots + \theta_q e^{-qi\omega})(1 + \theta_1 e^{i\omega} + \cdots + \theta_q e^{qi\omega})}{(1 - \rho_1 e^{-i\omega} - \cdots - \rho_p e^{-pi\omega})(1 - \rho_1 e^{i\omega} - \cdots - \rho_p e^{pi\omega})} f_e(\omega)$$

만일 ARMA(1,1) 과정이라면 스펙트럴 밀도함수의 최종적인 형태가 다음과 같이 될 것이다.

$$f_x(\omega) = \frac{\sigma^2}{2\pi} \frac{(1 + \theta_1^2 + \theta_2^2) + 2(\theta_1 + \theta_1\theta_2)\cos\omega + 2\theta_2\cos 2\omega}{(1 + \rho_1^2 + \rho_2^2) + 2(\rho_1\rho_2 - \rho_1)\cos\omega - 2\rho_2\cos 2\omega}$$

다음은 θ값에 따른 MA(1) 과정의 스펙트럴 밀도함수 추정값과 이론적인 값의 그래프이다.

▌MA(1) 과정의 스펙트럴 밀도함수 ▌

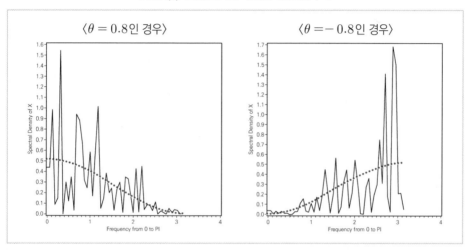

ρ값에 따른 AR(1) 과정의 스펙트럴 밀도함수는 다음과 같다.

▌AR(1) 과정의 스펙트럴 밀도함수 ▌

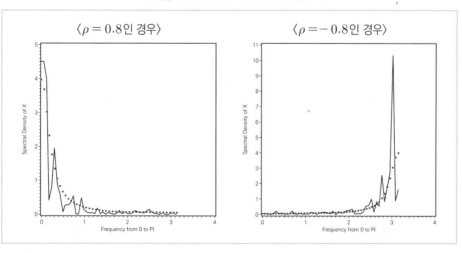

ARMA(1,1) 과정의 스펙트럴 밀도함수는 다음과 같이 나타난다. AR 관련 계수인 ρ 및 MA 관련 계수인 θ가 절대값은 같지만 서로 반대 부호인 경우에는 lag operator를 사용하여 표시한 식의 분자 및 분모가 상쇄되므로 결국 백색잡음 과정과 같아지게 된다.

∥ ARMA(1,1) 과정의 스펙트럴 밀도함수 ∥

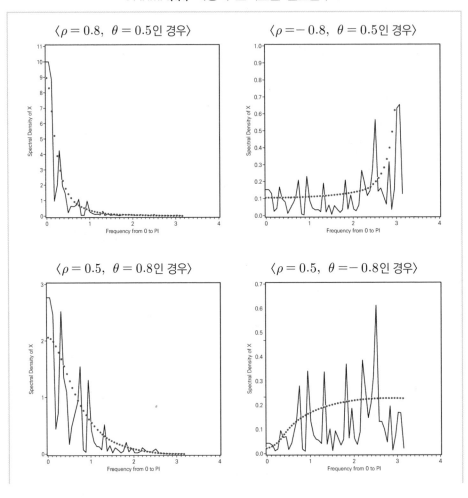

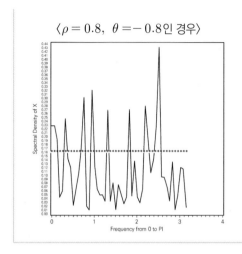

〈$\rho = 0.8$, $\theta = -0.8$인 경우〉

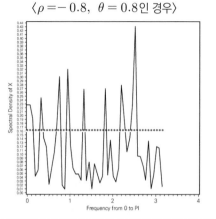

〈$\rho = -0.8$, $\theta = 0.8$인 경우〉

다음으로 time domain 분석에서 살펴 본 AR(2) 과정을 frequency domain 에서 다시 살펴보기로 한다. AR(2) 과정의 경우 AR(2) 과정의 계수들로 구성된 특성방정식의 특성근의 절대값이 모두 1보다 작을 때 안정적이다. 특성근이 중근 혹은 실근을 가질 경우 자기상관함수는 단조적으로 감소하는 모습을 보이며 허근일 경우에는 자기상관함수가 0을 중심으로 변동하면서 감소하는 모습을 보인다.

먼저 다음 AR(2) 과정과 같이 실근을 가지는 경우에 대해 살펴보기로 한다.

$$x_t = 1.40x_{t-1} - 0.48x_{t-2} + e_t$$

이 경우 위 과정에 대한 특성방정식은 다음과 같다.

$$m^2 - 1.40m + 0.48 = 0$$

위 식의 두 근을 구하여 보면 $m = 0.8$ 혹은 $m = 0.6$이다. 앞서 언급한 바와 같이 특성근이 실근일 경우에는 자기상관함수가 절대값이 큰 근에 의해 지배되면서 단조적으로 감소하는 모습을 보인다.

▌생성 시계열의 자기상관함수 추정 결과 ▌

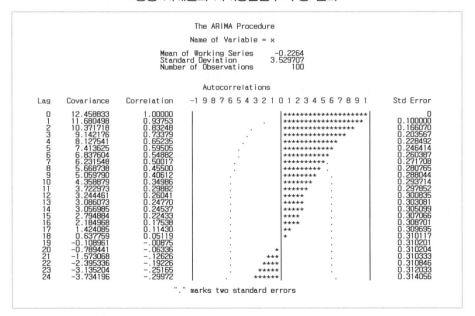

The ARIMA Procedure

Name of Variable = x

Mean of Working Series   −0.2264
Standard Deviation   3.529707
Number of Observations   100

Autocorrelations

Lag	Covariance	Correlation	−1 9 8 7 6 5 4 3 2 1 0 1 2 3 4 5 6 7 8 9 1	Std Error
0	12.458833	1.00000	******************	0
1	11.680498	0.93753	******************	0.100000
2	10.371718	0.83248	*****************	0.166070
3	9.142176	0.73379	***************	0.203567
4	8.127541	0.65235	*************	0.228492
5	7.413625	0.59505	************	0.246414
6	6.837604	0.54882	***********	0.260387
7	6.231548	0.50017	**********	0.271708
8	5.668738	0.45500	*********	0.280765
9	5.059790	0.40612	********	0.288044
10	4.358879	0.34986	*******	0.293714
11	3.722973	0.29882	******	0.297852
12	3.244461	0.26041	*****	0.300835
13	3.086073	0.24770	*****	0.303081
14	3.056985	0.24537	*****	0.305099
15	2.794884	0.22433	****	0.307066
16	2.184968	0.17538	****	0.308701
17	1.424085	0.11430	**	0.309695
18	0.637759	0.05119	*	0.310117
19	−0.108961	−.00875		0.310201
20	−0.789441	−.06336	*	0.310204
21	−1.573068	−.12626	***	0.310333
22	−2.395336	−.19226	****	0.310846
23	−3.135204	−.25165	*****	0.312033
24	−3.734196	−.29972	******	0.314056

"." marks two standard errors

이 경우 스펙트럴 밀도함수의 실제 추정값과 이론적인 값은 다음과 같다.

▌생성 시계열의 스펙트럴 밀도함수 추정 결과 ▌

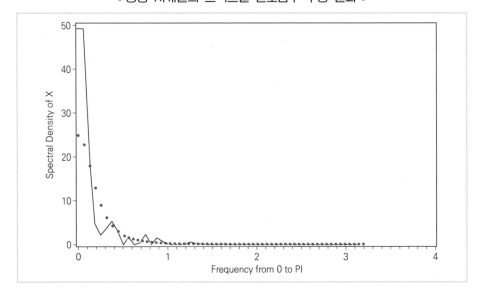

다음으로는 허근을 가지는 경우에 대해 살펴보기로 한다.

$$x_t = x_{t-1} - 0.89x_{t-2} + e_t$$

위와 같은 경우 두 허근은 각각 $m_1 = 0.5 + 0.8i$, $m_2 = 0.5 - 0.8i$이다. 허근을 가지는 경우 자기상관함수($\rho(h)$)는 다음과 같은 형태를 보이면서 변한다.

$$\rho(h) = \frac{r^h \sin(h\theta + \delta)}{\sin\delta}$$

여기서 $r = (m_1 m_2)^{1/2}$, $\cos\theta = \dfrac{m_1 + m_2}{2(m_1 m_2)^{1/2}}$, $\tan\delta = \dfrac{1 + m_1 m_2}{1 - m_1 m_2}\tan\theta$이다.

즉 $r = \sqrt{0.89}$, $\cos\theta = 0.53$, $\tan\delta = 17.2\tan\theta$이다. 위 식에 의해 생성된 자기상관함수는 다음과 같이 0을 중심으로 변동하면서 감소하는 모습을 보인다.

▌ 생성 시계열의 자기상관함수 추정 결과 ▌

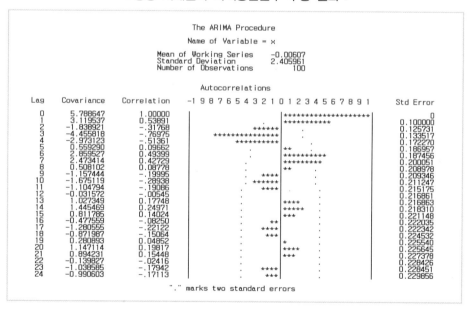

```
                              The ARIMA Procedure

                            Name of Variable = x

                     Mean of Working Series      -0.00607
                     Standard Deviation          2.405961
                     Number of Observations           100

                              Autocorrelations

 Lag   Covariance   Correlation  -1 9 8 7 6 5 4 3 2 1 0 1 2 3 4 5 6 7 8 9 1     Std Error
  0    5.788647      1.00000                     |********************|            0
  1    3.119537      0.53891                     |***********         |         0.100000
  2   -1.838921     -.31768              ******  |                    |         0.125731
  3   -4.455818     -.76975       ****************|                    |         0.133517
  4   -2.973123     -.51361              **********|                   |         0.172270
  5    0.559290      0.09662                     |**                   |         0.186957
  6    2.859527      0.49399                     |**********           |         0.187456
  7    2.473414      0.42729                     |*********            |         0.200051
  8    0.508102      0.08778                     |**                   |         0.208978
  9   -1.157444     -.19995                  ****|                     |         0.209346
 10   -1.675119     -.28938                ******|                     |         0.211247
 11   -1.104794     -.19086                  ****|                     |         0.215175
 12   -0.031572     -.00545                      |                     |         0.216861
 13    1.027349      0.17748                     |****                 |         0.216863
 14    1.445469      0.24971                     |*****                |         0.218310
 15    0.811785      0.14024                     |***                  |         0.221148
 16   -0.477559     -.08250                    **|                     |         0.222035
 17   -1.280555     -.22122                  ****|                     |         0.222342
 18   -0.871987     -.15064                   ***|                     |         0.224532
 19    0.280893      0.04852                     |*                    |         0.225540
 20    1.147114      0.19817                     |****                 |         0.225645
 21    0.894231      0.15448                     |***                  |         0.227378
 22   -0.139827     -.02416                      |                     |         0.228426
 23   -1.038585     -.17942                  ****|                     |         0.228451
 24   -0.990603     -.17113                   ***|                     |         0.229856

                     "." marks two standard errors
```

또한 스펙트럴 밀도함수의 실제 추정값과 이론적인 값은 다음과 같다.

┃ 생성 시계열의 스펙트럴 밀도함수 추정 결과 ┃

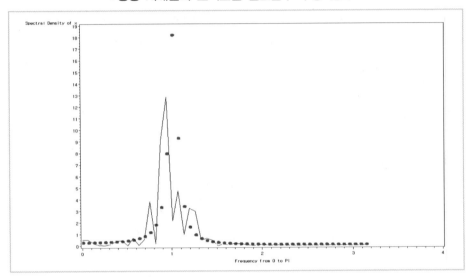

그래프에서 살펴보면 주파수가 1 근처(주기가 6~7 사이)인 영역에서 강한 스파이크가 있음을 알 수 있다. 이론적인 스펙트럴 밀도함수의 경우(다음 페이지 그림의 th값)에는 주파수가 1.005인 곳, 즉 주기가 6.25인 곳에서 강한 스파이크가 나타난다. 이는 6.25기에 걸쳐 한 사이클의 주기를 가지는 시계열이라는 것을 의미한다.

‖ 생성 시계열의 스펙트럴 밀도함수 추정값 ‖

OBS	FREQ	PERIOD	P_01	S_01	th
1	0.00000	.	0.007	0.5142	0.2009
2	0.06283	100.000	6.461	0.5142	0.2026
3	0.12566	50.000	2.349	0.1869	0.2078
4	0.18850	33.333	0.808	0.0643	0.2168
5	0.25133	25.000	0.483	0.0384	0.2304
6	0.31416	20.000	1.645	0.1309	0.2498
7	0.37699	16.667	5.025	0.3999	0.2767
8	0.43982	14.286	5.917	0.4709	0.3142
9	0.50265	12.500	0.499	0.0397	0.3672
10	0.56549	11.111	8.434	0.6711	0.4440
11	0.62832	10.000	0.765	0.0608	0.5603
12	0.69115	9.091	6.792	0.5405	0.7469
13	0.75398	8.333	48.149	3.8316	1.0727
14	0.81681	7.692	2.493	0.1984	1.7161
15	0.87965	7.143	114.117	9.0812	3.2415
16	0.94248	6.667	161.332	12.8384	7.8706
17	1.00531	6.250	27.166	2.1618	18.1114
18	1.06814	5.882	59.456	4.7313	9.2000
19	1.13097	5.556	12.369	0.9843	3.3130
20	1.19381	5.263	40.585	3.2297	1.5448
21	1.25664	5.000	37.470	2.9817	0.8651
22	1.31947	4.762	6.069	0.4830	0.5446
23	1.38230	4.545	8.164	0.6497	0.3712
24	1.44513	4.348	5.865	0.4667	0.2678
25	1.50796	4.167	0.134	0.0107	0.2018
26	1.57080	4.000	1.958	0.1558	0.1573
27	1.63363	3.846	0.807	0.0642	0.1260
28	1.69646	3.704	2.753	0.2191	0.1032
29	1.75929	3.571	1.856	0.1477	0.0862
30	1.82212	3.448	1.385	0.1102	0.0733
31	1.88496	3.333	0.265	0.0211	0.0632
32	1.94779	3.226	0.323	0.0257	0.0551
33	2.01062	3.125	1.553	0.1236	0.0487
34	2.07345	3.030	0.328	0.0261	0.0435
35	2.13628	2.941	0.550	0.0438	0.0392
36	2.19911	2.857	0.892	0.0709	0.0357
37	2.26195	2.778	0.537	0.0427	0.0327
38	2.32478	2.703	0.076	0.0061	0.0302
39	2.38761	2.632	0.182	0.0145	0.0281
40	2.45044	2.564	0.282	0.0224	0.0264
41	2.51327	2.500	0.357	0.0284	0.0249
42	2.57611	2.439	0.003	0.0003	0.0236
43	2.63894	2.381	0.260	0.0207	0.0225
44	2.70177	2.326	0.019	0.0015	0.0217
45	2.76460	2.273	0.469	0.0374	0.0209
46	2.82743	2.222	0.210	0.0167	0.0203
47	2.89027	2.174	0.649	0.0516	0.0199
48	2.95310	2.128	0.122	0.0097	0.0195
49	3.01593	2.083	0.076	0.0061	0.0193
50	3.07876	2.041	0.183	0.0146	0.0191
51	3.14159	2.000	0.443	0.0352	0.0191

두 근이 허근인 AR(2) 과정의 경우 $\cos\theta = \dfrac{m_1 + m_2}{2(m_1 m_2)^{1/2}}$ 의 관계를 가진다.

주어진 시계열로부터 $\cos\theta = 0.53$, 따라서 $\theta = 0.322\pi$이므로 $2/0.322 \fallingdotseq 6.2$, 즉 대략 6.2기마다 한 사이클이 발생한다는 것이 확인된다.

3. 선형 필터링(linerar filtering)

여기에서는 시계열 분석시 선형필터(linear filter)로 흔히 사용되는 차분필터 및 이동평균 필터의 특징을 살펴보기로 한다.

먼저 다음과 같은 차분과정에 대하여 알아보기로 한다.

$$x_t = \rho x_{t-1} + e_t, \quad e_t \sim i.i.d \ N(0, \sigma^2)$$

$$y_t = x_t - x_{t-1}$$

$\rho = 0.9$ 및 $\sigma^2 = 1$을 가정하면서 생성된 시계열의 모습은 그림과 같다. 검은 선은 시계열 x_t이고 붉은 선은 시계열 y_t이다. 시계열 x_t를 차분함에 의해 0을 중심으로 변동성이 훨씬 큰 새로운 시계열 y_t가 생성되었다.

‖ 생성 시계열 x_t 및 y_t의 모습 ‖

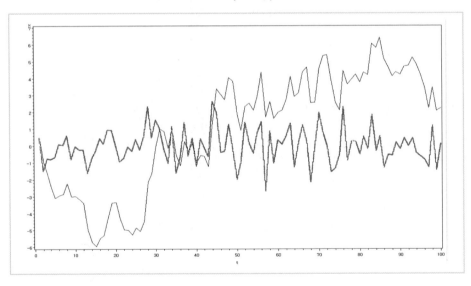

앞의 스펙트럴 분석에 대한 예를 이용하면서

$$f_y(\omega) = (1 - e^{-i\omega})(1 - e^{i\omega})f_x(\omega)$$

$$= (2 - 2\cos\omega)f_x(\omega)$$

그런데

$$f_x(\omega) = \frac{1}{2\pi} \frac{1}{(1.81 - 0.18\cos\omega)} \quad \text{이므로}$$

결국

$$f_y(\omega) = \frac{1}{2\pi} \frac{(2 - 2\cos\omega)}{(1.81 - 0.18\cos\omega)}$$

가 된다.

이제 차분에 의하여 생성된 시계열의 스펙트럴 밀도함수가 어떻게 변하는지 살펴보기로 한다.

먼저 생성된 시계열 자료 x_t 및 y_t의 스펙트럴 밀도함수의 추정치는 다음과 같은 형태를 지닌다. 검은 선 및 붉은 선은 각각 x_t 및 y_t의 밀도함수이다. 그래 프에서 높은 주파수 영역의 스펙트럼은 거의 변하지 않지만 낮은 주파수의 경우 크기가 크게 줄어들었음을 알 수 있다.

∥ 생성 시계열의 스펙트럴 밀도함수 추정 결과 ∥

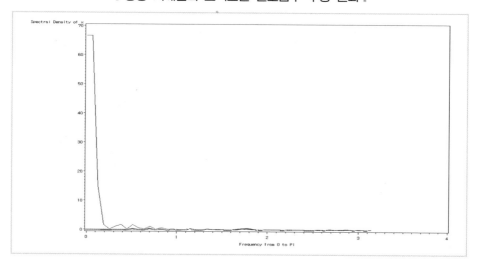

그림에서는 잘 나타나지 않지만 다음 추정값을 보면 x_t 및 y_t의 스펙트럴 밀도함수의 추정치(다음 페이지 그림의 S_01 및 S_02)가 저주파 영역에서는 크게 줄 어든 반면 고주파 영역에서는 상대적으로 크진 것을 확인할 수 있다.

‖ 생성 시계열의 스펙트럴 밀도함수 추정값 ‖

OBS	FREQ	PERIOD	P_01	P_02	S_01	S_02
1	0.00000	.	0.000	0.00000	66.6491	0.16214
2	0.06411	98.0000	837.537	2.03747	66.6491	0.16214
3	0.12823	49.0000	187.471	1.73097	14.9185	0.13775
4	0.19234	32.6667	20.843	0.22432	1.6586	0.01785
5	0.25646	24.5000	1.591	0.02796	0.1266	0.00222
6	0.32057	19.6000	13.389	1.64937	1.0654	0.13125
7	0.38468	16.3333	20.370	1.80281	1.6210	0.14346
8	0.44880	14.0000	1.341	0.68734	0.1067	0.05470
9	0.51291	12.2500	20.187	5.01014	1.6065	0.39869
10	0.57703	10.8889	6.406	1.24179	0.5098	0.09882
11	0.64114	9.8000	3.188	0.53851	0.2537	0.04285
12	0.70526	8.9091	13.274	5.89442	1.0563	0.46906
13	0.76937	8.1667	1.415	1.56040	0.1126	0.12417
14	0.83348	7.5385	7.694	4.56309	0.6123	0.36312
15	0.89760	7.0000	1.510	0.48172	0.1202	0.03833
16	0.96171	6.5333	3.214	2.11420	0.2558	0.16824
17	1.02583	6.1250	0.153	0.19007	0.0122	0.01513
18	1.08994	5.7647	1.961	1.91219	0.1561	0.15217
19	1.15405	5.4444	4.300	3.30308	0.3422	0.26285
20	1.21817	5.1579	0.153	0.61020	0.0122	0.04856
21	1.28228	4.9000	0.105	0.24211	0.0083	0.01927
22	1.34640	4.6667	3.452	3.51821	0.2747	0.27997
23	1.41051	4.4545	0.911	1.89771	0.0725	0.15101
24	1.47463	4.2609	1.073	2.54117	0.0854	0.20222
25	1.53874	4.0833	0.011	0.34392	0.0009	0.02737
26	1.60285	3.9200	0.672	0.76536	0.0535	0.06091
27	1.66697	3.7692	0.983	3.66286	0.0782	0.29148
28	1.73108	3.6296	3.916	6.78102	0.3116	0.53962
29	1.79520	3.5000	2.185	7.40050	0.1738	0.58891
30	1.85931	3.3793	1.660	2.69838	0.1321	0.21473
31	1.92342	3.2667	0.184	0.10195	0.0147	0.00811
32	1.98754	3.1613	0.213	1.39135	0.0170	0.11072
33	2.05165	3.0625	0.191	1.23541	0.0152	0.09831
34	2.11577	2.9697	0.786	1.25787	0.0626	0.10010
35	2.17988	2.8824	0.036	0.07346	0.0028	0.00585
36	2.24399	2.8000	0.755	3.25071	0.0601	0.25868
37	2.30811	2.7222	0.346	1.25711	0.0275	0.10004
38	2.37222	2.6486	0.855	2.13672	0.0680	0.17003
39	2.43634	2.5789	0.058	0.75875	0.0046	0.06038
40	2.50045	2.5128	0.177	1.13162	0.0141	0.09005
41	2.56457	2.4500	0.920	2.58890	0.0732	0.20602
42	2.62868	2.3902	0.013	0.40657	0.0010	0.03235
43	2.69279	2.3333	1.577	3.99843	0.1255	0.31818
44	2.75691	2.2791	0.170	1.58098	0.0135	0.12581
45	2.82102	2.2273	0.599	2.97527	0.0476	0.23676
46	2.88514	2.1778	1.720	4.64350	0.1368	0.36952
47	2.94925	2.1304	0.323	0.46686	0.0257	0.03715
48	3.01336	2.0851	0.941	2.59866	0.0749	0.20679
49	3.07748	2.0417	0.080	0.30608	0.0063	0.02436
50	3.14159	2.0000	0.912	2.13062	0.0726	0.16955

이는 이론적인 스펙트럴 밀도함수를 계산해 봄에 의해서도 알 수 있다. 주파수가 클수록 분자인 $(2-2\cos\omega)$의 값이 커지기 때문에 높은 주파수에서 밀도함수의 값이 커지고 낮은 주파수에서는 값이 작아진다. 이러한 점은 생성 시계열 자료 x_t 및 의 y_t의 움직임을 보면 짐작이 가능한데 y_t의 경우 차분과정에 의해 변동성이 원계열 x_t에 비해 크게 확대된 모습이 보여진다. 차분필터의 사용(다음

그림의 붉은 점선)은 고주파 영역의 특성을 보존하고 강화하는 반면 저주파 영역에서는 약화시키는 특성이 있어 high-pass filter라고 불리기도 한다.

❘ 생성 시계열의 스펙트럴 밀도함수-이론적인 값 ❘

다음에는 다음과 같은 이동평균을 가정해 보기로 한다.

$$x_t = \rho x_{t-1} + e_t, \quad e_t \sim i.i.d. \ N(0, \sigma^2)$$

$$z_t = \frac{1}{3}(x_{t+1} + x_t + x_{t-1})$$

$\rho = 0.9$ 및 $\sigma^2 = 1$을 가정하면서 생성된 시계열의 모습은 그림과 같다. 검은 선은 시계열 x_t이고 붉은 선은 시계열 z_t이다. 시계열 x_t를 이동평균할 경우 새로 생성된 시계열 z_t는 훨씬 부드러운 모습으로 변한다.

‖ 생성 시계열 x_t 및 z_t의 모습 ‖

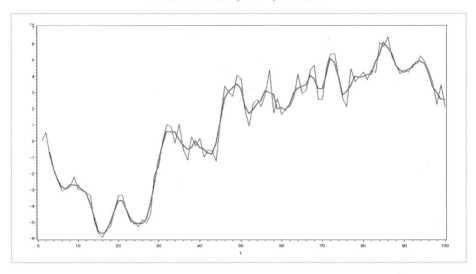

스펙트럴 밀도함수를 구해보면

$$\gamma_z(h) = \frac{3}{9}\gamma_x(h) + \frac{2}{9}\gamma_x(h-1) + \frac{2}{9}\gamma_x(h+1)$$

$$+ \frac{1}{9}\gamma_x(h-2) + \frac{1}{9}\gamma_x(h+2)$$

이므로

$$f_z(\omega) = (\frac{3}{9} + \frac{2}{9}e^{-i\omega} + \frac{2}{9}e^{i\omega} + \frac{1}{9}e^{-2i\omega} + \frac{1}{9}e^{2i\omega})f_x(\omega)$$

$$= (\frac{1}{3} + \frac{4}{9}\cos\omega + \frac{2}{9}\cos2\omega)f_x(\omega)$$

가 되어 결국

$$f_z(\omega) = \frac{1}{2\pi}[\frac{1}{(1.81 - 0.18\cos\omega)}][\frac{1}{3} + \frac{4}{9}cos\omega + \frac{2}{9}cos2\omega]$$

가 된다.

생성된 시계열 자료 x_t 및 z_t의 스펙트럴 밀도함수의 추정치는 다음과 같은 형태를 지닌다. 검은 선 및 붉은 점선은 각각 x_t 및 z_t의 밀도함수이다. 차분필터링과는 달리 그래프에서 낮은 주파수 영역의 스펙트럼은 거의 변하지 않지만 높은 주파수의 경우 크기가 다소 줄어들었음을 알 수 있다.

‖ 생성 시계열의 스펙트럴 밀도함수 추정 결과 ‖

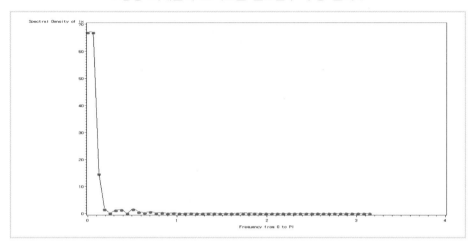

‖ 생성 시계열의 스펙트럴 밀도함수 추정값 ‖

OBS	FREQ	PERIOD	P_01	P_02	S_01	S_02
1	0.00000	.	0.000	0.000	67.1660	66.9356
2	0.06411	98.0000	844.033	841.138	67.1660	66.9356
3	0.12823	49.0000	184.533	183.484	14.6847	14.6012
4	0.19234	32.6667	19.351	19.329	1.5399	1.5381
5	0.25646	24.5000	1.338	1.381	0.1065	0.1099
6	0.32057	19.6000	16.874	15.238	1.3428	1.2126
7	0.38468	16.3333	18.040	17.004	1.4356	1.3531
8	0.44880	14.0000	0.757	0.625	0.0603	0.0497
9	0.51291	12.2500	24.038	19.891	1.9129	1.5829
10	0.57703	10.8889	7.406	6.125	0.5893	0.4874
11	0.64114	9.8000	3.529	2.895	0.2808	0.2304
12	0.70526	8.9091	10.204	7.406	0.8120	0.5893
13	0.76937	8.1667	2.609	1.571	0.2076	0.1250
14	0.83348	7.5385	5.406	3.379	0.4302	0.2689
15	0.89760	7.0000	0.836	0.631	0.0666	0.0502
16	0.96171	6.5333	4.181	2.406	0.3327	0.1915
17	1.02583	6.1250	0.547	0.322	0.0436	0.0256
18	1.08994	5.7647	0.938	0.343	0.0746	0.0273
19	1.15405	5.4444	3.286	1.461	0.2615	0.1162
20	1.21817	5.1579	0.706	0.269	0.0562	0.0214
21	1.28228	4.9000	0.031	0.019	0.0024	0.0015
22	1.34640	4.6667	2.397	0.715	0.1908	0.0569
23	1.41051	4.4545	1.843	0.502	0.1467	0.0399
24	1.47463	4.2609	0.820	0.045	0.0653	0.0036
25	1.53874	4.0833	0.301	0.088	0.0240	0.0070
26	1.60285	3.9200	0.785	0.198	0.0625	0.0158
27	1.66697	3.7692	1.931	0.187	0.1536	0.0149
28	1.73108	3.6296	3.311	0.301	0.2635	0.0239
29	1.79520	3.5000	2.941	0.103	0.2340	0.0082
30	1.85931	3.3793	1.192	0.092	0.0949	0.0074
31	1.92342	3.2667	0.163	0.053	0.0130	0.0042
32	1.98754	3.1613	0.589	0.043	0.0469	0.0034
33	2.05165	3.0625	0.485	0.040	0.0386	0.0032
34	2.11577	2.9697	0.434	0.038	0.0346	0.0030
35	2.17988	2.8824	0.071	0.037	0.0056	0.0029
36	2.24399	2.8000	0.948	0.053	0.0754	0.0042
37	2.30811	2.7222	0.711	0.013	0.0565	0.0010
38	2.37222	2.6486	0.318	0.083	0.0253	0.0066
39	2.43634	2.5789	0.474	0.013	0.0377	0.0010
40	2.50045	2.5128	0.416	0.039	0.0331	0.0031
41	2.56457	2.4500	0.429	0.118	0.0341	0.0094
42	2.62868	2.3902	0.309	0.008	0.0246	0.0007
43	2.69279	2.3333	0.666	0.176	0.0530	0.0140
44	2.75691	2.2791	0.726	0.009	0.0578	0.0007
45	2.82102	2.2273	0.915	0.078	0.0728	0.0062
46	2.88514	2.1778	0.777	0.229	0.0619	0.0182
47	2.94925	2.1304	0.014	0.067	0.0012	0.0054
48	3.01336	2.0851	0.503	0.134	0.0400	0.0107
49	3.07748	2.0417	0.182	0.018	0.0145	0.0014
50	3.14159	2.0000	0.255	0.154	0.0203	0.0122

  그림에서는 잘 구별되지 않지만 추정값(첨부된 표의 S_01 및 S_02)을 살펴보면 추정치가 저주파 영역의 경우 거의 그대로 유지된 반면 고주파 영역에서는 상대적으로 크게 줄어들었음을 알 수 있다.

  이는 이론적인 스펙트럴 밀도함수를 계산해 봄에 의해서도 알 수 있다. 이동평균필터의 사용(다음 그림의 붉은 점선)은 차분필터와는 반대로 저주파 영역의 특성을 보존하는 반면 고주파 영역에서는 약화시키는 특성이 있어 $low-pass$ $filter$라고도 불린다.

┃ 생성 시계열의 스펙트럴 밀도함수-이론적인 값 ┃

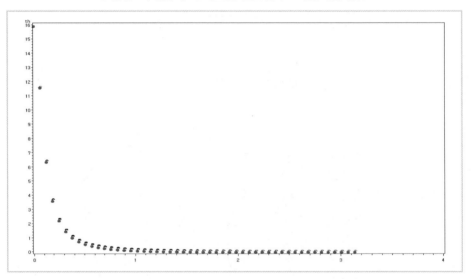

  참고로 생성 시계열에 대한 차분 필터와 이동평균 필터 사용 시 이론적인 스펙트럴 밀도함수의 계산값(첨부된 표의 th(원자료 x_t), th_diff(차분필터 사용 y_t), th_ma(이동평균필터 사용 z_t))을 같이 나타내어 보면 다음과 같다.

▌생성 시계열의 스펙트럴 밀도함수-이론적인 값 ▌

OBS	FREQ	PERIOD	th	th_diff	th_ma
1	0.00000	.	15.9155	0.00000	15.9155
2	0.06411	98.0000	11.6186	0.04774	11.5868
3	0.12823	49.0000	6.4232	0.10547	6.3531
4	0.19234	32.6667	3.6847	0.13590	3.5947
5	0.25646	24.5000	2.3110	0.15116	2.2113
6	0.32057	19.6000	1.5650	0.15945	1.4605
7	0.38468	16.3333	1.1244	0.16435	1.0175
8	0.44880	14.0000	0.8454	0.16745	0.7375
9	0.51291	12.2500	0.6587	0.16952	0.5505
10	0.57703	10.8889	0.5280	0.17097	0.4201
11	0.64114	9.8000	0.4331	0.17203	0.3260
12	0.70526	8.9091	0.3622	0.17281	0.2562
13	0.76937	8.1667	0.3079	0.17342	0.2031
14	0.83348	7.5385	0.2653	0.17389	0.1621
15	0.89760	7.0000	0.2314	0.17427	0.1298
16	0.96171	6.5333	0.2040	0.17457	0.1042
17	1.02583	6.1250	0.1815	0.17482	0.0837
18	1.08994	5.7647	0.1628	0.17503	0.0670
19	1.15405	5.4444	0.1472	0.17520	0.0535
20	1.21817	5.1579	0.1339	0.17535	0.0425
21	1.28228	4.9000	0.1226	0.17548	0.0335
22	1.34640	4.6667	0.1129	0.17558	0.0262
23	1.41051	4.4545	0.1045	0.17568	0.0202
24	1.47463	4.2609	0.0972	0.17576	0.0153
25	1.53874	4.0833	0.0908	0.17583	0.0114
26	1.60285	3.9200	0.0852	0.17589	0.0083
27	1.66697	3.7692	0.0803	0.17595	0.0058
28	1.73108	3.6296	0.0759	0.17600	0.0039
29	1.79520	3.5000	0.0720	0.17604	0.0025
30	1.85931	3.3793	0.0685	0.17608	0.0014
31	1.92342	3.2667	0.0655	0.17611	0.0007
32	1.98754	3.1613	0.0627	0.17614	0.0003
33	2.05165	3.0625	0.0602	0.17617	0.0000
34	2.11577	2.9697	0.0580	0.17619	0.0000
35	2.17988	2.8824	0.0560	0.17622	0.0001
36	2.24399	2.8000	0.0543	0.17624	0.0004
37	2.30811	2.7222	0.0527	0.17625	0.0007
38	2.37222	2.6486	0.0513	0.17627	0.0011
39	2.43634	2.5789	0.0500	0.17628	0.0015
40	2.50045	2.5128	0.0489	0.17630	0.0020
41	2.56457	2.4500	0.0480	0.17631	0.0024
42	2.62868	2.3902	0.0471	0.17632	0.0029
43	2.69279	2.3333	0.0464	0.17632	0.0033
44	2.75691	2.2791	0.0458	0.17633	0.0037
45	2.82102	2.2273	0.0452	0.17634	0.0041
46	2.88514	2.1778	0.0448	0.17634	0.0043
47	2.94925	2.1304	0.0445	0.17634	0.0046
48	3.01336	2.0851	0.0443	0.17635	0.0048
49	3.07748	2.0417	0.0441	0.17635	0.0049
50	3.14159	2.0000	0.0441	0.17635	0.0049

앞서 본 실제자료인 우리나라 실질GDP의 차분 전후 시계열 모습과 periodgram 분석 결과는 다음과 같다.

┃ 우리나라 실질GDP(로그 전환)의 모습 ┃

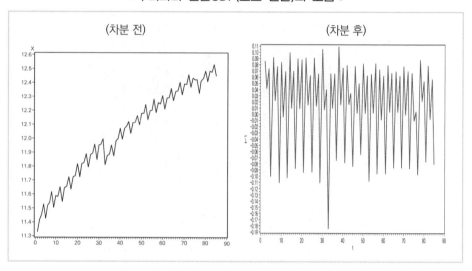

차분 전 계열의 경우 추세가 있으므로 대체로 AR(1)과 같은 형태의 periodgram 모습을 보인다. 차분 전에도 $\pi/2$ 및 π에서 약한 스파이크가 관찰되나 차분 후 저주파 영역에서 밀도함수 값의 크기가 크게 줄어들고 스파이크가 뚜렷해진 모습이다.

┃ 우리나라 실질GDP의 periodgram 분석 결과 ┃

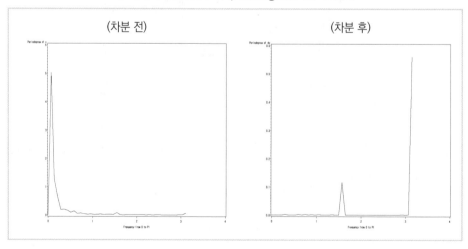

4. 전이함수모형(transfer function model)

끝으로 앞서 살펴본 전이함수모형(transfer function model)에 의한 분석을 frequency domain 접근법을 이용하여 분석해 보기로 한다. 전이함수모형은 출력 시계열이 입력 시계열의 다항식 비율에 의한 시차 형태를 띠면서 변환되는 모습을 분석하기에 적합하다.

$$y_t = \frac{\psi(B)B^d}{\delta(B)}x_t + \frac{\tau(B)}{v(B)}e_t, \text{ 단 } B\text{는 lag operator이며 } d\text{는 delay 시차}$$

전이함수모형의 간단한 형태로 먼저 다음과 같은 모형을 가정해 보기로 한다.

$$x_t = 0.8x_{t-1} + e_t$$
$$y_t = 2 + 0.5x_{t-5} + 0.3\eta_t,$$
$$e_t \text{ 및 } \eta_t \sim i.i.d \ N(0,1) \text{ uncorrelated}$$

위 모형에서 입력 시계열 x_t는 5기의 시차를 두고 크기가 반으로 줄어들면서 출력 시계열 y_t로 나타난다.

생성된 두 시계열 자료 x_t 및 y_t는 다음과 같다. 검은 선은 x_t이고 붉은 선은 y_t이다.

‖ 생성 시계열 x_t 및 y_t의 모습 ‖

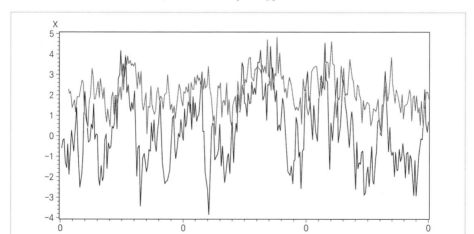

분석에 앞서 두 변수의 상관계수 변화를 살펴보면 다음과 같이 나타났다. 상관계수가 시차를 두고 점차 커지다가 5기에서 가장 큰 수치를 기록하고 이후 점차 줄어드는 모습을 보인다.[13]

‖ 생성 시계열의 단순상관계수 변화 ‖

피어슨 상관 계수
HO: Rho=0 검정에 대한 Prob > |r|
관측치 개수

	y	x	lx	lx2	lx3	lx4
lx2	0.46707 <.0001 295	0.65613 <.0001 298	0.78771 <.0001 298	1.00000 298	0.78783 <.0001 297	0.65776 <.0001 296
lx3	0.59531 <.0001 295	0.53838 <.0001 297	0.65603 <.0001 297	0.78783 <.0001 297	1.00000 297	0.78878 <.0001 296
lx4	0.71845 <.0001 295	0.43709 <.0001 296	0.53864 <.0001 296	0.65776 <.0001 296	0.78878 <.0001 296	1.00000 296
lx5	0.93396 <.0001 295	0.38968 <.0001 295	0.43690 <.0001 295	0.53878 <.0001 295	0.65765 <.0001 295	0.78947 <.0001 295
lx6	0.72827 <.0001 294	0.34445 <.0001 294	0.38997 <.0001 294	0.43692 <.0001 294	0.53910 <.0001 294	0.66031 <.0001 294
lx7	0.61024 <.0001 293	0.33219 <.0001 293	0.34471 <.0001 293	0.38999 <.0001 293	0.43720 <.0001 293	0.54136 <.0001 293
lx8	0.48558 <.0001 292	0.28304 <.0001 292	0.33276 <.0001 292	0.34480 <.0001 292	0.39058 <.0001 292	0.44032 <.0001 292
lx9	0.38753 <.0001 291	0.23105 <.0001 291	0.28393 <.0001 291	0.33296 <.0001 291	0.34573 <.0001 291	0.39469 <.0001 291
lx10	0.36224 <.0001 290	0.17342 0.0030 290	0.23273 <.0001 290	0.28449 <.0001 290	0.33487 <.0001 290	0.35234 <.0001 290

그러나 이러한 상관계수는 5기의 시차를 두고 상관관계가 가장 크다는 것을 보여줄 뿐이며 두 시계열간 진정한 관계를 보여주지 못한다. 왜냐하면 설정된 모형을 통해 우리는 y_t가 x_t에 5기 후행하면서 상관관계가 가장 클 것이라는 것을 알고 있기 때문이다.

정확한 상관관계의 분석은 두 시계열 자료 x_t 및 y_t를 입력 시계열 x_t의 분석을 통해 prewhitening하면 얻을 수 있다. 위 식에서 입력 시계열 x_t는 AR(1)

---

[13] 표에서 $lx = x_{t-1}$, $lx2 = x_{t-2}$ 등을 나타낸다.

과정이므로 두 시계열 자료를 AR(1) 모형을 이용하여 prewhitening하면 다음과 같이 두 변수 간 진정한 상관관계가 구해진다. 추정 결과를 살펴보면 예상대로 5 기 시차에서 강한 상관관계가 있음이 발견된다.

‖ 생성 시계열의 상관계수 분석 ‖

```
                                    Crosscorrelations
   Lag   Covariance   Correlation    -1 9 8 7 6 5 4 3 2 1 0 1 2 3 4 5 6 7 8 9 1
   -15   -0.074252      -.10773                           **  .
   -14    0.011140      0.01616                            .  .
   -13   -0.0079271     -.01150                            .  .
   -12   -0.0054110     -.00785                            .  .
   -11   -0.016609      -.02410                            .  .
   -10   -0.029796      -.04323                           .*  .
    -9    0.015936      0.02312                            .  .
    -8    0.0043586     0.00632                            .  .
    -7    0.045026      0.06533                            .  *.
    -6   -0.066967      -.09716                           **  .
    -5   -0.0080964     -.01175                            .  .
    -4    0.036520      0.05299                            .  *.
    -3    0.044588      0.06469                            .  *.
    -2    0.048719      0.07069                            .  *.
    -1    0.0091924     0.01334                            .  .
     0    0.014996      0.02176                            .  .
     1   -0.048544      -.07043                           .*  .
     2   -0.0083039     -.01205                            .  .
     3    0.047993      0.06963                            .  *.
     4   -0.061765      -.08961                           **  .
     5    0.537587      0.77997                            . *****************
     6   -0.051610      -.07488                           .*  .
     7    0.048008      0.06965                            .  *.
     8   -0.0010795     -.00157                            .  .
     9   -0.055252      -.08016                           **  .
    10    0.021759      0.03157                            .  *.
    11    0.0031214     0.00453                            .  .
    12    0.080976      0.11749                            .  **
    13    0.012290      0.01783                            .  .
    14    0.00033427    0.00048                            .  .
    15    0.027078      0.03929                            .  *.
    16    0.0018317     0.00266                            .  .
    17   -0.016087      -.02334                            .  .
    18   -0.013322      -.01933                            .  .
    19    0.0074362     0.01079                            .  .
    20    0.034827      0.05053                            .  *.
    21   -0.0067317     -.00977                            .  .
    22   -0.047661      -.06915                           .*  .
    23   -0.018891      -.02741                           .*  .
    24    0.0098524     0.01429                            .  .

                        "." marks two standard errors
```

prewhitening된 두 변수간 상관관계의 모습을 다항식 비율의 시차 형태를 이용하면서 추정하면 위에 가정한 모형의 추정치가 구해진다. 이 경우에는 5기 에서만 강한 상관관계가 보이고 그 이후에는 상관관계가 없으므로 모형화를 위 해 별다른 다항식 비율의 시차 구조를 이용할 필요가 없다. 생성 자료를 SAS ARIMA procedure를 이용하여 추정한 결과는 다음과 같다.

$$y_t = 2.03 + 0.48x_{t-5} + \mu_t$$
$$(112.3)\ (44.7)$$

추정계수들의 유의성이 높은 데다 입력 시계열 x_t와 출력 시계열 y_t간 시차가 5인 것으로 추정되었다. 짧은 시차에서 추정 잔차항이 백색잡음 과정이라는 귀무가설이 기각되지 못하며 잔차항과 입력 시계열 x_t 사이에도 유의한 상관성이 더 이상 존재하지 않아 제대로 추정이 되었음을 확인할 수 있다.

┃ 생성 시계열의 전이함수모형 추정 결과 ┃

```
                            The ARIMA Procedure
                           Autoregressive Factors
                        Factor 1:  1 - 0.7854 B**(1)

                     Conditional Least Squares Estimation

                                  Standard               Approx
     Parameter       Estimate       Error     t Value   Pr > |t|    Lag    Variable   Shift

     MU              2.03262       0.01810     112.31    <.0001       0       y          0
     NUM1            0.47914       0.01071      44.73    <.0001       0       x          5

                            Constant Estimate       2.032619
                            Variance Estimate       0.095463
                            Std Error Estimate       0.30897
                            AIC                     146.2056
                            SBC                     153.5795
                            Number of Residuals          295
                   * AIC and SBC do not include log determinant.

                       Correlations of Parameter Estimates

                        Variable                 y        x
                        Parameter               MU      NUM1

                        y            MU       1.000    -0.110
                        x          NUM1      -0.110     1.000

                      Autocorrelation Check of Residuals

  To      Chi-            Pr >
  Lag    Square    DF    ChiSq    --------------------Autocorrelations--------------------

   6     10.53      6   0.1042   -0.110    0.101   -0.057    0.077   -0.058   -0.016
  12     24.33     12   0.0183   -0.042   -0.018   -0.007   -0.014   -0.205    0.022
  18     26.51     18   0.0886   -0.002    0.023    0.015    0.043    0.000   -0.066
  24     37.16     24   0.0422    0.112   -0.061    0.067   -0.032   -0.041   -0.100
  30     45.84     30   0.0321   -0.038   -0.112    0.054    0.000    0.049   -0.085
  36     61.62     36   0.0050    0.088   -0.137    0.082   -0.035    0.113    0.010
  42     65.65     42   0.0113    0.031   -0.041   -0.027    0.055   -0.014   -0.072
  48     72.54     48   0.0126    0.096   -0.059    0.007   -0.041   -0.072    0.001

                  Crosscorrelation Check of Residuals with Input x

  To      Chi-            Pr >
  Lag    Square    DF    ChiSq    --------------------Crosscorrelations-------------------

   5      4.31      6   0.6348    0.038   -0.017    0.044   -0.005   -0.081   -0.067
  11      8.16     12   0.7727   -0.001    0.055    0.017   -0.071    0.013    0.070
  17     15.21     18   0.6476   -0.015   -0.062   -0.009    0.119    0.072   -0.031
  23     18.66     24   0.7701   -0.058    0.010    0.024   -0.061   -0.063   -0.015
  29     23.47     30   0.7955   -0.039   -0.077   -0.049    0.072   -0.039    0.006
  35     27.09     36   0.8582   -0.078    0.058   -0.037   -0.026   -0.014    0.029
  41     32.02     42   0.8677    0.014   -0.034    0.012    0.047   -0.047    0.105
  47     35.79     48   0.9035    0.036   -0.003    0.039   -0.042    0.084   -0.037
```

다음에는 frequency domain 접근법을 사용하여 두 시계열 간의 관계를 살펴보기로 한다.

우선 입력 시계열 x_t의 스펙트럴 밀도함수는 다음 형태를 가진다.

$$f_{xx}(\omega) = \frac{1}{2\pi} \frac{1}{1.64 - 0.16\cos\omega}$$

다음으로 출력 시계열 y_t에 대하여는

$$y_t = 2 + 0.5B^5 x_t + 0.3\eta_t$$

로 표현 가능하며 스펙트럴 밀도함수

$$f_{yy}(\omega) = (0.5e^{-5i\omega})(0.5e^{5i\omega})f_{xx}(\omega) + 0.09f_{\eta\eta}(\omega)$$

$$= \frac{0.25}{2\pi} \frac{1}{1.64 - 0.16\cos\omega} + \frac{0.09}{2\pi}$$

가 된다.

먼저 생성된 두 시계열 x_t 및 y_t의 스펙트럴 밀도함수를 살펴 보기로 한다. x_t가 AR(1) 모형이고 y_t는 시차를 두고 x_t의 진폭이 변화된 모습이기 때문에 x_t와 마찬가지로 주파수가 낮은 영역에서 대체로 높은 값들이 관찰된다.[14] 검은 선은 추정치이고 붉은 점선은 이론적인 값들이다.

┃ 생성 시계열 x_t, y_t의 스펙트럴 밀도함수 추정치 및 이론적인 값 ┃

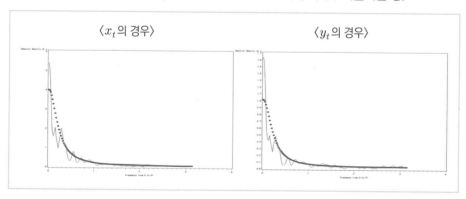

⟨x_t의 경우⟩   ⟨y_t의 경우⟩

---

14 앞서 본대로 AR(1) 모형의 계수가 음의 부호를 가진다면 고주파수 영역에서 높은 값들이 나타난다.

다음으로는 입력 및 출력 시계열의 교차상관관계에 따른 스펙트럴 밀도함수 (cross-spectrum) $f_{yx}(\omega)$를 구해보기로 한다.

두 시계열 간의 관계는 교차상관관계로부터 구해지는 일련의 스펙트럴 밀도함수를 살펴봄에 의해 분석 가능하다.

$$\begin{aligned}
\gamma_{yx}(h) &= E(y_{t+h},\ x_t) \\
&= E((2+0.5x_{t-5+h}+0.3\eta_{t+h}),x_t) \\
&= 0.5\gamma_{xx}(h-5)
\end{aligned}$$

따라서

$$\begin{aligned}
f_{yx}(\omega) &= 0.5e^{-5iw}f_{xx}(\omega) \\
&= (0.5\cos5\omega - i0.5\sin5\omega)f_{xx}(\omega)
\end{aligned}$$

가 된다.

$$\begin{aligned}
f_{xy}(\omega) &= 0.5e^{5iw}f_{xx}(\omega) \\
&= (0.5\cos5\omega + i0.5\sin5\omega)f_{xx}(\omega)
\end{aligned}$$

스펙트럴 밀도함수 $f_{yx}(\omega)$ 및 $f_{xy}(\omega)$는 복소근의 실수 부분은 값이 동일하고 허수 부분의 경우 부호만 다르고 크기는 같은 형태를 지닌다.[15]

$$f_{yx}(\omega) = c_{yx}(\omega) - iq_{yx}(\omega)$$

로 나타낼 때 실수 부분으로 구성된 스펙트럴 밀도함수 $c_{yx}(\omega)$를 cospectrum이라고 하며 허수 부분으로 구성된 스펙트럴 밀도함수 $q_{yx}(\omega)$는 quadspectrum이라고 부른다. 즉

$$\begin{aligned}
c_{yx}(\omega) &= (0.5\cos5\omega)f_{xx}(\omega) \\
q_{yx}(\omega) &= (0.5\sin5\omega)f_{xx}(\omega)
\end{aligned}$$

다음은 스펙트럴 밀도함수의 추정값 및 이론적인 값의 모습이다. cross-spectrum의 실수 부분인 cospectrum과 허수 부분인 quadspectrum의 모습은 다음과 같다. 검은 선은 추정치이고 붉은 점선이 이론적인 값들이다.[16]

---

15 $\gamma_{yx}(h) = E(y_{t+h},\ x_t) = E(x_t,\ y_{t+h}) = \gamma_{xy}(-h)$

┃ cospectrum 및 quadspectrum 추정치 및 이론적인 값 ┃

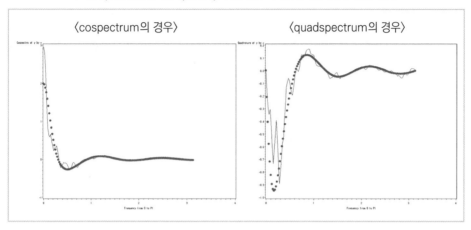

한편 교차상관관계의 밀도함수로부터 구해지는 amplitude($A_{yx}(\omega)$) 및 phase($\phi_{yx}(\omega)$)는 다음과 같이 구해진다.

$$|A_{yx}(\omega)| = \frac{\sqrt{c_{yx}(\omega)^2 + q_{yx}(\omega)^2}}{f_{xx}(\omega)}$$

$$\phi_{yx}(\omega) = \tan^{-1}(-\frac{q_{yx}(\omega)}{c_{yx}(\omega)})$$

이 경우에 대해서는 각각 0.5 및 -5ω가 된다.

즉 스펙트럴 밀도함수를 통한 분석에 의해서도 입력 시계열 x_t가 모든 주파수에 대해 5기 시차를 두고 영향을 미치는 가운데 진폭이 0.5배로 되었다는 것이 나타난다.

amplitude $A_{yx}(\omega)$와 phase $\phi_{yx}(\omega)$의 모습은 다음과 같다. 검은 선은 추정치이고 붉은 점선이 이론적인 값들이다. SAS에서 amplitude 추정치는 식의 분자 값만으로 주어진다. 즉

$$|A_{yx}(\omega)'| = \sqrt{c_{yx}(\omega)^2 + q_{yx}(\omega)^2}$$

---

16 $c_{yx}(h) = c_{xy}(h)$, $q_{yx}(h) = -q_{xy}(h)$

phase의 경우 값이 $-\pi$에서 π 사이에 있으며 정의상 마이너스 추정치의 절 대값이 π보다 클 경우 양의 π로 전화되면서 같은 기울기를 가지고 변화하는 모습을 보인다. 주파수가 낮은 영역에서 스펙트럴 밀도함수 값을 주파수 ω에 대하여 회귀분석하면 기울기 -5가 얻어진다.

‖ amplitude 및 phase 추정치 및 이론적인 값 ‖

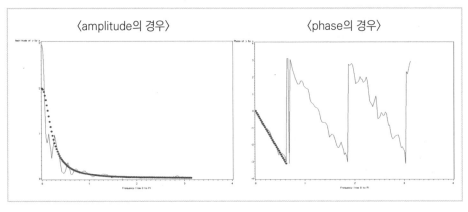

끝으로 time domain 접근법의 교차상관계수에 대응하는 것으로 frequency domain 접근의 경우 squared coherency($\rho_{yx}^2(\omega)$)라는 것이 있다. 이는 다음과 같이 구해지는데 주파수별로 두 시계열의 상관성의 정도를 나타내어 준다.

$$\rho_{yx}^2(\omega) = \frac{\left| f_{yx}(\omega)^2 \right|}{f_{xx}(\omega) f_{yy}(\omega)}$$

이 경우에는 다음과 같다.

$$\rho_{yx}^2(\omega) = \frac{0.25 f_{xx}^2(\omega)}{0.25 f_{xx}^2(\omega) + 0.09 f_{xx}(\omega) f_{\eta\eta}(\omega)}$$

$$= \frac{1}{1 + \dfrac{9 f_{\eta\eta}(\omega)}{25 f_{xx}(\omega)}}$$

만약에 이 경우 출력 시계열인 y_t에 노이즈(noise)라고 볼 수 있는 η_t가 추가되지 않는다면 $f_{\eta\eta}(\omega)=0$이 되므로 $\rho^2_{xy}(\omega)=1$이 된다. 즉 $\dfrac{9f_{\eta\eta}(\omega)}{25f_{xx}(\omega)}$는 출력 시계열에 대한 노이즈항의 영향력이라고 볼 수 있으며 η_t의 분산이 클수록 squared coherency $\rho^2_{yx}(\omega)$는 작아지게 된다.

squared coherency $\rho^2_{yx}(\omega)$의 추정치 및 이론적인 값은 다음과 같다. 주파수가 높은 영역에서 상관성이 크게 낮아지고 있는 것이 보여진다.

Ⅰ squared coherency 추정치 및 이론적인 값 Ⅰ

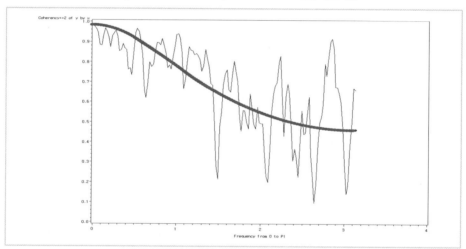

다음에는 두 시계열이 다음과 같이 서로 영향을 주고 받는 관계가 있는 경우에 대하여 살펴보기로 한다.

$$x_t = -\phi_1 y_t + u_t$$
$$y_t = \phi_2 x_{t-1} + v_t,$$
$$u_t \ \text{및} \ v_t \sim i.i.d \ N(0,\sigma^2) \ \text{uncorrelated}$$

이 경우

$$x_t = -\phi_1(\phi_2 x_{t-1} + v_t) + u_t$$

$$= -\phi_1\phi_2 x_{t-1} - \phi_1 v_t + u_t$$

이를 lag operator B를 이용하여 나타내면

$$x_t = (1 + \phi_1\phi_2 B)^{-1}(-\phi_1 v_t + u_t)$$

이므로

$$f_{xx}(\omega) = \frac{1}{(1 + \phi_1\phi_2 e^{-i\omega})(1 + \phi_1\phi_2 e^{i\omega})}(\phi_1^2 f_{vv}(\omega) + f_{uu}(\omega))$$

가 된다. 한편

$$y_t = \phi_2(-\phi_1 y_{t-1} + u_{t-1}) + v_t$$

$$= -\phi_1\phi_2 y_{t-1} + \phi_2 u_{t-1} + v_t$$

따라서

$$y_t = (1 + \phi_1\phi_2 B)^{-1}(\phi_2 B u_t + v_t)$$

이므로

$$f_{yy}(\omega) = \frac{1}{(1 + \phi_1\phi_2 e^{-i\omega})(1 + \phi_1\phi_2 e^{i\omega})}(\phi_2^2 e^{-i\omega} e^{i\omega} f_{uu}(\omega) + f_{vv}(\omega))$$

$$= \frac{1}{(1 + \phi_1\phi_2 e^{-i\omega})(1 + \phi_1\phi_2 e^{i\omega})}(\phi_2^2 f_{uu}(\omega) + f_{vv}(\omega))$$

가 된다.

cross-spectrum은 y_t 및 x_t에 대해 lag operator B를 이용한 표현식을 이용하여 쉽게 구할 수 있다. 즉

$$f_{yx}(\omega) = \frac{1}{(1 + \phi_1\phi_2 e^{-i\omega})(1 + \phi_1\phi_2 e^{i\omega})}(-\phi_1 f_{vv}(\omega) + \phi_2 e^{-i\omega} f_{uu}(\omega))$$

가 된다. $f_{xy}(\omega)$는 $f_{yx}(\omega)$와 실근은 같고 허근의 경우 크기가 같지만 부호가 반대인 관계를 가진다.

그리고 $f_{uu}(\omega) = \dfrac{\sigma_u^2}{2\pi}$, $f_{vv}(\omega) = \dfrac{\sigma_v^2}{2\pi}$ 이므로

$$f_{xx}(\omega) = \frac{1}{(1+\phi_1\phi_2 e^{i\omega})(1+\phi_1\phi_2 e^{-i\omega})} \frac{(\phi_1^2\sigma_v^2 + \sigma_u^2)}{2\pi}$$

$$f_{yy}(\omega) = \frac{1}{(1+\phi_1\phi_2 e^{i\omega})(1+\phi_1\phi_2 e^{-i\omega})} \frac{(\phi_2^2\sigma_u^2 + \sigma_v^2)}{2\pi}$$

$$f_{yx}(\omega) = \frac{1}{(1+\phi_1\phi_2 e^{-i\omega})(1+\phi_1\phi_2 e^{i\omega})} (-\phi_1 f_{vv}(\omega) + \phi_2 e^{-i\omega} f_{uu}(\omega))$$

$$= \frac{1}{(1+\phi_1\phi_2 e^{-i\omega})(1+\phi_1\phi_2 e^{i\omega})} \frac{(-\phi_1\sigma_v^2 + \phi_2\sigma_u^2\cos\omega - i\phi_2\sigma_u^2\sin\omega)}{2\pi}$$

가 된다.

amplitude $A_{yx}(\omega)$는

$$|A_{yx}(\omega)| = \frac{\sqrt{c_{yx}(\omega)^2 + q_{yx}(\omega)^2}}{f_{xx}(\omega)}$$

$$= \frac{\sqrt{(-\phi_1\sigma_v^2 + \phi_2\sigma_u^2\cos\omega)^2 + (\phi_2\sigma_u^2\sin\omega)^2}}{(\phi_1^2\sigma_v^2 + \sigma_u^2)}$$

$$= \frac{\sqrt{\phi_1^2\sigma_v^4 + \phi_2^2\sigma_u^4 - 2\phi_1\phi_2\sigma_v^2\sigma_u^2\cos\omega}}{(\phi_1^2\sigma_v^2 + \sigma_u^2)}$$

가 된다. 만약 $\phi_1 = 0$이라면 $|A_{yx}(\omega)| = |\phi_2|$가 되어 y_t는 x_t가 $|\phi_2|$만큼 증폭되는 모습을 보이게 된다.

phase $\phi_{yx}(\omega)$는 다음과 같다.

$$\phi_{yx}(\omega) = \tan^{-1}(-\frac{\phi_2\sigma_u^2\sin\omega}{-\phi_1\sigma_v^2 + \phi_2\sigma_u^2\cos\omega})$$

만약 $\phi_1 = 0$이라면 $\phi_{yx}(\omega) = -\omega$ 가 되어 x_t가 시차 1을 두고 y_t에 영향을 미치는 구조가 된다.

squared coherency $\rho_{yx}^2(\omega)$은

$$\rho_{yx}^2(\omega) = \frac{|f_{yx}^2(\omega)|}{f_{xx}(\omega)f_{yy}(\omega)}$$

$$= \frac{\phi_1^2 \sigma_v^4 + \phi_2^2 \sigma_u^4 - 2\phi_1 \phi_2 \sigma_v^2 \sigma_u^2 \cos\omega}{(\phi_1^2 \sigma_v^2 + \sigma_u^2)(\phi_2^2 \sigma_u^2 + \sigma_v^2)}$$

가 된다.

이를 시뮬레이션 자료를 이용하여 확인해 보기로 한다.

$\phi_1 = 0.5, \ \phi_2 = 0.8, \ \sigma_u^2 = 1, \ \sigma_v^2 = 1$ 일 때

$$f_{xx}(\omega) = \frac{1.25}{2\pi(1.16 + 0.8\cos\omega)}$$

$$f_{yy}(\omega) = \frac{1.64}{2\pi(1.16 + 0.8\cos\omega)}$$

이며 SAS에 의한

$$A_{yx}(\omega) = \frac{\sqrt{0.89 - 0.8\cos\omega}}{2\pi(1.16 + 0.6\cos\omega)}$$

$$\phi_{yx}(\omega) = \tan^{-1}\left(\frac{-0.8\sin\omega}{-0.5 + 0.8\cos\omega}\right)$$

$$\rho_{yx}^2(\omega) = \frac{0.89 - 0.8\cos\omega}{2.05}$$

가 된다. 생성자료를 이용한 추정값 및 각 스펙트럴 밀도함수의 이론적인 값들은 각각 다음과 같다.

‖ 생성 시계열에 대한 스펙트럴 밀도함수 추정치 및 이론적인 값 ‖

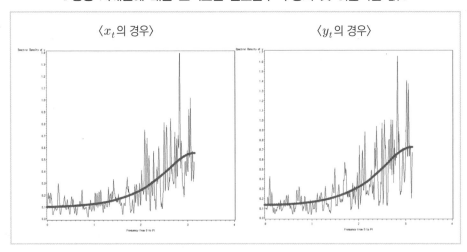

〈x_t의 경우〉 〈y_t의 경우〉

┃ amplitude 및 phase 추정치 및 이론적인 값 ┃

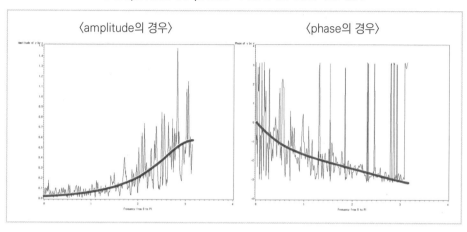

〈amplitude의 경우〉　　　〈phase의 경우〉

┃ squared coherency 추정치 및 이론적인 값 ┃

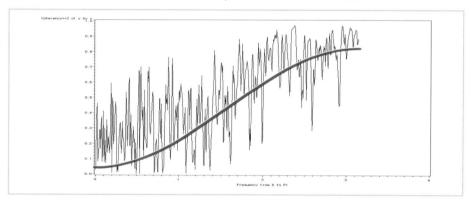

각 스펙트럼들로 판단해 보았을 때 고주파 영역에서 입력 시계열인 x_t와 출력 시계열인 y_t의 상관성이 높으며 입력 시계열의 진폭이 상대적으로 적게 줄어들면서($|A_{yx}(\omega)| < 1$) 시차를 두고 출력 시계열에 전달된다는 것을 알 수 있다. 저주파 영역에서는 진폭이 상대적으로 더 크게 줄어들고 스펙트럼의 기울기로 보아 전달 시차가 고주파 영역에 비해 길어진다는 것이 발견된다.

한편 생성된 시계열 x_t 및 y_t를 전이함수모형을 이용하여 추정해 보면 다음과 같은 결과를 얻을 수 있다.

$$y_t = -0.45(1 - 1.29B)x_t + e_t$$
$$(18.2) \qquad (12.2)$$

생성 시계열의 관측치가 증가하면 x_t의 계수는 $\dfrac{-\phi_1}{1+\phi_1^2}$와 같고 x_{t-1}의 계수는 $\dfrac{\phi_2}{1+\phi_1^2}$와 같아진다.[17] 이 경우에는 각각 -0.40, 0.64가 된다. 전이함수모형 추정 결과에 의하면 입력 시계열 x_t는 당기 및 1기 시차를 두고 출력 시계열 y_t에 영향을 미치며 이는 phase 스펙트럴 밀도함수에 의한 분석과도 상응한다.

▌두 시계열의 교차시차상관계수 ▌

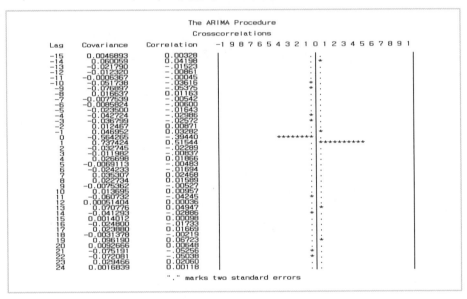

```
                        The ARIMA Procedure
                         Crosscorrelations

  Lag    Covariance   Correlation  -1 9 8 7 6 5 4 3 2 1 0 1 2 3 4 5 6 7 8 9 1
  -15    0.0046893     0.00328                    :       . *
  -14    0.060059      0.04198                    :       .*
  -13   -0.021790     -.01523                    :       .*
  -12   -0.012320     -.00861                    :       .
  -11   -0.0006367    -.00045                    :       .
  -10   -0.051738     -.03616                    :     * .
   -9   -0.076897     -.05375                    :     *  .
   -8    0.016637      0.01163                    :       .
   -7   -0.0077539    -.00542                    :       .
   -6   -0.0085924    -.00600                    :       .
   -5   -0.023500      0.01643                    :       .*
   -4   -0.042724     -.02986                    :      *.
   -3   -0.036799     -.02572                    :      *.
   -2    0.012467      0.00871                    :       .
   -1    0.046952      0.03282                    :       .*
    0   -0.564265     -.39440          *******  *:       .
    1    0.737424      0.51544                    :  **********
    2   -0.032745     -.02289                    :      *.
    3   -0.011982     -.00837                    :       .
    4    0.026698      0.01866                    :       .*
    5   -0.0069113    -.00483                    :       .
    6   -0.024233     -.01694                    :       .
    7    0.035307      0.02468                    :       .*
    8    0.022734      0.01589                    :       .
    9   -0.0075362    -.00527                    :       .
   10    0.013695      0.00957                    :       .
   11   -0.060732     -.04245                    :     * .
   12    0.00051404    0.00036                    :       .
   13    0.070776      0.04947                    :       .*
   14   -0.041293     -.02886                    :      *.
   15    0.0014012     0.00098                    :       .
   16   -0.024800     -.01733                    :       .
   17    0.023880      0.01669                    :       .
   18   -0.0031378    -.00219                    :       .
   19    0.096190      0.06723                    :       .*
   20    0.0092666     0.00648                    :       .
   21   -0.075191     -.05256                    :     * .
   22   -0.072081     -.05038                    :     * .
   23    0.029466      0.02060                    :       .*
   24    0.0016839     0.00118                    :       .

                     "." marks two standard errors
```

---

17 전이함수의 가중치는 $\dfrac{f_{yx}(\omega)}{f_{xx}(\omega)}$와 관련이 있다. 여기서는

$$\frac{f_{yx}(\omega)}{f_{xx}(\omega)} = \frac{(-\phi_1 f_{\nu\nu}(\omega) + \phi_2 e^{-iw} f_{\mu\mu}(\omega))}{(\phi_1^2 f_{\nu\nu}(\omega) + f_{\mu\mu}(\omega))}$$

이 때 u_t 및 $v_t \sim i.i.d$ $N(0,1)$ uncorrelated이고 $f_{\nu\nu}(\omega) = f_{\mu\mu}(\omega)$이므로 가중치는 각각 $\dfrac{-\phi_1}{1+\phi_1^2}$ 및 $\dfrac{\phi_2}{1+\phi_1^2}$가 된다.

▌생성 시계열의 전이함수모형 추정 결과 ▌

Maximum Likelihood Estimation

Parameter	Estimate	Standard Error	t Value	Approx Pr > |t|	Lag	Variable	Shift
SCALE1	-0.45328	0.02493	-18.19	<.0001	0	x	0
NUM1,1	1.28891	0.10527	12.24	<.0001	1	x	0

Variance Estimate	0.793721
Std Error Estimate	0.89091
AIC	2606.245
SBC	2616.059
Number of Residuals	999

Correlations of Parameter Estimates

Variable Parameter		SCALE1	NUM1,1
x	SCALE1	1.000	0.877
x	NUM1,1	0.877	1.000

Autocorrelation Check of Residuals

To Lag	Chi-Square	DF	Pr > ChiSq	\multicolumn{6}{c}{Autocorrelations}
6	9.83	6	0.1319	0.015	0.008	-0.017	0.052	0.030	-0.075
12	17.14	12	0.1443	0.042	-0.004	0.055	0.032	0.023	0.030
18	23.87	18	0.1593	-0.032	-0.001	0.034	0.051	0.036	-0.024
24	29.35	24	0.2074	-0.000	-0.032	-0.019	-0.041	-0.047	-0.009
30	33.03	30	0.3210	0.018	0.011	0.004	-0.019	-0.020	-0.049
36	42.20	36	0.2207	-0.059	-0.040	-0.002	-0.032	-0.018	-0.049
42	45.79	42	0.3176	-0.015	-0.009	-0.004	-0.033	-0.044	-0.009
48	51.47	48	0.3396	0.030	0.059	-0.029	-0.003	0.013	-0.001

Crosscorrelation Check of Residuals with Input x

To Lag	Chi-Square	DF	Pr > ChiSq	\multicolumn{6}{c}{Crosscorrelations}
5	1.22	4	0.8755	0.000	-0.004	-0.018	-0.016	0.025	-0.006
11	8.47	10	0.5830	-0.040	0.021	0.011	0.039	-0.047	-0.038
17	19.78	16	0.2301	0.040	0.024	-0.050	0.030	-0.048	0.059
23	24.40	22	0.3268	0.019	0.018	-0.019	-0.056	-0.016	0.014
29	32.06	28	0.2720	-0.007	-0.064	0.048	0.004	0.001	-0.035
35	37.79	34	0.3004	0.023	0.039	0.044	-0.014	-0.032	-0.023
41	41.20	40	0.4178	0.003	-0.056	0.008	-0.009	0.009	0.001
47	43.20	46	0.5903	0.001	0.006	0.007	0.005	0.024	-0.036

다음으로는 앞서 비선형분석에서 소개한 바 있는 southern oscillation index(SOI)(x_t)와 신종 어류 개체 수(y_t)의 관계에 대한 자료(Shumway and Stoffer(1999))를 스펙트럴 기법을 이용하여 분석해 보기로 한다.

살펴본대로 AR(1) 모형으로 prewhitening한 두 변수 x_t 및 y_t의 교차시차 상관계수를 구해본 결과 y_t는 x_t에 5기 정도 후행하며 상관계수가 단조적으로 줄어드는 모습을 나타내었다.

두 시계열의 교차시차상관계수

```
                    The ARIMA Procedure
                     Crosscorrelations

  Lag   Covariance   Correlation  -1 9 8 7 6 5 4 3 2 1 0 1 2 3 4 5 6 7 8 9 1
  -15   -0.280457     -.06594                         .*|.
  -14    0.238513     0.05608                          *.
  -13    0.404805     0.09518                          .**
  -12    0.469620     0.11042                          .**
  -11    0.496659     0.11678                          .**
  -10    0.519002     0.12203                          .**
   -9    0.492112     0.11571                          .**
   -8    0.065346     0.01536                          .
   -7   -0.491193     -.11549                        **|.
   -6   -0.777525     -.18281                      ****|.
   -5   -0.814180     -.19143                      ****|.
   -4   -0.654879     -.15398                       ***|.
   -3   -0.216108     -.05081                         .*|
   -2   -0.186323     -.04381                         .*|
   -1    0.210594     0.04952                          *.
    0    0.377336     0.08872                          .**
    1    0.274480     0.06454                          *.
    2    0.227907     0.05359                          *.
    3    0.068725     0.01616                          .
    4    0.033611     0.00790                          .
    5   -1.882739     -.44267              ********|.
    6   -1.474956     -.34679                *******|.
    7   -1.252349     -.29445                ******|.
    8   -1.248430     -.29353                ******|.
    9   -0.950878     -.22357                  ****|.
   10   -0.607466     -.14283                   ***|.
   11   -0.392791     -.09235                    **|.
   12   -0.190809     -.04486                     .*|
   13    0.134329     0.03158                       .*.
   14    0.167644     0.03942                       .*.
   15    0.101040     0.02376                       .
   16   -0.132104     -.03106                     .*|
   17   -0.645180     -.15170                    ***|.
   18   -0.943436     -.22182                  ****|.
   19   -0.553662     -.13018                    ***|.
   20   -0.313879     -.07380                     .*|
   21   -0.108403     -.02549                     .*|
   22    0.313576     0.07373                       .*.
   23    0.640720     0.15065                       .***
   24    0.778101     0.18295                       .****

               "." marks two standard errors
```

이러한 시차구조를 반영하여 전이함수모형 형태로 추정하면 다음과 같은 추정 결과를 얻을 수 있다.[18]

$$y_t = 70.86 - 20.99(1 - 0.80B)^{-1}x_{t-5} + (1 - 1.26B + 0.42B^2)^{-1}e_t$$
$$(31.1) \quad (19.2) \quad\quad (36.7) \quad\quad\quad\quad (29.3) \quad\quad (9.8)$$

---

18 앞서와 달리 수준변수를 그대로 이용하였다.

‖ 전이함수모형을 이용한 분석 ‖

The ARIMA Procedure

Maximum Likelihood Estimation

Parameter	Estimate	Standard Error	t Value	Approx Pr > |t|	Lag	Variable	Shift
MU	70.85574	2.27884	31.09	<.0001	0	y	0
AR1,1	1.26164	0.04307	29.29	<.0001	1	y	0
AR1,2	-0.42226	0.04310	-9.80	<.0001	2	y	0
SCALE1	-20.99133	1.09340	-19.20	<.0001	0	x	5
DEN1,1	0.79941	0.02176	36.74	<.0001	1	x	5

Constant Estimate	11.38131
Variance Estimate	49.61157
Std Error Estimate	7.043548
AIC	3020.63
SBC	3041.142
Number of Residuals	447

Correlations of Parameter Estimates

Variable Parameter		y MU	y AR1,1	y AR1,2	x SCALE1	x DEN1,1
y	MU	1.000	0.002	-0.009	-0.086	0.381
y	AR1,1	0.002	1.000	-0.886	0.012	0.001
y	AR1,2	-0.009	-0.886	1.000	-0.009	-0.006
x	SCALE1	-0.086	0.012	-0.009	1.000	0.270
x	DEN1,1	0.381	0.001	-0.006	0.270	1.000

Autocorrelation Check of Residuals

To Lag	Chi-Square	DF	Pr > ChiSq			--Autocorrelations--			
6	15.71	4	0.0034	-0.010	0.001	0.046	-0.124	0.049	0.121
12	26.26	10	0.0034	-0.074	0.048	-0.051	-0.087	-0.042	-0.058
18	35.88	16	0.0030	-0.085	-0.015	-0.058	-0.094	0.032	-0.007
24	37.90	22	0.0188	-0.023	-0.032	0.013	0.017	0.042	0.021
30	42.21	28	0.0414	-0.022	0.012	0.069	0.005	0.056	0.021
36	51.13	34	0.0299	0.035	-0.081	-0.087	-0.009	0.033	0.042
42	64.98	40	0.0075	0.080	-0.082	-0.110	-0.008	0.035	0.043
48	67.29	46	0.0220	0.003	0.006	-0.052	-0.041	-0.009	0.011

Crosscorrelation Check of Residuals with Input x

To Lag	Chi-Square	DF	Pr > ChiSq			--Crosscorrelations--			
5	2.26	5	0.8121	0.006	0.008	-0.005	-0.063	0.020	-0.025
11	11.02	11	0.4417	-0.088	-0.055	0.037	0.006	0.048	0.073
17	20.56	17	0.2468	-0.024	-0.025	0.081	0.010	0.051	0.105
23	35.67	23	0.0446	0.009	0.010	0.074	0.045	0.075	0.144
29	45.90	29	0.0240	-0.072	-0.097	0.076	0.044	-0.005	0.030
35	55.78	35	0.0143	-0.125	-0.025	0.076	0.018	-0.004	-0.006
41	59.60	41	0.0302	-0.067	0.034	-0.002	0.039	-0.031	-0.024
47	67.17	47	0.0283	-0.064	0.037	0.022	0.054	0.087	-0.026

이 자료를 frequency domain 접근법에 의해 분석해 보기로 한다. amplitude $A_{yx}(\omega)$와 phase $\phi_{yx}(\omega)$를 살펴보면 각각 다음과 같다. phase 추정치 초기값의 주파수 ω에 대한 기울기를 구해 보면 대략 5.9의 시차를 얻는데 이는 5.9기의 시차를 두고 출력 시계열인 y_t의 진폭이 확대되고 있음을 의미한다.[19] frequency domain 접근법을 사용하면 선형모형과 달리 정수가 아닌 시차를 얻을 수 있는 장점이 있다.

‖ amplitude 추정치 ‖

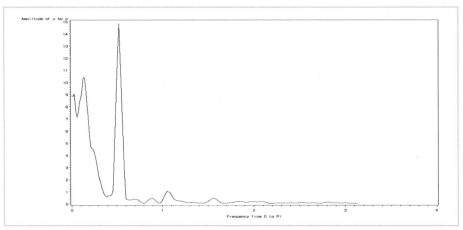

‖ phase 추정치 ‖

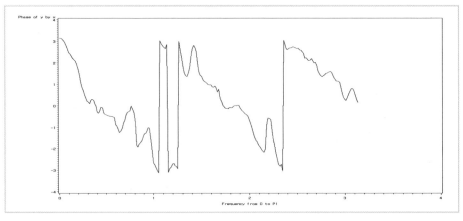

19 $y_t = bx_{t-h}$의 phase $\phi_{yx}(\omega) = -hw$라는 것에서 유추해 볼 수 있다.

한편 squared coherency $\rho_{yx}^2(\omega)$의 추정치를 살펴보면 다음과 같은데 주파수가 낮은 영역에서 두 시계열의 상관성이 상대적으로 높다는 것을 보여준다.

‖ squared coherency 추정치 ‖

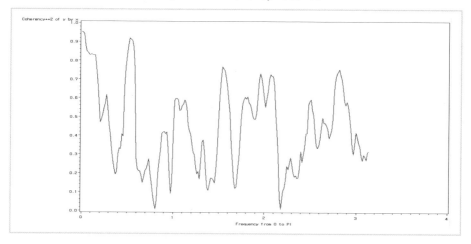

끝으로 다음과 같은 모형에서 두 계수 α_1 및 α_2, β의 변화에 따라 스펙트럼들이 어떻게 변하는지 살펴보기로 한다. 모형에서는 입력 시계열인 x_t가 현재 및 1기 시차를 두고 출력 시계열인 y_t에 영향을 미친다.

$$x_t = \beta x_{t-1} + u_t$$
$$y_t = \alpha_1 x_t + \alpha_2 x_{t-1} + v_t,$$
$$u_t \sim i.i.d \ N(0,\sigma_u^2), \ v_t \sim i.i.d \ N(0,\sigma_v^2), \ u_t \ 및 \ v_t \ \text{uncorrelated}$$

이 시계열에 대한 스펙트럴 밀도함수들은 다음과 같다.

$$f_{xx}(\omega) = \frac{\sigma_u^2}{2\pi} \frac{1}{1+\beta^2 - 2\beta\cos\omega}$$

$$f_{yy}(\omega) = \frac{\sigma_u^2}{2\pi} \frac{\alpha_1^2 + \alpha_2^2 + 2\alpha_1\alpha_2\cos\omega}{1+\beta^2 - 2\beta\cos\omega} + \frac{\sigma_v^2}{2\pi}$$

$$f_{yx}(\omega) = \frac{\sigma_u^2}{2\pi} \frac{\alpha_1 + \alpha_2 \cos\omega + i\alpha_2 \sin\omega}{1 + \beta^2 - 2\beta\cos\omega}$$

SAS에 의한

$$A_{yx}(\omega) = \frac{\sigma_u^2 \sqrt{(\alpha_1^2 + \alpha_2^2 + 2\alpha_1\alpha_2\cos\omega)}}{2\pi(1 + \beta^2 - 2\beta\cos\omega)}$$

$$\phi_{yx}(\omega) = \tan^{-1}\left(\frac{-\alpha_2\sin\omega}{\alpha_1 + \alpha_2\cos\omega}\right)$$

$$\rho_{yx}^2(\omega) = \frac{1}{1 + \dfrac{\sigma_v^2(1 + \beta^2 - 2\beta\cos\omega)}{\sigma_u^2(\alpha_1^2 + \alpha_2^2 + 2\alpha_1\alpha_2\cos\omega)}}$$

이 된다.

예를 들어 $\alpha_1 = 0.8$, $\alpha_2 = 0.2$, $\beta = 0.8$, $\sigma_u^2 = 1$, $\sigma_v^2 = 0.81$일 때

$$f_{xx}(\omega) = \frac{1}{2\pi(1.64 - 0.16\cos\omega)}$$

$$f_{yy}(\omega) = \frac{0.68 + 0.32\cos\omega}{2\pi(1.64 - 0.16\cos\omega)} + \frac{0.81}{2\pi}$$

$$A_{yx}(\omega) = \frac{\sqrt{0.68 + 0.32\cos\omega}}{2\pi(1.64 - 0.16\cos\omega)}$$

$$\phi_{yx}(\omega) = \tan^{-1}\left(\frac{-0.2\sin\omega}{0.8 + 0.2\cos\omega}\right)$$

$$\rho_{yx}^2(\omega) = \frac{1}{1 + \dfrac{0.81(1.64 - 0.16\cos\omega)}{(0.68 + 0.32\cos\omega)}}$$

이다.

α_1 및 α_2의 값을 각각 (0.8, 0.2), (0.5, 0.5), (0.2, 0.8), (0.2, −0.8)로 변화시켜가며 스펙트럴 밀도함수들을 구해 본다.

추정 결과들에 따르면 α_1 및 α_2의 값은 amplitude $A_{yx}(\omega)$와 squared coherency $\rho_{yx}^2(\omega)$의 곡률과 값들에 영향을 미친다. 특히 phase $\phi_{yx}(\omega)$의 경우 α_2의 값이 커질수록 스펙트럴 밀도함수의 기울기가 가파르게 되는 모습을 보이는데 이는 1기 시차를 둔 입력 시계열 x_{t-1}의 영향, 즉 α_2가 커질수록 출력 시

계열 y_t에 미치는 당기와 1기 전의 평균시차가 길어짐을 의미한다. α_2가 마이너
스로 전환될 때에는 시차가 더 길어진다. phase 추정치의 초기값들을 주파수 ω
에 대하여 회귀분석해 보면 기울기가 각각 -0.18, -0.5, -0.82, -1.19로 추정
된다는 것을 확인할 수 있다. 한편 α_1 및 α_2의 값이 $(-0.2, -0.8)$일 때는 기
울기가 -0.82로 $(0.2, 0.8)$의 경우와 같다. 이 때 각 주파수에서 amplitude나
squared coherency의 값도 $(0.2, 0.8)$의 경우와 같아질 것이라는 것을 식으로부
터 확인할 수 있다.

한편 squared coherency는 α_1, α_2 및 β뿐만 아니라 σ_u^2 및 σ_v^2의 크기에도
영향을 받는데 앞의 식에서 알 수 있는 것처럼 σ_v^2이 클수록 squared coherency
는 작아지게 된다. 이 식에서

$$\frac{\sigma_v^2(1+\beta^2-2\beta\cos\omega)}{\sigma_u^2(\alpha_1^2+\alpha_2^2+2\alpha_1\alpha_2\cos\omega)}$$

는 노이즈항의 출력 시계열에 대한 영향력이라고 볼 수 있다.

‖ 생성 시계열에 대한 amplitude 추정치 및 이론적인 값 ‖

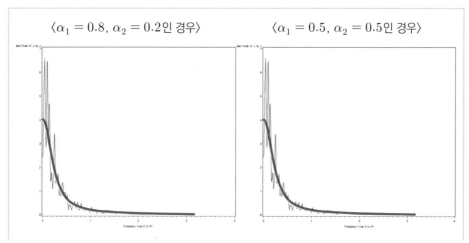

〈$\alpha_1 = 0.8$, $\alpha_2 = 0.2$인 경우〉　　　　〈$\alpha_1 = 0.5$, $\alpha_2 = 0.5$인 경우〉

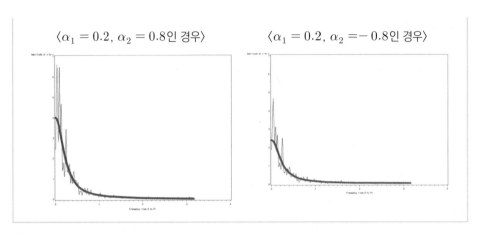

$\langle \alpha_1 = 0.2, \ \alpha_2 = 0.8$인 경우$\rangle$ $\langle \alpha_1 = 0.2, \ \alpha_2 = -0.8$인 경우$\rangle$

▌ 생성 시계열에 대한 phase 추정치 및 이론적인 값 ▌

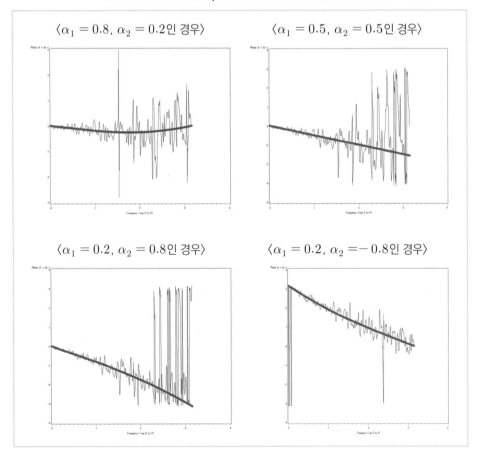

$\langle \alpha_1 = 0.8, \ \alpha_2 = 0.2$인 경우$\rangle$ $\langle \alpha_1 = 0.5, \ \alpha_2 = 0.5$인 경우$\rangle$

$\langle \alpha_1 = 0.2, \ \alpha_2 = 0.8$인 경우$\rangle$ $\langle \alpha_1 = 0.2, \ \alpha_2 = -0.8$인 경우$\rangle$

‖ 생성 시계열에 대한 squared coherency 추정치 및 이론적인 값 ‖

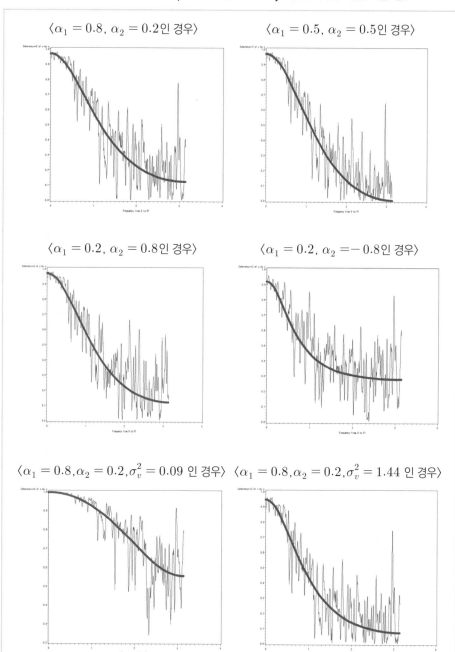

〈참고 IV- 1〉 선형필터의 cross-spectrum 분석

여기서는 앞에서 살펴본 선형필터의 cross−spectrum을 구해보고 그 특징을 살펴보기로 한다.

먼저 이동평균을 이용한 필터에 대해 알아보기로 한다.

앞 장에서 이용한 모형

$$x_t = \rho x_{t-1} + e_t, \quad e_t \sim i.i.d \ N(0, \sigma^2)$$

$$z_t = \frac{1}{3}(x_{t+1} + x_t + x_{t-1})$$

을 그대로 이용하면서 시계열 x_t 및 z_t의 스펙트럴 밀도함수를 구하면 다음과 같다.

$$f_{xx}(\omega) = \frac{\sigma^2}{2\pi} \frac{1}{(1+\rho^2) - 2\rho\cos\omega}$$

$$f_{zz}(\omega) = \frac{\sigma^2}{2\pi} \left[\frac{1}{(1+\rho^2) - 2\rho\cos\omega} \right] \left[\frac{1}{3} + \frac{4}{9}\cos\omega + \frac{2}{9}\cos2\omega \right]$$

cross−specturm을 구하기 위해 시계열 x_t 및 z_t의 상관계수를 구해보면

$$\gamma_{zx}(h) = E(z_{t+h}, \ x_t)$$

$$= E(\frac{1}{3}(x_{t+h+1} + x_{t+h} + x_{t+h-1}), \ x_t)$$

$$= \frac{1}{3}(\gamma_{xx}(h+1) + \gamma_{xx}(h) + \gamma_{xx}(h-1))$$

이므로

$$f_{zx}(\omega) = \frac{1}{3}(e^{i\omega} + 1 + e^{-i\omega})f_{xx}(\omega)$$

$$= \frac{1}{3}(1 + 2\cos\omega)f_{xx}(\omega)$$

가 된다.

그런데 $f_{zx}(\omega)$는 실근으로만 구성되어 있으므로 amplitude $A_{zx}(\omega)$는 $\left| \frac{1}{3}(1+2\cos\omega) \right|$ 가 되며 phase $\phi_{zx}(\omega)$는 0이 된다.[20]

---

20 SAS에서 $A_{zx}(\omega)$는 분자인 $\left| \frac{1}{3}(1+2\cos\omega)f_{xx}(\omega) \right|$ 로 주어진다.

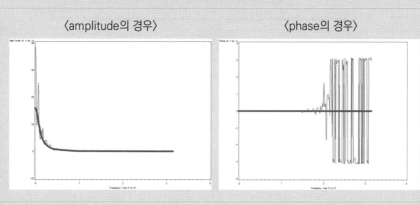

한편 squared coherency $\rho_{zx}^2(\omega)$를 구해보면

$$\rho_{zx}^2(\omega) = \frac{\left|f_{zx}^2(\omega)\right|}{f_{xx}(\omega)f_{zz}(\omega)}$$

$$= \frac{\dfrac{1}{9}(1+2\cos\omega)^2 f_{xx}^2(\omega)}{f_{xx}(\omega)[\dfrac{1}{3}+\dfrac{4}{9}\cos\omega+\dfrac{2}{9}\cos2\omega]f_{xx}(\omega)}$$

그런데

$$\cos2w = 2\cos^2 w - 1$$

이므로 이를 이용하면 $\rho_{zx}^2(\omega)=1$이 된다. 이 경우에도 이동 평균에 노이즈항이 추가되면 $\rho_{zx}^2(\omega)$은 1보다 작아지게 된다.[21]

---

21 그림에서 $\rho_{zx}^2(\omega)$는 주파수가 2 초반 영역에서 이론적인 값인 1과 달리 0에 가까운 값들이 보인다. 관측치의 개수가 늘어나면 주파수가 2.09, 즉 주기가 $3(=2\pi/2.09)$인 곳에서만 $\rho_{zx}^2(\omega)$가 0의 값을 가진다는 것이 관찰되는데 이는 $w=\dfrac{2\pi}{3}$일 때 분자 $\dfrac{1}{3}(1+2\cos w)=0$이 되기 때문이다.

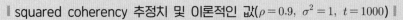

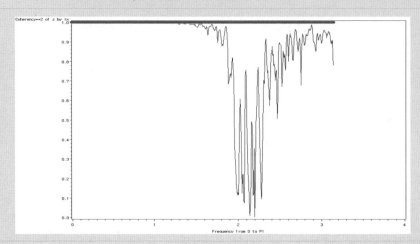

다음으로 차분항을 이용한 필터에 대해서 알아보기로 한다. 마찬가지로 앞 장에서 사용한 예를 이용하기로 한다.

$$x_t = \rho x_{t-1} + e_t, \quad e_t \sim i.i.d \ N(0, \sigma^2)$$
$$y_t = x_t - x_{t-1}$$

두 시계열에 대한 스펙트럴 밀도함수 $f_{xx}(\omega)$ 및 $f_{yy}(\omega)$는 다음과 같다.

$$f_{xx}(\omega) = \frac{\sigma^2}{2\pi} \frac{1}{(1+\rho^2) - 2\rho \cos\omega}$$
$$f_{yy}(\omega) = (1 - e^{-i\omega})(1 - e^{i\omega}) f_{xx}(\omega)$$
$$= \frac{\sigma^2}{2\pi} \frac{(2 - 2\cos\omega)}{(1+\rho^2) - 2\rho \cos\omega}$$

cross-spectrum은 다음과 같이 구해진다.

$$\gamma_{yx}(h) = E(y_{t+h}, \ x_t)$$
$$= E(x_{t+h} - x_{t+h-1}, \ x_t)$$
$$= \gamma_{xx}(h) - \gamma_{xx}(h-1)$$

따라서

$$f_{yx}(\omega) = (1 - e^{-iw}) f_{xx}(\omega)$$

$$= (1 - \cos\omega + i\sin\omega) f_{xx}(\omega)$$

$$= \frac{\sigma^2}{2\pi} \frac{(1 - \cos\omega + i\sin\omega)}{(1 + \sigma^2) - 2\rho\cos\omega}$$

가 되며 cospectrum $c_{yx}(\omega)$와 quadspectrum $q_{yx}(\omega)$은 각각 다음과 같다.

$$c_{yx}(\omega) = (1 - \cos\omega) f_{xx}(\omega)$$

$$q_{yx}(\omega) = \sin\omega \, f_{xx}(\omega)$$

또한 amplitude $A_{yx}(\omega)$와 phase $\phi_{yx}(\omega)$는 각각 다음과 같다.

$$\left| A_{yx}(\omega) \right| = \frac{\sqrt{c_{yx}(\omega)^2 + q_{yx}(\omega)^2}}{f_{xx}(\omega)}$$

$$= \frac{f_{xx}(\omega) \sqrt{(1 - \cos\omega)^2 + \sin^2\omega}}{f_{xx}(\omega)}$$

$$= \sqrt{2 - 2\cos\omega}$$

$$\phi_{yx}(\omega) = \tan^{-1}\left(-\frac{q_{yx}(\omega)}{c_{yx}(\omega)}\right)$$

그런데 $f_{yx}(\omega) = (1 - e^{-iw}) f_{xx}(\omega)$에서

$$(1 - e^{-i\omega}) = e^{-i\omega/2}(e^{i\omega/2} - e^{-i\omega/2})$$

$$= (\cos\frac{\omega}{2} - i\sin\frac{\omega}{2})(2i\sin\frac{\omega}{2})$$

$$= 2\sin^2\frac{\omega}{2} + 2i\cos\frac{\omega}{2}\sin\frac{\omega}{2}$$

이므로

$$c_{yx}(\omega) = (2\sin^2\frac{\omega}{2}) f_{xx}(\omega),$$

$$q_{yx}(\omega) = (-2\cos\frac{\omega}{2}sin\frac{\omega}{2}) f_{xx}(\omega)$$

로 나타낼 수도 있다. 따라서

$$\phi_{yx}(\omega) = \tan^{-1}\left(\frac{\cos\frac{\omega}{2}}{\sin\frac{\omega}{2}}\right)$$

가 된다. 그런데

$$\cos\frac{\omega}{2} = \sin(-\frac{\omega}{2}+\frac{\pi}{2}),$$

$$\sin\frac{\omega}{2} = \cos(-\frac{\omega}{2}+\frac{\pi}{2})$$

이므로

$$\phi_{yx}(\omega) = \tan^{-1}(\frac{\sin(-\frac{\omega}{2}+\frac{\pi}{2})}{\cos(-\frac{\omega}{2}+\frac{\pi}{2})})$$

$$= -\frac{\omega}{2}+\frac{\pi}{2}$$

가 된다. 즉 phase $\phi_{yx}(\omega)$는 주파수에 대한 선형함수가 된다.

❚ amplitude 및 phase 추정치 및 이론적인 값($\rho = 0.9$, $\sigma^2 = 1$, $t = 1000$) ❚

〈amplitude의 경우〉　　　　〈phase의 경우〉

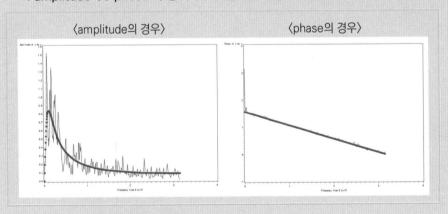

한편 squared coherency $\rho_{yx}^2(\omega)$를 구하여 보면

$$\rho_{yx}^2(\omega) = \frac{\left| f_{yx}^2(\omega) \right|}{f_{xx}(\omega)f_{yy}(\omega)}$$

$$= \frac{(1-e^{-i\omega})(1-e^{i\omega})f_{xx}^2(\omega)}{f_{xx}(\omega)(1-e^{-i\omega})(1-e^{i\omega})f_{xx}(\omega)}$$

$$= 1$$

이 된다는 것을 알 수 있다.

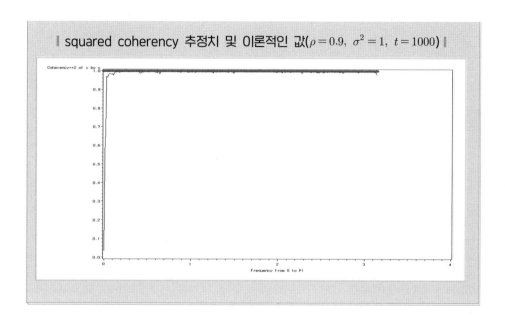

‖ squared coherency 추정치 및 이론적인 값($\rho = 0.9$, $\sigma^2 = 1$, $t = 1000$) ‖

V

시계열모형의 구축과 활용

V. 시계열모형의 구축과 활용

시계열 분석을 하는 이유는 시계열의 특징을 파악한 후 변수에 미치는 충격의 영향, 정책 효과를 분석하거나 미래 예측 등에 활용하기 위한 것이다. 시계열모형은 이를 위한 필수적인 도구이다. 시계열모형을 구축하기 위해서는 일단 목적과 대상이 명확해야 한다. 특정 시계열 하나의 움직임을 살펴볼 것인지 혹은 변수간 관계를 파악할 것인지, 과거 자료의 분석을 위한 것인지 혹은 미래 예측이 주요 관심인지, 이론적 정합성이 중요한지 혹은 현실 설명력이 높아야 하는지 등에 대해 결정해야 한다. 목적과 함께 분석 대상 시계열이 정해지면 시계열자료를 다양한 측면에서 살펴본 후 특성에 적합한 모형을 선택하고 추정 과정을 거쳐 모형을 구축한다. 다음에는 구축 모형에 대하여 여러가지 진단을 하고 모형에 의해 설명되지 않는 체계적인 움직임이 있는지, 누락된 요인이 있는지 파악한다. 모형 구축이 끝나면 이를 활용하여 과거 현상을 분석하거나 전망치를 도출하게 된다. 여기서는 단일변수모형, 다변수모형으로 구분하여 모형의 구축과 활용에 대해 예를 들어 간략히 설명해 보기로 한다.

1. 단일변수모형

모형 구축의 목적이 정해졌다면 무엇보다 중요한 것이 시계열자료의 선택이다. 예를 들어 GDP 전망이 목적일 경우 원계열 자료를 사용할 수도 있고 계절조정된 자료를 이용할 수도 있다. 원계열 자료인 경우에는 대개 추세요인과 계절성이 나타난다. 이 때 단위근 검정으로 불안정적 시계열인 것이 확인되면 차분하거

나 혹은 계절차분한다.[1, 2] 이미 계절조정된 자료일 경우 단위근 검정 후 단위근
을 가진다고 판정되면 차분한다.

‖ GDP 원계열 및 계절조정계열(수준변수) ‖

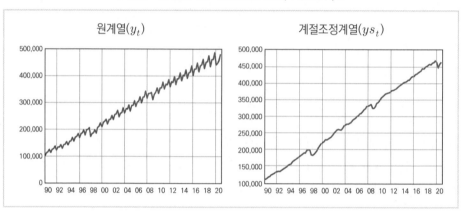

‖ GDP 원계열 및 계절조정계열(차분변수) ‖

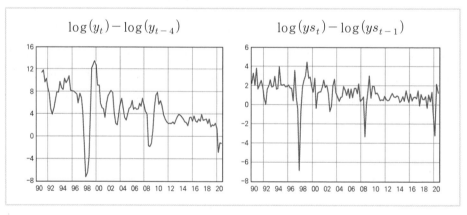

또한 GDP 구성 항목인 소비, 투자, 수출입 등을 각각 분석한 다음 이를 이용하여 GDP 전망치를 도출할 수도 있고 GDP 시계열 그 자체를 모형화하여 전망치를 구할 수도 있다.

다음으로는 분석자료의 특징을 살펴보는 것이다. 먼저 그림을 그려보는 것이 중요하다. 시간에 따른 변화, 시차별 산포도가 크게 도움이 된다. 시간에 따른 변화에서는 추세요인이나 계절성 유무, 단위근의 존재 가능성, 구조적인 변화 가능성 등이 주요 관심 사항이 된다. 시차별 산포도는 시차상관관계를 살펴보기 위한 것이다. 선형관계인지 혹은 비선형관계인지, 일정 수준을 경계로 구조적 변화가 있는지 파악도 가능하다. 시계열자료의 경우 로그로 전환하여 사용하는 경우가 많은데 이는 로그로 전환할 경우 차분값이 원 시계열의 증감률과 같은 데다 시계열 값이 커지면서 나타나는 큰 변동성이 축소되고 특이치가 줄어드는 장점이 있기 때문이다.[3]

여기서는 GDP 원계열(로그 변환)을 이용하여 GDP 전망을 해보기로 한다.

‖ GDP 원계열의 로그 전환(수준변수) ‖

시계열에 강한 추세요인이 발견되므로 단위근 검정을 실시해 보았다. 그 결과 GDP 원계열(로그 전환)은 불안정적 시계열로 판명되었다.

---

3 로그 전환은 원계열의 skewness를 줄여 정규분포에 가깝게 하기 위해서도 사용된다.

▌GDP 원계열(로그 전환)의 단위근 검정 ▌

Null Hypothesis: LYO has a unit root
Exogenous: Constant, Linear Trend
Lag Length: 6 (Automatic - based on SIC, maxlag=12)

		t-Statistic	Prob.*
Augmented Dickey-Fuller test statistic		-0.927915	0.9485
Test critical values:	1% level	-4.038365	
	5% level	-3.448681	
	10% level	-3.149521	

*MacKinnon (1996) one-sided p-values.

이에 따라 수준변수를 차분하기로 한다. 차분하는 경우에도 이전 기와의 차분($\log(y_t) - \log(y_{t-1})$)인지, 계절차분인지($\log(y_t) - \log(y_{t-4})$)에 따라 모습이 다르다. 원계열(로그 전환) 차분에 강한 계절성이 보이므로 계절요인이 함께 배제될 수 있도록 계절차분을 해보았다.[4]

▌GDP 원계열의 로그 전환 후 차분 ▌

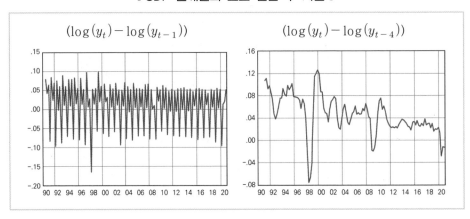

$(\log(y_t) - \log(y_{t-1}))$　　　$(\log(y_t) - \log(y_{t-4}))$

---

4 계절차분하여 Seasonal ARIMA 모형을 구축할 수 있는데 기본 형태는 다음과 같다.
$$(1-B)(1-B^s)y_t = (1-\theta B)(1-\delta B^s)e_t,$$
단 $|\theta| < 1$ 및 $|\delta| < 1$, $(1-B^s)y_t = y_t - y_{t-s}$, s는 계절차분 시차

GDP(로그 전환) 계절차분에 의한 GDP 전년동기대비 증감률은 단위근 검정 결과 안정적인 것으로 나타났다.

‖ GDP 전년동기대비 증감률의 단위근 검정 ‖

Null Hypothesis: YO_R has a unit root
Exogenous: Constant
Lag Length: 4 (Automatic - based on SIC, maxlag=12)

		t-Statistic	Prob.*
Augmented Dickey-Fuller test statistic		-2.986744	0.0391
Test critical values:	1% level	-3.488063	
	5% level	-2.886732	
	10% level	-2.580281	

*MacKinnon (1996) one-sided p-values.

원계열 전년동기대비 증감률의 자기시차상관계수를 살펴본 결과 상관성이 상당 기간 지속되는 것으로 보인다. 편자기시차상관계수도 시차를 두고 줄어드는 모습이다.

‖ GDP 전년동기대비 증감률의 특성 ‖

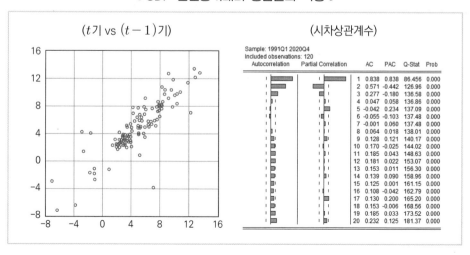

단일변수의 모형 구축에는 앞서 살펴본 ARMA 모형이 널리 사용된다. 시계열의 특성이 평균, 분산 및 공분산에 의해 쉽게 파악 가능하기 때문이다. ARMA 모형을 이용하여 시계열자료를 추정해 보았다. EViews는 AIC, BIC 등에 의해 적합한 모형을 보여준다. AIC에 의해 ARMA(1,3) 모형을 선택하였다.

$$z_t = 4.90 + 0.40y_{t-1} + e_t + 0.86e_{t-1} + 0.86e_{t-2} + 0.83e_{t-3}$$
$$(5.38) \quad (3.93) \qquad\qquad (13.5) \qquad (9.99) \qquad (11.3)$$

t값으로 보아 추정계수들이 모두 유의한 것으로 나타났다. 추정 잔차도 0을 중심으로 움직이며 상관성이 존재하지 않는 것으로 보인다.

┃ ARMA 모형에 의한 GDP 전년동기대비 증감률 추정 ┃

(ARMA 모형의 선택)

Model Selection Criteria Table
Dependent Variable: YO_R

Sample: 1991Q1 2023Q4
Included observations: 120

Model	LogL	AIC*	BIC	HQ
(1,3)(0,0)	-217.867085	3.731118	3.870493	3.787719
(2,3)(0,0)	-217.818671	3.746978	3.909582	3.813012
(1,4)(0,0)	-217.835614	3.747260	3.909864	3.813294
(0,4)(0,0)	-218.997996	3.749967	3.889341	3.806567
(3,3)(0,0)	-217.512813	3.758547	3.944380	3.834014
(2,4)(0,0)	-217.807440	3.763457	3.949290	3.838925
(4,3)(0,0)	-217.012894	3.766882	3.975943	3.851783
(3,4)(0,0)	-217.037844	3.767297	3.976359	3.852198
(4,4)(0,0)	-216.269012	3.771150	4.003441	3.865485
(4,2)(0,0)	-220.379617	3.806327	3.992160	3.881795
(3,2)(0,0)	-223.418778	3.840313	4.002917	3.906347
(0,3)(0,0)	-225.519782	3.841996	3.958142	3.889164
(2,2)(0,0)	-225.971770	3.866196	4.005571	3.922797
(4,1)(0,0)	-226.501945	3.891699	4.054303	3.957733
(3,0)(0,0)	-230.017336	3.916956	4.033101	3.964123
(2,1)(0,0)	-230.616514	3.926942	4.043087	3.974109
(2,0)(0,0)	-231.623752	3.927063	4.019979	3.964796
(4,0)(0,0)	-229.630941	3.927182	4.066557	3.983783
(3,1)(0,0)	-229.938286	3.932305	4.071679	3.988905
(1,2)(0,0)	-232.164995	3.952750	4.068895	3.999917
(1,1)(0,0)	-236.976557	4.016276	4.109192	4.054010
(1,0)(0,0)	-247.516773	4.175280	4.244967	4.203580
(0,2)(0,0)	-254.002088	4.300035	4.392951	4.337769
(0,1)(0,0)	-268.120036	4.518667	4.588355	4.546968
(0,0)(0,0)	-327.286734	5.488112	5.534570	5.506979

(ARMA 모형 추정 결과)

Dependent Variable: YO_R
Method: ARMA Maximum Likelihood (OPG - BHHH)

Sample: 1991Q1 2020Q4
Included observations: 120
Convergence achieved after 36 iterations
Coefficient covariance computed using outer product of gradients

Variable	Coefficient	Std. Error	t-Statistic	Prob.
C	4.900649	0.910183	5.384245	0.0000
AR(1)	0.401821	0.102295	3.928072	0.0001
MA(1)	0.859836	0.063638	13.51130	0.0000
MA(2)	0.863457	0.086468	9.985893	0.0000
MA(3)	0.833968	0.073751	11.30782	0.0000
SIGMASQ	2.116236	0.251495	8.414638	0.0000

R-squared	0.845454	Mean dependent var	4.829893
Adjusted R-squared	0.838676	S.D. dependent var	3.715953
S.E. of regression	1.492520	Akaike info criterion	3.731118
Sum squared resid	253.9484	Schwarz criterion	3.870493
Log likelihood	-217.8671	Hannan-Quinn criter.	3.787719
F-statistic	124.7288	Durbin-Watson stat	1.966407
Prob(F-statistic)	0.000000		

Inverted AR Roots	.40		
Inverted MA Roots	.03-.95i	.03+.95i	-.91

| ARMA 모형에 의한 추정치, 잔차 |

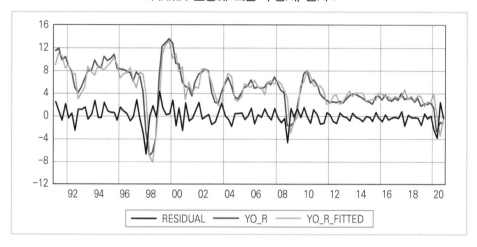

추정 잔차 및 추정 잔차 제곱의 시차상관계수를 살펴본 결과 모두 자기상관
현상이 없는 것으로 나타났다.

| 추정 잔차 및 잔차 제곱의 자기상관성 검정 |

추정 잔차

Sample (adjusted): 1991Q1 2020Q4
Q-statistic probabilities adjusted for 4 ARMA terms

Autocorrelation	Partial Correlation		AC	PAC	Q-Stat	Prob
		1	0.003	0.003	0.0015	
		2	-0.018	-0.019	0.0439	
		3	-0.085	-0.084	0.9388	
		4	0.048	0.049	1.2338	
		5	-0.028	-0.032	1.3360	0.248
		6	-0.109	-0.115	2.8651	0.239
		7	0.026	0.035	2.9504	0.399
		8	0.049	0.038	3.2657	0.514
		9	0.028	0.011	3.3663	0.644
		10	0.020	0.037	3.4205	0.755
		11	0.064	0.065	3.9773	0.782
		12	0.040	0.029	4.1940	0.839
		13	0.016	0.031	4.2282	0.896
		14	-0.005	0.016	4.2314	0.936
		15	0.102	0.109	5.6723	0.894
		16	-0.117	-0.115	7.6155	0.814
		17	0.102	0.125	9.0908	0.766
		18	0.008	0.024	9.1009	0.825
		19	-0.019	-0.056	9.1530	0.869
		20	0.072	0.114	9.9096	0.871

추정 잔차 제곱

Sample (adjusted): 1991Q1 2020Q4
Included observations: 120 after adjustments

Autocorrelation	Partial Correlation		AC	PAC	Q-Stat	Prob
		1	0.083	0.083	0.8517	0.356
		2	-0.019	-0.026	0.8958	0.639
		3	0.061	0.066	1.3690	0.713
		4	0.226	0.217	7.8173	0.099
		5	0.043	0.012	8.0580	0.153
		6	-0.061	-0.062	8.5394	0.201
		7	0.016	0.002	8.5724	0.285
		8	0.070	0.016	9.2192	0.324
		9	-0.011	-0.025	9.2359	0.416
		10	-0.019	0.010	9.2858	0.505
		11	0.043	0.041	9.5319	0.573
		12	0.076	0.053	10.325	0.587
		13	0.013	0.013	10.350	0.665
		14	-0.081	-0.083	11.258	0.666
		15	-0.037	-0.056	11.449	0.720
		16	0.090	0.068	12.600	0.702
		17	-0.033	-0.042	12.754	0.753
		18	-0.084	-0.037	13.775	0.744
		19	-0.031	-0.008	13.915	0.789
		20	0.013	-0.024	13.941	0.833

이처럼 단일변수의 경우 분석에 사용할 변수 형태를 적절히 선택할 때
ARMA 모형에 의하여 쉽게 추정된다. 구조적 변화가 있는 경우라면 구조적 변화

발생 시점 이후로 추정대상 기간을 조정하면 된다.[5] 만약 구조적 변화가 발생하였는지 또는 아주 큰 충격 발생시점을 전후로 한 시계열의 변화를 살펴보는 것이 목적이라면 이를 감안한 보다 복잡한 모형을 설정할 수 있을 것이다. 또 경기상승기나 하강기에 서로 다른 모습을 보이는 것이 발견되면 이를 두 기간으로 구분하여 분석하는 모형을 고려해 볼 수 있겠다. Threshold AR(TAR) 모형은 일정 값을 경계로 AR 모형의 계수가 달라지는 현상을 감안한 것이다.[6] LSTAR, ESTAR 모형 등도 고려해 볼 수 있는데 비선형함수를 이용한 AR 모형에 대해서는 앞의 비선형성 부분을 참조하기 바란다.

이제 시계열모형을 구축하였으므로 이를 이용하여 전망을 해보기로 한다.

먼저 AR(1) 모형의 전망에 대하여 살펴보자.

다음 모형에서

$$y_t = a + \rho y_{t-1} + e_t, \ e_t \sim i.i.d \ N(0,\sigma^2)$$

1기 앞 전망치 $\widehat{y_{t+1|t}} = E(y_{t+1})$이다.[7]

$$y_{t+1} = a + \rho y_t + e_{t+1}$$

이므로

$$E(y_{t+1}) = E(a + \rho y_t + e_{t+1}) = a + \rho y_t$$

그러므로

$$\widehat{y_{t+1|t}} = a + \rho y_t$$

가 된다. 전망오차 $(y_{t+1} - \widehat{y_{t+1|t}})$의 평균 및 분산은

$$E(y_{t+1} - \widehat{y_{t+1|t}}) = E(e_{t+1}) = 0$$

$$Var(y_{t+1} - \widehat{y_{t+1|t}}) = Var(e_{t+1}) = \sigma^2$$

---

5 Chow 검정(Chow(1960))을 이용하면 일정 시점을 전후로 하여 구조적 변화가 발생하였는지 판단할 수 있다.

6 Tong(1978), Tong and Lim(1980) 등에 의하여 소개되었으며 다음과 같은 형태를 띤다.
$$y_t = \phi_{0,1} + \phi_{1,1}y_{t-1} + e_t, \ if \ y_{t-1} \leq c$$
$$y_t = \phi_{0,2} + \phi_{1,2}y_{t-1} + e_t, \ if \ y_{t-1} > c$$

7 $y = \{y_t, \ y_{t-1}, \cdots\}$가 주어졌을 때 평균자승오차(mean squared errors) $E(y_{t+h} - g(y))^2 (h \geq 1)$을 최소화 하는 가장 best predictor $g(y) = E(y_{t+h}|y)$이다.
여기서 $E(y_{t+h})$는 $E(y_{t+h}| \ y_t, \ y_{t-1}, \cdots)$이다. 이하 동일하다. p.138 각주 23), 24)를 참조하시오.

이 된다.

2기 앞 전망치 $\widehat{y_{t+2|t}} = E(y_{t+2})$이다.

$$y_{t+2} = a + \rho y_{t+1} + e_{t+2}$$
$$= a + \rho(a + \rho y_t + e_{t+1}) + e_{t+2}$$
$$= (1+\rho)a + \rho^2 y_t + \rho e_{t+1} + e_{t+2}$$

이므로

$$E(y_{t+2}) = E((1+\rho)a + \rho^2 y_t + \rho e_{t+1} + e_{t+2})$$
$$= (1+\rho)a + \rho^2 y_t$$

그러므로

$$\widehat{y_{t+2|t}} = (1+\rho)a + \rho^2 y_t$$
$$E(y_{t+2} - \widehat{y_{t+2|t}}) = E(\rho e_{t+1} + e_{t+2}) = 0$$
$$Var(y_{t+2} - \widehat{y_{t+2|t}}) = Var(\rho e_{t+1} + e_{t+2}) = (1+\rho^2)\sigma^2$$

이 된다.

나아가

$$y_{t+2} = (1+\rho)a + \rho^2 y_t + \rho e_{t+1} + e_{t+2}$$
$$y_{t+3} = (1+\rho+\rho^2)a + \rho^3 y_t + \rho^2 e_{t+1} + \rho e_{t+2} + e_{t+3}$$
$$\vdots$$
$$y_{t+n} = (1+\rho+\rho^2+\cdots+\rho^{n-1})a + \rho^n y_t$$
$$\qquad + \rho^{n-1}e_1 + \rho^{n-2}e_2 + \cdots + \rho e_{t+(n-1)} + e_{t+n}$$
$$= \frac{a(1-\rho^n)}{(1-\rho)} + \rho^n y_t$$
$$\qquad + \rho^{n-1}e_1 + \rho^{n-2}e_2 + \cdots + \rho e_{t+(n-1)} + e_{t+n}$$

이므로 n기 앞 전망치, 전망오차의 평균 및 분산은

$$\widehat{y_{t+n|t}} = \frac{a(1-\rho^n)}{(1-\rho)} + \rho^n y_t$$
$$E(y_{t+n} - \widehat{y_{t+n|t}}) = E(\rho^{n-1}e_1 + \rho^{n-2}e_2 + \cdots + \rho e_{t+(n-1)} + e_{t+n}) = 0$$

$$Var(y_{t+n} - \widehat{y_{t+n|t}}) = Var(\rho^{n-1}e_1 + \rho^{n-2}e_2 + \cdots + \rho e_{t+(n-1)} + e_{t+n})$$

$$= (\rho^{2(n-1)} + \rho^{2(n-2)} + \cdots + \rho^2 + 1)\sigma^2$$

$$= (\frac{1 - \rho^{2n}}{1 - \rho^2})\sigma^2$$

이 된다. n이 무한히 커지면 전망치는 이 시계열의 평균인 $\dfrac{a}{1-\rho}$, 분산은 늘어

나다가 $\dfrac{\sigma^2}{1-\rho^2}$으로 수렴한다.

다음에는 MA(1) 모형의 전망에 대하여 살펴본다.

$$y_t = a + e_t + \theta e_{t-1}, \ e_t \sim i.i.d \ N(0, \sigma^2)$$

1기 앞 전망치 $\widehat{y_{t+1|t}}$는

$$y_{t+1} = a + e_{t+1} + \theta e_t$$

이므로

$$\widehat{y_{t+1|t}} = E(y_{t+1})$$

$$= E(a + e_{t+1} + \theta e_t)$$

$$= a + \theta e_t$$

가 된다.[8]

$$y_{t+1} - \widehat{y_{t+1|t}} = e_{t+1}$$

이므로

$$E(y_{t+1} - \widehat{y_{t+1|t}}) = E(e_{t+1}) = 0$$

$$Var(y_{t+1} - \widehat{y_{t+1|t}}) = Var(e_{t+1}) = \sigma^2$$

이 된다.

---

8 e_t는 실제 추정 잔차값을 사용하는데 $y_1, y_2 \cdots, y_n$이 주어졌을 때 $\tilde{e}_t$는 다음과 같이 구해진다.

$$y_t = a + (1 + \theta B)e_t$$

$$\Leftrightarrow e_t = \frac{y_t - a}{(1 + \theta B)}$$

$$\Leftrightarrow e_t = (y_t - a) - \theta(y_{t-1} - a) + \theta^2(y_{t-2} - a) - \cdots$$

이므로

$$\tilde{e}_t = (y_n - a) - \theta(y_{n-1} - a) + \theta^2(y_{n-2} - a) - \cdots + (-1)^{n-1}\theta^{n-1}(y_1 - a)$$

2기 앞 전망치 $\widehat{y_{t+2|t}}$는

$$y_{t+2} = a + e_{t+2} + \theta e_{t+1}$$

$$\widehat{y_{t+2|t}} = E(y_{t+2})$$

$$= E(a + e_{t+2} + \theta e_{t+1})$$

$$= a$$

가 된다.

$$y_{t+2} - \widehat{y_{t+2|t}} = e_{t+2} + \theta e_{t+1}$$

이므로

$$E(y_{t+2} - \widehat{y_{t+2|t}}) = E(e_{t+2} + \theta e_{t+1}) = 0$$

$$Var(y_{t+2} - \widehat{y_{t+2|t}}) = Var(e_{t+2} + \theta e_{t+1}) = (1+\theta^2)\sigma^2$$

이 된다.

또한

$$y_{t+n} = a + e_{t+n} + \theta e_{t+(n-1)}$$

이므로 $n(>1)$기 앞 전망치, 전망오차의 평균 및 분산은

$$\widehat{y_{t+n|t}} = a$$

$$E(y_{t+n} - \widehat{y_{t+n|t}}) = E(e_{t+n} + \theta e_{t+(n-1)}) = 0$$

$$Var(y_{t+n} - \widehat{y_{t+n|t}}) = Var(e_{t+n} + \theta e_{t+(n-1)}) = (1+\theta^2)\sigma^2$$

이 된다. 즉 2기 앞 이후 전망치는 평균이 a이며 분산은 $(1+\theta^2)\sigma^2$으로 일정하다.[9]

---

9 MA(2) 모형의 경우

$$y_t = a + e_t + \theta_1 e_{t-1} + \theta_2 e_{t-2}, \ e_t \sim i.i.d \ N(0,\sigma^2)$$

1기 앞 전망치 $\widehat{y_{t+1|t}}$는

$$y_{t+1} = a + e_{t+1} + \theta_1 e_t + \theta_2 e_{t-1}$$

이므로

$$\widehat{y_{t+1|t}} = E(a + e_{t+1} + \theta_1 e_t + \theta_2 e_{t-1}) = a + \theta_1 e_t + \theta_2 e_{t-1}$$

2기 앞 전망치 $\widehat{y_{t+2|t}}$는

$$y_{t+2} = a + e_{t+2} + \theta_1 e_{t+1} + \theta_2 e_t$$

이므로

$$\widehat{y_{t+2|t}} = E(a + e_{t+2} + \theta_1 e_{t+1} + \theta_2 e_t) = a + \theta_2 e_t$$

3기 앞 전망치 $\widehat{y_{t+3|t}}$는

$$y_{t+3} = a + e_{t+3} + \theta_1 e_{t+2} + \theta_2 e_{t+1}$$

▌ AR(1) 및 MA(1) 모형에 의한 전망[1] ▌

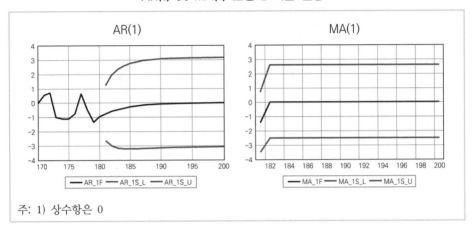

주: 1) 상수항은 0

일반적인 ARMA 모형의 경우에도 이와 같은 과정을 통하여 전망치와 전망 오차를 구할 수 있다.

다음과 같은 ARMA(1,1) 모형에서

$$y_t = \rho y_{t-1} + e_t + \theta e_{t-1}, \ e_t \sim i.i.d \ N(0,\sigma^2)$$

$$y_{t+1} = \rho y_t + e_{t+1} + \theta e_t$$

이므로

1기 앞 전망치 $\widehat{y_{t+1|t}} = E(y_{t+1})$은

$$\widehat{y_{t+1|t}} = \rho y_t + \theta e_t$$

$$E(y_{t+1} - \widehat{y_{t+1|t}}) = E(e_{t+1}) = 0$$

$$Var(y_{t+1} - \widehat{y_{t+1 \mid t}}) = Var(e_{t+1}) = \sigma^2$$

이 된다.

이므로

$$\widehat{y_{t+3|t}} = E(a + e_{t+3} + \theta_1 e_{t+2} + \theta_2 e_{t+1}) = a$$

가 된다. 즉 3기 앞 이후 전망치는 a가 된다. 이로부터 MA(q) 모형의 전망치는 (q+1)기 앞 이후 a가 될 것임을 알 수 있다.

2기 앞 전망치 $\widehat{y_{t+2\mid t}}= E(y_{t+2})$는

$$y_{t+2}= \rho y_{t+1}+ e_{t+2}+\theta e_{t+1}$$
$$= \rho(\rho y_t + e_{t+1}+\theta e_t)+e_{t+2}+\theta e_{t+1}$$
$$= \rho^2 y_t + \rho\theta e_t + (\rho+\theta)e_{t+1}+e_{t+2}$$

이므로

$$\widehat{y_{t+2\mid t}}= \rho^2 y_t + \rho\theta e_t$$
$$E(y_{t+2}-\widehat{y_{t+2\mid t}})= E((\rho+\theta)e_{t+1}+e_{t+2})=0$$
$$Var(y_{t+2}-\widehat{y_{t+2\mid t}})= Var((\rho+\theta)e_{t+1}+e_{t+2})=(1+(\rho+\theta)^2)\sigma^2$$

이 된다.

나아가

$$y_{t+3}= \rho^3 y_t + \rho^2\theta e_t + (\rho^2 + \rho\theta+\theta)e_{t+1}+\rho e_{t+2}+e_{t+3}$$

이므로

$$\widehat{y_{t+3\mid t}}= \rho^3 y_t + \rho^2\theta e_t$$

가 된다.

여기서

$$\widehat{y_{t+2\mid t}}= \rho\widehat{y_{t+1\mid t}}$$
$$\widehat{y_{t+3\mid t}}= \rho\widehat{y_{t+2\mid t}}= \rho^2\widehat{y_{t+1\mid t}}$$

이므로

$$\widehat{y_{t+n\mid t}}= \rho\widehat{y_{t+(n-1)\mid t}}= \rho^{n-1}\widehat{y_{t+1\mid t}}$$

이 되어 $\widehat{y_{t+n\mid t}}$는 AR 항의 계수인 ρ에 지배되는 구조가 된다.[10]

---

10 e_t는 p.242 각주 8)처럼 실제 추정 잔차값을 사용하는데 $y_1, y_2 \cdots, y_n$이 주어졌을 때 $\tilde{e_t}$는 다음과 같이 구해진다.

$$(1-\rho B)y_t = (1+\theta B)e_t$$
$$\Leftrightarrow e_t = \frac{(1-\rho B)}{(1+\theta B)}y_t$$
$$\Leftrightarrow e_t = (1-(\rho+\theta)B+\theta(\rho+\theta)B^2-\theta^2(\rho+\theta)B^3+\cdots)y_t$$

이므로

$$\tilde{e_t}= y_n -(\rho+\theta)y_{n-1}+\theta(\rho+\theta)y_{n-2}-\theta^2(\rho+\theta)y_{n-3}+\cdots+(-1)^{n-1}\theta^{n-2}(\rho+\theta)y_1$$

다음은 앞서 살펴본 GDP 전년동기대비 증감률에 대하여 ARMA(1,3)으로부터 도출된 1, 2, ... , 12기 앞 전망치이다. 2021년 1/4분기 이후 붉은 선은 전망치이고 가는 선은 전망치에 대한 상·하 2 전망오차 구간이다.

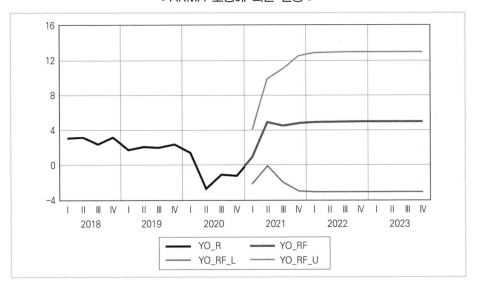

┃ ARMA 모형에 의한 전망 ┃

　　다음과 같은 두 모형을 이용하여 전망을 해보기로 한다. 모형 ①은 선형 시간추세항이 있는 모형이고 모형 ②는 random walk with drift이다. 첫 번째는 deterministic trend를 가지고 있고 두 번째는 stochsatic trend가 있다.

　　　모형 ① $y_t = a + bt + e_t,\ e_t \sim i.i.d\ N(0,\ \sigma^2),\ a \neq 0,\ b \neq 0$

　　　모형 ② $y_t = c + y_{t-1} + e_t,\ e_t \sim i.i.d\ N(0,\ \sigma^2),\ c \neq 0$

▌두 시계열의 모습 ▌

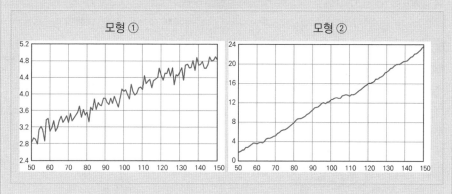

　　$y_t,\ y_{t-1,\dots}$가 주어졌을 때 첫 번째 모형을 이용하여 전망을 해보면

　　　　$y_{t+1} = a + b(t+1) + e_{t+1}$

　　　　$y_{t+2} = a + b(t+2) + e_{t+2}$

이므로

　　　　$y_{t+n} = a + b(t+n) + e_{t+n}$

이 되어

　　　　$\widehat{y_{t+n|t}} = E(y_{t+n}) = E(a + b(t+n) + e_{t+n}) = a + b(t+n)$

　　　　$E(y_{t+n} - \widehat{y_{t+n|t}}) = E(e_{t+n}) = 0$

　　　　$Var(y_{t+n} - \widehat{y_{t+n|t}}) = Var(e_{t+n}) = \sigma^2$

이 된다.

　　즉 n기 앞 전망치는 $a + b(t+n)$이고 전망오차의 평균 및 분산은 각각 0, σ^2으로 전망오차의 분산이 n에 관계없이 일정하다.

다음으로 두 번째 모형의 경우는

$$y_{t+1} = c + y_t + e_{t+1}$$

$$y_{t+2} = c + y_{t+1} + e_{t+2} = c + (c + y_t + e_{t+1}) + e_{t+2} = 2c + y_t + e_{t+1} + e_{t+2}$$

가 되어

$$y_{t+n} = nc + y_t + e_{t+1} + e_{t+2} + \cdots + e_{t+n}$$

이 된다. 따라서

$$\widehat{y_{t+n|t}} = E(y_{t+n}) = E(nc + y_t + e_{t+1} + e_{t+2} + \cdots + e_{t+n}) = nc + y_t$$

$$E(y_{t+n} - \widehat{y_{t+n|t}}) = E(e_{t+1} + e_{t+2} + \cdots + e_{t+n}) = 0$$

$$Var(y_{t+n} - \widehat{y_{t+n|t}}) = Var(e_{t+1} + e_{t+2} + \cdots + e_{t+n}) = n\sigma^2$$

이 된다.

즉 n기 앞 전망치는 $nc + y_t$로 전망시차 n이 커지면 이에 따라 선형적으로 증가($c > 0$일 경우) 혹은 감소($c < 0$일 경우)하며, 전망오차의 평균 및 분산은 각각 0, $n\sigma^2$으로 전망오차의 분산이 전망시차 n이 늘어남에 따라 선형적으로 증가한다. stochastic trend가 존재하는 random walk with drift process의 경우 시간이 경과할수록 전망의 불확실성이 커진다고 할 수 있다.[11]

두 시계열에 대한 전망

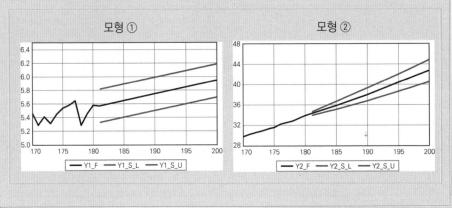

---

11 전망치의 증가 속도가 n인 반면 전망오차의 증가 속도는 $\sqrt{n}$이므로 전망치는 평균에 좌우되면서 상방 혹은 하방 추세를 따라가게 된다.

계절성분도 단위근을 가질 수 있다. 다음과 같은 경우

$$y_t = y_{t-s} + e_t, \quad e_t \sim i.i.d$$

계절성분이 단위근을 가지며 이 때 시계열은 seasonal stochastic trend를 보이게 된다. 계절성분에 대한 단위근 검정은 DF 검정 방법에 따라

$$\Delta_s y_t = \delta_0 y_{t-1} + \sum_{i=1}^{K} \delta_i \Delta_s y_{t-i} + e_t, \quad 단 \ \Delta_s y_t = y_t - y_{t-s}$$

를 검정하여 $H_0 : \delta_0 = 0$, $H_A : \delta_0 < 0$를 검정하게 된다(DHF 검정, Dickey, Hasza and Fuller(1984)). 그런데 DHF 검정은 특정 주기 s만에 대한 단위근 검정이라는 제약이 있다. 이러한 점을 보완하기 위하여 Hylleberg, Engle, Granger and Yoo(1990)는 여러 주기에서 단위근 검정을 할 수 있도록 이를 개선(HEGY 검정)하였다. DF 검정과 같이 상수항, 상수항 및 시간추세항, 계절더미변수들이 모형에 포함될 수 있다. 구체적으로 예를 들어 분기자료인 경우 주기 0, $\frac{\pi}{2}$, $\frac{3\pi}{2}$, π에서 개별적으로, 결합(jointly) 혹은 전체적으로 단위근 검정을 실시한다. 주기가 0인 경우는 일반적인 단위근 검정에 해당한다. 주기가 $\frac{\pi}{2}$, $\frac{3\pi}{2}$인 경우는 unit root in annual cycle, π는 semi-annual unit root를 의미한다.

앞서 살펴본 우리나라 GDP 원계열자료(로그 전환)를 단위근 검정해 본 결과 각 주기에서 개별적으로 뿐만 아니라 모든 주기에서 전체적으로 단위근을 가진 것으로 나타났다.

검정 결과를 보면 t값과 F값이 5% 임계치를 각각 상회, 하회하였다. 주기 0 및 π의 경우에는 t값에 해당되는데 각각 -1.13 및 -1.05로 5% 유의수준인 -3.33, -1.91보다 크기 때문에 단위근이 존재한다는 귀무가설을 기각할 수 없다. 나머지는 F값인데 모두 5% 임계치보다 작아 마찬가지로 귀무가설을 기각할 수 없다.

‖ GDP 원계열자료(로그 전환) 단위근 검정 결과 ‖

Seasonal Unit Root Test for LYO
Method: Traditional HEGY
Null Hypothesis: Unit root at specified frequency
Periodicity (Seasons): 4
Non-Seasonal Deterministics: Constant and trend
Seasonal Deterministics: None
Lag Selection: 7 (Automatic: AIC, maxlags=12)
Sample Size: 113

	Test Stat.	Significance Level		
		1%	5%	10%
Frequency 0	-1.131198			
n=100		-3.86	-3.32	-3.04
n=120		-3.86	-3.34	-3.06
n=113*		-3.86	-3.33	-3.05
Frequency 2PI/4 and 6PI/4	0.297975			
n=100		29.94	8.44	3.72
n=120		33.98	8.15	3.75
n=113*		32.57	8.25	3.74
Frequency PI	-1.051922			
n=100		-2.52	-1.90	-1.58
n=120		-2.48	-1.92	-1.60
n=113*		-2.50	-1.91	-1.59
All seasonal frequencies	0.565965			
n=100		20.96	6.12	2.97
n=120		23.38	5.87	2.93
n=113*		22.54	5.96	2.94
All frequencies	0.747437			
n=100		17.04	6.05	4.11
n=120		18.61	5.84	4.04
n=113*		18.06	5.91	4.06

*Note: Obtained using linear interpolation.

계절성분이 단위근을 가진 경우 계절차분을 한다. 다음은 GDP 시계열(원계열, 로그 전환)의 차분(원계열 전기대비 증감률에 해당)과 계절차분(전년동기대비 증감률)에 대한 단위근 검정 결과이다. 차분한 경우 여전히 계절성분에 단위근이 존재하는 것으로 나타났으나(다만 주기 0인 경우에는 단위근이 존재하지 않음), 계절차분한 경우에는 모든 경우 단위근이 없는 것으로 나타났다.

이외에도 Canova and Hansen(1995), Smith and Taylor(1999), Taylor(2005) 등이 제시한 계절성분에 대한 단위근 검정 방법이 있다. EViews에서는 이를 위한 옵션들이 있다.

▌GDP 차분(전기대비 증감률)에 대한 단위근 검정 결과▌

Seasonal Unit Root Test for DLYO
Method: Traditional HEGY
Null Hypothesis: Unit root at specified frequency
Periodicity (Seasons): 4
Non-Seasonal Deterministics: Constant
Seasonal Deterministics: None
Lag Selection: 5 (Automatic: AIC, maxlags=12)
Sample Size: 114

		Significance Level		
	Test Stat.	1%	5%	10%
Frequency 0	-3.390559			
n=100		-3.37	-2.81	-2.53
n=120		-3.36	-2.80	-2.52
n=114*		-3.36	-2.81	-2.52
Frequency 2PI/4 and 6PI/4	0.546569			
n=100		29.94	8.44	3.72
n=120		33.98	8.15	3.75
n=114*		32.77	8.23	3.74
Frequency PI	-0.888313			
n=100		-2.52	-1.90	-1.58
n=120		-2.48	-1.92	-1.60
n=114*		-2.49	-1.91	-1.59
All seasonal frequencies	0.617989			
n=100		20.96	6.12	2.97
n=120		23.38	5.87	2.93
n=114*		22.66	5.95	2.94
All frequencies	3.360059			
n=100		16.31	5.37	3.40
n=120		18.09	5.24	3.33
n=114*		17.55	5.28	3.35

*Note: Obtained using linear interpolation.

▌GDP 계절차분(전년동기대비 증감률)에 대한 단위근 검정 결과▌

Seasonal Unit Root Test for YO_R
Method: Traditional HEGY
Null Hypothesis: Unit root at specified frequency
Periodicity (Seasons): 4
Non-Seasonal Deterministics: Constant
Seasonal Deterministics: None
Lag Selection: 1 (Automatic: AIC, maxlags=12)
Sample Size: 115

		Significance Level		
	Test Stat.	1%	5%	10%
Frequency 0	-2.986744			
n=100		-3.37	-2.81	-2.53
n=120		-3.36	-2.80	-2.52
n=115*		-3.36	-2.81	-2.52
Frequency 2PI/4 and 6PI/4	66.30675			
n=100		29.94	8.44	3.72
n=120		33.98	8.15	3.75
n=115*		32.97	8.22	3.74
Frequency PI	-6.683386			
n=100		-2.52	-1.90	-1.58
n=120		-2.48	-1.92	-1.60
n=115*		-2.49	-1.91	-1.60
All seasonal frequencies	71.85745			
n=100		20.96	6.12	2.97
n=120		23.38	5.87	2.93
n=115*		22.78	5.93	2.94
All frequencies	88.33569			
n=100		16.31	5.37	3.40
n=120		18.09	5.24	3.33
n=115*		17.64	5.27	3.34

*Note: Obtained using linear interpolation.

2. 다변수모형

설명변수가 있는 모형의 경우 설명변수가 한 개라면 앞 장에서 살펴본 전이함수모형이 좋은 선택이다. 전이함수모형은 x_t와 y_t가 안정적인 시계열이면서 ARMA 모형을 따를 때 사용한다.

모형 구축을 위해 종속변수 및 설명변수의 추이, 산포도 등을 통해 변화의 모습을 미리 파악하고 교차시차상관계수를 구해 보는 것이 중요하다. 설명변수를 prewhitening하여 교차시차상관계수를 구한 후 이의 움직임을 다항식 비율에 의한 시차 형태를 사용하여 모형을 구성한다. 전망은 x_t가 ARMA 모형을 따르므로 이를 미래 전망의 입력치로 사용할 수 있다. 이 때 설명변수 x_t는 종속변수 y_t의 과거 값에 영향을 받지 않아야 한다.

설명변수가 두 개 이상일 경우 전이함수 모형을 구성하는 것은 쉽지 않다. 이 경우에는 ADL 모형이 분석을 위한 좋은 시작점이 된다. 앞서 살펴본 것처럼 ADL 모형은 다양한 형태로 확장 가능하다. 종속변수와 설명변수의 시차항을 회귀분석에 포함할 경우 변수들이 $I(1)$ 과정들일지라도 일관성 있는 추정치를 얻을 수 있다.[12] ADL 모형의 한 형태인 ECM은 변수간 장·단기 동학을 잘 설명해 준다는 점에서 아주 유용한 모형이다. ECM 모형의 장기관계는 경제이론, 경험적 사실 등에 근거하여 설정된다. 변수들간 인과관계가 얽혀 있거나 공적분 관계가 2개 이상일 것으로 생각되는 경우 VAR 모형이나 VECM을 구축할 수 있다. ECM 및 VECM 구축에 대해서는 앞에서 살펴보았다.

구축하고자 하는 모형의 변수들간 관계가 불분명하거나 서로 영향을 주고받는 관계에 있을 경우 AR 모형의 다변수 확장 형태인 VAR 모형을 활용한다. VAR 모형은 변수들간의 통계적 특성에 초점을 둔 모형으로 모형 설정자의 선험적 판단, 이론적 근거, 내생변수·외생변수 식별 등과 같은 문제에서 자유로와지는 측면이 있다. 반대로 모형에 포함되는 변수가 자의적이고 변수 순서 및 시차 선정 등에 따라 추정 및 분석 결과가 달라질 수 있으며, 이론적 근거가 부족하므로 추정 결과에 대한 해석이나 충격관련 분석 면에서 제약을 받는 단점도 있다.

---

12 p.85 각주 50)을 참조하시오.

만약 분석대상 변수들 사이에 공적분 관계가 있을 것으로 판단된다면 VAR 모형에 공적분 관계를 고려한 VECM을 추정해 보는 것이 좋다.[13]

다음은 세 변수로 구성된 VAR(1) 모형이다.

$$\begin{bmatrix} y_{1,t} \\ y_{2,t} \\ y_{3,t} \end{bmatrix} = \begin{bmatrix} a_{11} \, a_{12} \, a_{13} \\ a_{21} \, a_{22} \, a_{23} \\ a_{31} \, a_{32} \, a_{33} \end{bmatrix} \begin{bmatrix} y_{1,t-1} \\ y_{2,t-1} \\ y_{3,t-1} \end{bmatrix} + \begin{bmatrix} e_{1,t} \\ e_{2,t} \\ e_{3,t} \end{bmatrix}$$

이를 일반화하면

$$Y_t = A(B)Y_t + E_t$$

단 Y_t는 $(n \times 1)$ 벡터, B는 lag operator

로 나타낼 수 있다.

VAR 모형의 계수는 각 변수에 대한 방정식을 하나씩 차례로 회귀분석하여 구할 수 있다.[14] 전망은 AR 모형의 전망과 기본적으로 같다.

$$\begin{aligned} Y_t &= A(B)Y_t + E_t \\ &= A_1 Y_{t-1} + A_2 Y_{t-2} + \cdots + E_t \end{aligned}$$

이므로 h기 앞 예측치 $\widehat{Y_{t+h|t}} = E(Y_{t+h})$가 된다.

예를 들어 VAR(p) 모형의 경우

$$Y_t = A_1 Y_{t-1} + A_2 Y_{t-2} + \cdots + A_p Y_{t-p} + E_t$$

1기 앞 예측치 $\widehat{Y_{t+1|t}} = E(Y_{t+1})$은

$$\begin{aligned} Y_{t+1} &= A_1 Y_t + A_2 Y_{t-1} + \cdots + A_p Y_{t-p+1} + E_{t+1} \\ \Rightarrow \widehat{Y_{t+1 \mid t}} &= E(A_1 Y_t + A_2 Y_{t-1} + \cdots + A_p Y_{t-p+1} + E_{t+1}) \\ &= A_1 Y_t + A_2 Y_{t-1} + \cdots + A_p Y_{t-p+1} \end{aligned}$$

---

[13] 변수들간 공적분 관계가 있을 경우 차분변수들로 VAR 모형을 설정하는 것은 바람직하지 않다(Hamilton(1994)). p.83 각주 44)를 참조하시오.

[14] 모형 내 모든 확률변수의 모수들을 maximum likelihood method에 의하여 한꺼번에 구할 수도 있다.

2기 앞 예측치 $\widehat{Y_{t+2|t}} = E(Y_{t+2})$은

$$Y_{t+2} = A_1 Y_{t+1} + A_2 Y_t + \cdots + A_p Y_{t-p+2} + E_{t+2}$$

$$\Rightarrow \widehat{Y_{t+2|t}} = E(A_1 Y_{t+1} + A_2 Y_t + \cdots + A_p Y_{t-p+2} + E_{t+2})$$

$$= A_1 \widehat{Y_{t+1|t}} + A_2 Y_t + \cdots + A_p Y_{t-p+2}$$

가 된다.

VAR 모형을 이용하면 다변수간 충격반응(impulse response) 및 예측오차 분산분해(forecast error variance decomposition) 분석 등이 가능하다. 앞서 살펴본대로 AR 모형으로 추정된 시계열이 안정적이라면 MA 모형으로 나타낼 수 있으며 이 때 MA 모형 error항들의 계수들이 바로 충격반응이 된다.

예를 들어 다음 AR(1) 모형

$$y_t = \rho y_{t-1} + e_t$$

는 안정성 조건($|\rho| < 1$)을 만족할 때 MA(∞) 모형으로 나타낼 수 있다.

$$y_t = e_t + \rho e_{t-1} + \rho^2 e_{t-2} + \rho^3 e_{t-3} + \cdots$$

이 때 1, ρ, ρ^2, ρ^3, $\cdots$이 충격반응이 된다.

이는 VAR 모형의 경우에도 마찬가지이다.[15, 16]

---

15 VAR(p) 모형의 경우 각 시차의 계수들로 구성된 행렬의 determinantal equation의 근들을 구한 후 이 근들의 절대값이 모두 1보다 작을 때 VAR 모형은 안정적이며 MA 모형 형태로 전환이 가능하다.
예를 들어 다음과 같은 VAR(2) 모형

$$\begin{bmatrix} y_{1,t} \\ y_{2,t} \end{bmatrix} = \begin{bmatrix} -1.2 & -0.6 \\ 0.9 & 3.0 \end{bmatrix} \begin{bmatrix} y_{1,t-1} \\ y_{2,t-1} \end{bmatrix} + \begin{bmatrix} -2.25 & -6.52 \\ -0.5 & -1.36 \end{bmatrix} \begin{bmatrix} y_{1,t-2} \\ y_{2,t-2} \end{bmatrix} + \begin{bmatrix} e_{1,t} \\ e_{2,t} \end{bmatrix}$$

의 determinantal equation은 다음과 같다.

$$\left| \begin{bmatrix} 1 & 0 \\ 0 & 1 \end{bmatrix} m^2 - \begin{bmatrix} -1.2 & -0.6 \\ 0.9 & 3.0 \end{bmatrix} m - \begin{bmatrix} -2.25 & -6.52 \\ -0.5 & -1.36 \end{bmatrix} \right| = 0$$

$$\Rightarrow (m-0.8)(m-1)(m-0.5)(m+0.5) = 0$$

$$\Rightarrow m = 0.8 \text{ or } m = 1 \text{ or } m = 0.5 \text{ or } m = -0.5$$

근의 값 중 하나가 1이므로 이 VAR(2) 모형은 안정적이지 않다.

16 VAR(p) 모형의 경우 확장된 VAR(1) 모형으로 변형한다.
예를 들어 다음과 같은 VAR(2) 모형

$$\begin{bmatrix} y_{1,t} \\ y_{2,t} \end{bmatrix} = \begin{bmatrix} a_{11} & a_{12} \\ a_{21} & a_{22} \end{bmatrix} \begin{bmatrix} y_{1,t-1} \\ y_{2,t-1} \end{bmatrix} + \begin{bmatrix} b_{11} & b_{12} \\ b_{21} & b_{22} \end{bmatrix} \begin{bmatrix} y_{1,t-2} \\ y_{2,t-2} \end{bmatrix} + \begin{bmatrix} e_{1,t} \\ e_{2,t} \end{bmatrix}$$

는 다음과 같은 VAR(1) 모형으로 나타낼 수 있다.

$$Y_t = A(B)Y_t + E_t$$

$$\Leftrightarrow Y_t = (I - A(B))^{-1}E_t$$

$$= M(B)E_t$$

$$= M_0 E_t + M_1 E_{t-1} + M_2 E_{t-2} + \cdots$$

$$단 \quad M(B) = (I - A(B))^{-1}$$

그런데 VAR 모형 경우 다변수모형이므로 추정 잔차, 즉 $e_{i,t}$와 $e_{j,t}$에 상관관계가 존재하는 것이 일반적이다. 추정 잔차에 상관관계가 존재할 경우에는 한 변수의 충격이 각 변수에 미치는 영향을 여타 변수로부터 구분하여 분석하기가 어렵다. 이러한 상관관계 문제를 해결하기 위하여 대표적으로 이용되어 온 방법이 Cholesky 분해이다. Cholesky 분해는 공분산 행렬 Σ_{E_t}를 하방삼각행렬(lower triangular matrix) L과 상방삼각행렬(upper triangular matrix) U로 나누는 것이다.

예를 들어 추정 결과 E_t의 공분산 행렬 Σ_{E_t}가 다음과 같다면

$$\Sigma_{E_t} = \begin{bmatrix} b_{11} & b_{12} & b_{13} \\ b_{21} & b_{22} & b_{23} \\ b_{31} & b_{32} & b_{33} \end{bmatrix}$$

Cholesky 분해에 의해 다음과 같은 관계를 갖는 L을 구할 수 있다.

$$\Sigma_{E_t} = L\Sigma_{\mu_t}L'$$

$$\Leftrightarrow \begin{bmatrix} b_{11} & b_{12} & b_{13} \\ b_{21} & b_{22} & b_{23} \\ b_{31} & b_{32} & b_{33} \end{bmatrix} = \begin{bmatrix} g_{11} & 0 & 0 \\ g_{21} & g_{22} & 0 \\ g_{31} & g_{32} & g_{33} \end{bmatrix} \begin{bmatrix} \sigma^2_{\mu_{1,t}} & 0 & 0 \\ 0 & \sigma^2_{\mu_{2,t}} & 0 \\ 0 & 0 & \sigma^2_{\mu_{3,t}} \end{bmatrix} \begin{bmatrix} g_{11} & g_{21} & g_{31} \\ 0 & g_{22} & g_{32} \\ 0 & 0 & g_{33} \end{bmatrix}$$

Σ_{μ_t}는 사실상 단위행렬(identity matrix)이자 대각행렬로 잔차간 상관관계가 존재하지 않는다.

$$\begin{bmatrix} y_{1,t} \\ y_{2,t} \\ y_{1,t-1} \\ y_{2,t-1} \end{bmatrix} = \begin{bmatrix} a_{11} & a_{12} & b_{11} & b_{12} \\ a_{21} & a_{22} & b_{21} & b_{22} \\ 1 & 0 & 0 & 0 \\ 0 & 1 & 0 & 0 \end{bmatrix} \begin{bmatrix} y_{1,t-1} \\ y_{2,t-1} \\ y_{1,t-2} \\ y_{2,t-2} \end{bmatrix} + \begin{bmatrix} e_{1,t} \\ e_{2,t} \\ 0 \\ 0 \end{bmatrix}$$

$$\Sigma_{E_t} = LIU = LU = LL'.^{17}$$

$$\Leftrightarrow \begin{bmatrix} b_{11} & b_{12} & b_{13} \\ b_{21} & b_{22} & b_{23} \\ b_{31} & b_{32} & b_{33} \end{bmatrix} = \begin{bmatrix} g_{11} & 0 & 0 \\ g_{21} & g_{22} & 0 \\ g_{31} & g_{32} & g_{33} \end{bmatrix} \begin{bmatrix} 1 & 0 & 0 \\ 0 & 1 & 0 \\ 0 & 0 & 1 \end{bmatrix} \begin{bmatrix} g_{11} & g_{21} & g_{31} \\ 0 & g_{22} & g_{32} \\ 0 & 0 & g_{33} \end{bmatrix}$$

따라서 $E_t = L\mu_t$로부터 구한 행렬 μ_t는 충격반응 분석에 적합한 형태가 된다.

$$\begin{bmatrix} e_{1,t} \\ e_{2,t} \\ e_{3,t} \end{bmatrix} = \begin{bmatrix} g_{11} & 0 & 0 \\ g_{21} & g_{22} & 0 \\ g_{31} & g_{32} & g_{33} \end{bmatrix} \begin{bmatrix} \mu_{1,t} \\ \mu_{2,t} \\ \mu_{3,t} \end{bmatrix}$$

이를 이용하여

$$Y_t = M(B)L\mu_t$$

$$\Leftrightarrow \quad Y_t = C(B)\mu_t$$

$$= C_0\mu_t + C_1\mu_{t-1} + C_2\mu_{t-2} + \cdots$$

$$단 \quad C(B) = M(B)L$$

그러면 $C(B)$는 각 시차에서 독립적인 충격 $\mu_{i,t}$에 대한 충격반응이 된다. C_k 행렬의 (i, j) 원소는 시차 k에서 j번째 변수의 한 단위충격에 대한 i번째 변수의 반응 크기이다.

그런데 L의 형태를 보면 하방삼각행렬의 형태를 띠므로 새로이 전환된 행렬 $L\mu_t$에서 첫 번째 변수의 충격은 모든 변수에 영향을 미치며, 두 번째 변수의 충격은 첫 번째 변수를 제외한 여타 변수에 영향을 미치지만 첫 번째 변수에는 영향을 미치지 못한다. 또한 마지막 변수는 앞선 변수에는 영향을 미치지 못하고 자신에게만 영향을 미친다. 게다가 마지막 변수는 자신을 포함한 모든 변수의 충격에 영향을 받는다.

예측오차 분산분해 분석은 각 충격의 종속변수에 대한 분산 기여도를 나타낸 것이다. Cholesky 분해를 거친 충격들은 서로 독립적이므로 종속변수의 총분

---

17 구체적으로 (3×3) 행렬의 경우 다음과 같이 분해할 수 있다.

$$L = \begin{bmatrix} \sqrt{b_{11}} & 0 & 0 \\ b_{21}/g_{11} & \sqrt{b_{22} - g_{21}^2} & 0 \\ b_{31}/g_{11} & (b_{32} - g_{21}g_{31})/g_{22} & \sqrt{b_{33} - g_{31}^2 - g_{32}^2} \end{bmatrix}$$

산에 대한 백분율로 표시가 가능하다.

h기 앞 예측치 $\widehat{Y_{t+h|t}} = E(Y_{t+h})$은 MA 모형 형태에서도 도출 가능하다. 즉 1기 앞 예측치 $\widehat{Y_{t+1|t}} = E(Y_{t+1})$

$$Y_{t+1} = C_0\mu_{t+1} + C_1\mu_t + C_2\mu_{t-1} + \cdots$$

$$\Rightarrow \widehat{Y_{t+1|t}} = E(C_0\mu_{t+1} + C_1\mu_t + C_2\mu_{t-1} + \cdots)$$

$$= C_1\mu_t + C_2\mu_{t-1} + C_3\mu_{t-2} + C_4\mu_{t-3} + \cdots$$

전망오차의 평균

$$E(Y_{t+1} - \widehat{Y_{t+1|t}}) = E(C_0\mu_{t+1}) = 0$$

이며 공분산 $Cov(Y_{t+1} - \widehat{Y_{t+1|t}})$는 다음과 같이 구해진다.[18]

$$Cov(Y_{t+1} - \widehat{Y_{t+1|t}})$$

$$= Cov(C_0\mu_{t+1})$$

$$= C_0 \Sigma_{\mu_{t+1}} C_0'$$

2기 앞 예측치 $\widehat{Y_{t+2|t}} = E(Y_{t+2})$

$$Y_{t+2} = C_0\mu_{t+2} + C_1\mu_{t+1} + C_2\mu_t + \cdots$$

$$\Rightarrow \widehat{y_{t+2|t}} = E(C_0\mu_{t+2} + C_1\mu_{t+1} + C_2\mu_t + \cdots)$$

$$= C_2\mu_t + C_3\mu_{t-1} + C_4\mu_{t-2} + \cdots$$

이므로

$$E(Y_{t+2} - \widehat{Y_{t+2|t}}) = E(C_0\mu_{t+2} + C_1\mu_{t+1}) = 0$$

$$Cov(Y_{t+2} - \widehat{Y_{t+2|t}}) = Cov(C_0\mu_{t+2} + C_1\mu_{t+1})$$

$$= C_0 \Sigma_{\mu_{t+2}} C_0' + C_1 \Sigma_{\mu_{t+1}} C_1'$$

$Cov(\mu_t)$는 대각행렬이므로 각 변수에 대한 전망오차는 각 변수의 분산들에 행렬 C_k의 요소($C_k(i,j)$) 제곱을 곱한 값의 합으로 표시가 가능하다.[19]

---

18 확률변수 행렬 $X_{n \times 1}$의 평균 및 공분산 행렬을 각각 $\mu_{x,(n \times 1)}$, $\Sigma_{\mu_x,(n \times n)}$이라고 할 때 $Z = \Gamma X$의 평균 및 공분산은 다음과 같다. Γ는 $(1 \times n)$ 상수행렬이다.

$$E(Z) = E(\Gamma X) = \Gamma \mu_x$$

$$Cov(Z) = Cov(\Gamma X) = \Gamma \Sigma_{\mu_x} \Gamma'$$

예를 들어 변수가 두 개인 경우 1기 앞 첫 번째 변수에 대한 전망오차는

$$y_{1,t+1} - \widehat{y_{1,t+1|t}} = C_0(1,1)\mu_{1,t+1} + C_0(1,2)\mu_{2,t+1}$$

이므로

$$Var(y_{1,t+1} - \widehat{y_{1,t+1|t}}) = C_0(1,1)^2\sigma^2_{\mu_{1,t}} + C_0(1,2)^2\sigma^2_{\mu_{2,t}}$$

여기서 i번째 변수의 전체 전망오차에 대한 j번째 변수의 기여도를 백분율로 표시한 것이 예측오차 분산분해이다.

이 경우 첫 번째 변수에 대한 두 번째 변수의 예측오차 분산 기여도는 다음과 같이 구해진다.

$$\frac{C_0(1,2)^2\sigma^2_{\mu_{2,t}}}{C_0(1,1)^2\sigma^2_{\mu_{1,t}} + C_0(1,2)^2\sigma^2_{\mu_{2,t}}}$$

2기 앞 첫 번째 변수에 대한 두 번째 변수의 예측오차 분산 기여도는

$$y_{1,t+2} - \widehat{y_{1,t+2|t}} = C_0(1,1)\mu_{1,t+2} + C_0(1,2)\mu_{2,t+2}$$
$$+ C_1(1,1)\mu_{1,t+1} + C_1(1,2)\mu_{2,t+1}$$
$$Var(y_{1,t+1} - \widehat{y_{1,t+1|t}}) = C_0(1,1)^2\sigma^2_{\mu_{1,t}} + C_0(1,2)^2\sigma^2_{\mu_{2,t}}$$
$$+ C_1(1,1)^2\sigma^2_{\mu_{1,t}} + C_1(1,2)^2\sigma^2_{\mu_{2,t}}$$

이므로

$$\frac{(C_0(1,2)^2 + C_1(1,2)^2)\sigma^2_{\mu_{2,t}}}{(C_0(1,1)^2 + C_1(1,1)^2)\sigma^2_{\mu_{1,t}} + (C_0(1,2)^2 + C_1(1,2)^2)\sigma^2_{\mu_{2,t}}}$$

과 같이 구해진다.

h기 앞 예측치에 대해서도 같은 방식으로 구할 수 있다.

다음과 같은 세 변수 VAR(1) 모형에서 구체적인 행렬 C_k의 형태는 다음과 같다.

$$\begin{bmatrix} y_{1,t} \\ y_{2,t} \\ y_{3,t} \end{bmatrix} = \begin{bmatrix} a_{11}\,a_{12}\,a_{13} \\ a_{21}\,a_{22}\,a_{23} \\ a_{31}\,a_{32}\,a_{33} \end{bmatrix}\begin{bmatrix} y_{1,t-1} \\ y_{2,t-1} \\ y_{3,t-1} \end{bmatrix} + \begin{bmatrix} e_{1,t} \\ e_{2,t} \\ e_{3,t} \end{bmatrix}$$

$$\Rightarrow\ Y_t = A\,Y_{t-1} + E_t$$

---

19 $\Sigma_{\mu_t} = \Sigma_{\mu_{t+h}} = \Sigma_{\mu_{t-h}}$

$$\Rightarrow \ Y_t = E_t + AE_{t-1} + A^2 E_{t-2} + \cdots$$

공분산 행렬 행렬 Σ_{E_t}

$$\Sigma_{E_t} = \begin{bmatrix} b_{11} \, b_{12} \, b_{13} \\ b_{21} \, b_{22} \, b_{23} \\ b_{31} \, b_{32} \, b_{33} \end{bmatrix} = \begin{bmatrix} g_{11} \ 0 \ \ 0 \\ g_{21} \, g_{22} \ 0 \\ g_{31} \, g_{32} \, g_{33} \end{bmatrix} \begin{bmatrix} 1 \, 0 \, 0 \\ 0 \, 1 \, 0 \\ 0 \, 0 \, 1 \end{bmatrix} \begin{bmatrix} g_{11} \, g_{21} \, g_{31} \\ 0 \ \ g_{22} \, g_{32} \\ 0 \ \ 0 \ \ g_{33} \end{bmatrix} = L\Sigma_{\mu_t} L'$$

이므로 $E_t = L\mu_t$이라고 할 때

$$Y_t = L\mu_t + AL\mu_{t-1} + A^2 L\mu_{t-2} + \cdots$$

의 형태가 된다.

즉 행렬 $C_0 = L$, $C_1 = AL$, $C_2 = A^2 L$, $\cdots$, $C_k = A^k L$이 되어 VAR(1) 모형의 경우 이를 이용하면 계산이 쉬워진다. VAR(p) 모형도 확장된 VAR(1) 모형으로 나타내면 쉽게 충격반응과 예측오차 분산분해 등을 구할 수 있다.[20] 행렬 C_k에

$$\mu_{t-k} = \begin{bmatrix} \mu_{1,t-k} \\ \mu_{2,t-k} \\ \mu_{3,t-k} \end{bmatrix} = \begin{bmatrix} 0 \\ 1 \\ 0 \end{bmatrix}, \ 단 \ k \geq 0$$

를 곱하면 각 변수(i)의 두 번째 변수($j = 2$) 한 단위충격에 대한 k 시차 충격반응이 된다. 또한 행렬 C_k는 다음과 같은 관계가 있다.[21]

$$C_k(i, \ j) = AC_{k-1}(i, \ j) = A^k C_0(i, \ j) = A^k L(i, \ j)$$

앞서 살펴보았듯이 VAR 모형 분석시 cholesky 분해의 특성상 포함되는 변수의 순서에 따라 충격반응이나 예측오차 분산분해 결과가 달라질 수 있다. VAR 모형의 각 변수는 서로 영향을 모두 주고받기 때문에 모두 내생적이라고 할 수 있지만 변수의 순서에 따라 그 정도가 어느 정도 달라진다. cholesky 분해를 따르면 외생성이 높을수록 충격반응이나 예측오차분산 분석 시 모형에 포함되는

---

20 각주 p.254 각주 16)을 참조하시오.

21 $C_0 = L$이므로 $C_0(1,2) = C_0(1,3) = C_0(2,3) = 0$이다. $k > 0$일 경우에는 대개 $C_k(i, \ j) \neq 0$일 것이므로 $k = 0$일 때와 달리 모든 변수는 각 변수의 충격의 영향을 모두 받게 된다. 이 경우 C_0 및 C_1의 형태는 다음과 같다.

$$C_0 = \begin{bmatrix} g_{11} \ 0 \ \ 0 \\ g_{21} \, g_{22} \ 0 \\ g_{31} \, g_{32} \, g_{33} \end{bmatrix}, \quad C_1 = \begin{bmatrix} a_{11}g_{11} + a_{12}g_{21} + a_{13}g_{31} & a_{12}g_{22} + a_{13}g_{32} & a_{13}g_{33} \\ a_{21}g_{11} + a_{22}g_{21} + a_{23}g_{31} & a_{21}g_{22} + a_{23}g_{32} & a_{23}g_{33} \\ a_{31}g_{11} + a_{32}g_{21} + a_{33}g_{31} & a_{32}g_{22} + a_{33}g_{32} & a_{33}g_{33} \end{bmatrix}$$

변수의 순서가 먼저 나와야 한다. 이러한 점이 VAR 모형 분석의 단점 중 하나로 지적되고 있다. 이에 대해 Pesaran and Shin(1998)은 변수의 순서에 영향을 받지 않는 generalized impulse response 분석 방법을 제시하였으며, 발생 충격에 경제이론이나 경험적 사실 등에 근거하여 구조적 제약이나 부호 제약을 추가하여 분석하기도 한다.[22]

다음은 우리나라의 소비, 소득, 금리, 물가간 관계를 VAR 모형과 VECM을 이용하여 분석해 보기로 한다. 소비는 소득과 금리, 물가의 함수라고 할 수 있다. 소득이 증가하면 소비가 늘어난다. 금리가 높아지면 소비를 미래로 이연하는 것이 유리하므로 소비를 줄이게 되며 물가가 오르면 보유현금의 실질 구매력이 줄어들게 되므로 소비를 줄이게 된다. LC, LY, LR 및 LPD는 각각 1990년부터 2018년 기간 중 우리나라의 민간소비(실질, 계절조정), GDP(실질, 계절조정), 회사채수익률(장외 3년 AA-등급), 소비자물가로 분기 시계열이다. 한국은행 ECOS에서 얻은 자료를 이용하였다. 각 변수는 로그 전환하였다. 단위근 검정 결과 네 변수 모두 $I(1)$ 과정이다.

VAR 모형의 경우 종속변수의 시차변수와 설명변수의 시차변수가 설명변수에 포함되므로 각 변수가 불안정적 시계열이라고 하여도 수준변수를 사용할 때 일관성 있는 추정치를 얻을 수 있다. 모형에 포함되는 변수의 순서는 LR, LPD, LY, LC로 하였다.

---

22 Sims(1986), Bernanke(1986), Blanchard and Watson(1986) 등을 참조하시오.

┃각 변수들의 변화 추이 ┃

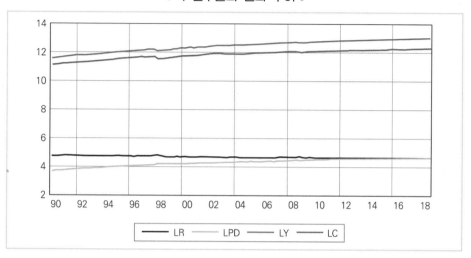

먼저 VAR 모형의 시차를 선정한 결과 AIC 기준에 의하면 3기 시차, SBC 기준에 의하면 1기 시차가 적합한 것으로 나타났으나 정보 손실을 막기 위하여 3기 시차로 결정하였다. 시차 선정 및 추정 결과는 다음과 같다.

┃ VAR 모형 시차 선정 ┃

VAR Lag Order Selection Criteria
Endogenous variables: LR LPD LY LC
Exogenous variables: C

Sample: 1990Q1 2018Q4
Included observations: 108

Lag	LogL	LR	FPE	AIC	SC	HQ
0	778.0119	NA	7.00e-12	-14.33355	-14.23421	-14.29328
1	1470.835	1321.497	2.52e-17	-26.86732	-26.37063*	-26.66593
2	1497.512	48.90653	2.07e-17	-27.06503	-26.17099	-26.70253*
3	1516.502	33.40831	1.97e-17*	-27.12040*	-25.82900	-26.59678
4	1528.621	20.42330	2.13e-17	-27.04853	-25.35979	-26.36381
5	1545.858	27.77013*	2.10e-17	-27.07144	-24.98533	-26.22560
6	1557.249	17.50962	2.32e-17	-26.98610	-24.50264	-25.97915
7	1566.329	13.28334	2.69e-17	-26.85795	-23.97714	-25.68988
8	1580.497	19.67824	2.85e-17	-26.82403	-23.54587	-25.49485

* indicates lag order selected by the criterion
LR: sequential modified LR test statistic (each test at 5% level)
FPE: Final prediction error
AIC: Akaike information criterion
SC: Schwarz information criterion
HQ: Hannan-Quinn information criterion

❚ VAR 모형 추정 결과 ❚

Vector Autoregression Estimates

Sample (adjusted): 1990Q4 2018Q4
Included observations: 113 after adjustments
Standard errors in ( ) & t-statistics in [ ]

	LR	LPD	LY	LC
LR(-1)	1.373536	0.317615	-0.674727	-1.293173
	(0.10574)	(0.09144)	(0.14583)	(0.21582)
	[12.9898]	[3.47333]	[-4.62670]	[-5.99194]
LR(-2)	-0.610260	-0.314359	0.902125	1.779498
	(0.16199)	(0.14009)	(0.22341)	(0.33063)
	[-3.76724]	[-2.24397]	[4.03792]	[5.38214]
LR(-3)	0.155526	0.132255	-0.498847	-0.882065
	(0.10419)	(0.09010)	(0.14369)	(0.21265)
	[1.49277]	[1.46786]	[-3.47168]	[-4.14801]
LPD(-1)	0.082049	0.746720	-0.033373	0.116334
	(0.12417)	(0.10738)	(0.17126)	(0.25344)
	[0.66076]	[6.95368]	[-0.19488]	[0.45902]
LPD(-2)	-0.017804	-0.185464	0.113199	0.073118
	(0.15656)	(0.13539)	(0.21592)	(0.31953)
	[-0.11373]	[-1.36986]	[0.52427]	[0.22883]
LPD(-3)	-0.123936	0.298525	0.048845	-0.042588
	(0.11493)	(0.09939)	(0.15851)	(0.23457)
	[-1.07837]	[3.00355]	[0.30816]	[-0.18155]
LY(-1)	0.219495	-0.015708	0.895057	0.144116
	(0.10881)	(0.09410)	(0.15007)	(0.22209)
	[2.01717]	[-0.16693]	[5.96419]	[0.64890]
LY(-2)	-0.177080	0.209303	0.109567	-0.005904
	(0.14430)	(0.12479)	(0.19902)	(0.29453)
	[-1.22712]	[1.67718]	[0.55053]	[-0.02004]
LY(-3)	-0.025863	-0.100194	-0.090102	-0.166299
	(0.10694)	(0.09248)	(0.14748)	(0.21826)
	[-0.24185]	[-1.08344]	[-0.61093]	[-0.76194]
LC(-1)	0.031838	0.047230	0.131426	0.920036
	(0.07842)	(0.06781)	(0.10815)	(0.16005)
	[0.40601]	[0.69646]	[1.21522]	[5.74840]
LC(-2)	0.028280	-0.197429	-0.048345	0.112944
	(0.09942)	(0.08598)	(0.13712)	(0.20292)
	[0.28445]	[-2.29627]	[-0.35258]	[0.55660]
LC(-3)	-0.033371	0.150343	-0.131592	-0.181435
	(0.07588)	(0.06562)	(0.10465)	(0.15487)
	[-0.43980]	[2.29113]	[-1.25747]	[-1.17154]
C	0.106491	-1.184743	2.368626	3.335275
	(0.40901)	(0.35372)	(0.56410)	(0.83481)
	[0.26036]	[-3.34943]	[4.19897]	[3.99526]
R-squared	0.977017	0.999484	0.999415	0.997954
Adj. R-squared	0.974259	0.999422	0.999344	0.997708
Sum sq. resids	0.005290	0.003956	0.010061	0.022035
S.E. equation	0.007273	0.006290	0.010031	0.014844
F-statistic	354.2568	16141.77	14228.91	4064.562
Log likelihood	402.9321	419.3458	366.6048	322.3115
Akaike AIC	-6.901453	-7.191962	-6.258492	-5.474539
Schwarz SC	-6.587683	-6.878191	-5.944722	-5.160769
Mean dependent	4.678393	4.307262	12.48291	11.87493
S.D. dependent	0.045331	0.261634	0.391759	0.310092

Determinant resid covariance (dof adj.)	1.38E-17
Determinant resid covariance	8.45E-18
Log likelihood	1579.805
Akaike information criterion	-27.04080
Schwarz criterion	-25.78572
Number of coefficients	52

이 시계열에 대하여 VECM도 추정해 보았다. VECM에 포함될 단기변수의
시차는 VAR 모형의 경우 시차가 3인 점을 감안하여 1개 줄어든 2로 설정하였다.
Trace 통계량에 의하면 공적분 관계가 3개보다 큰 것으로, Maximum
Eigenvalue 통계량에 의하면 2개인 것으로 나타났다. 여기서는 2개로 정하여 추
정하였다.

▌VECM 공적분 관계 검정 ▌

```
Sample (adjusted): 1990Q4 2018Q4
Included observations: 113 after adjustments
Trend assumption: Linear deterministic trend
Series: LR LPD LY LC
Lags interval (in first differences): 1 to 2
```

Unrestricted Cointegration Rank Test (Trace)

Hypothesized No. of CE(s)	Eigenvalue	Trace Statistic	0.05 Critical Value	Prob.**
None *	0.407333	103.3945	47.85613	0.0000
At most 1 *	0.204789	44.28173	29.79707	0.0006
At most 2 *	0.101038	18.38807	15.49471	0.0178
At most 3 *	0.054661	6.351922	3.841466	0.0117

Trace test indicates 4 cointegrating eqn(s) at the 0.05 level
* denotes rejection of the hypothesis at the 0.05 level
**MacKinnon-Haug-Michelis (1999) p-values

Unrestricted Cointegration Rank Test (Maximum Eigenvalue)

Hypothesized No. of CE(s)	Eigenvalue	Max-Eigen Statistic	0.05 Critical Value	Prob.**
None *	0.407333	59.11279	27.58434	0.0000
At most 1 *	0.204789	25.89367	21.13162	0.0099
At most 2	0.101038	12.03615	14.26460	0.1093
At most 3 *	0.054661	6.351922	3.841466	0.0117

Max-eigenvalue test indicates 2 cointegrating eqn(s) at the 0.05 level
* denotes rejection of the hypothesis at the 0.05 level
**MacKinnon-Haug-Michelis (1999) p-values

　　VECM 공적분 관계 및 추정 결과는 다음과 같다. 소비는 소득이 증가하면
늘어나고, 금리와 물가가 높아지면 줄어드는 관계가 있는 것으로 보인다.[23] 약외

---

23 하나의 모형으로 변수들의 장·단기 탄력성을 이야기하는 것은 바람직하지 않다. 경제변수들
　은 서로 긴밀한 영향을 주고 받는 것이 일반적이므로 다양한 모형을 구축하여 탄성치의 강건
　성을 점검할 필요가 있다.

생성에 대한 가설검정 결과 네 변수 모두 약외생성이 없는 것으로 나타났으며 소비를 정규화(normalization) 변수로 사용하였다.

$$LC = 15.47 + 0.35LY - 1.70LR$$
$$LC = 2.41 + 1.11LY - 1.03LPD$$

‖ VECM 추정 결과 ‖

Vector Error Correction Estimates

Sample (adjusted): 1990Q4 2018Q4
Included observations: 113 after adjustments
Standard errors in ( ) & t-statistics in [ ]

Cointegration Restrictions:
 B(1,2)=0,B(1,4)=1,B(2,1)=0,B(2,4)=1
Convergence achieved after 1 iterations.
Restrictions identify all cointegrating vectors
Restrictions are not binding (LR test not available)

Cointegrating Eq:	CointEq1	CointEq2		
LR(-1)	1.695705 (0.34574) [4.90464]	0.000000		
LPD(-1)	0.000000	1.029499 (0.24204) [4.25341]		
LY(-1)	-0.347011 (0.05837) [-5.94473]	-1.112972 (0.16487) [-6.75058]		
LC(-1)	1.000000	1.000000		
C	-15.47250	-2.411085		
Error Correction:	**D(LR)**	**D(LPD)**	**D(LY)**	**D(LC)**
CointEq1	0.004732 (0.03002) [0.15765]	0.101618 (0.02513) [4.04417]	-0.167358 (0.03981) [-4.20438]	-0.251297 (0.05912) [-4.25096]
CointEq2	0.016496 (0.02341) [0.70473]	-0.111821 (0.01959) [-5.70708]	0.096617 (0.03104) [3.11272]	0.163376 (0.04610) [3.54422]
D(LR(-1))	0.472176 (0.10621) [4.44565]	0.187235 (0.08890) [2.10602]	-0.411569 (0.14084) [-2.92223]	-0.888376 (0.20916) [-4.24731]
D(LR(-2))	-0.134747 (0.10635) [-1.26705]	-0.128530 (0.08902) [-1.44384]	0.482167 (0.14102) [3.41909]	0.910207 (0.20943) [4.34608]

D(LPD(-1))	0.109397 (0.11896) [0.91963]	-0.123277 (0.09957) [-1.23804]	-0.148665 (0.15774) [-0.94246]	-0.042231 (0.23426) [-0.18027]
D(LPD(-2))	0.102454 (0.11833) [0.86585]	-0.305218 (0.09905) [-3.08157]	-0.039696 (0.15691) [-0.25299]	0.034146 (0.23302) [0.14653]
D(LY(-1))	0.250189 (0.10884) [2.29866]	-0.094005 (0.09111) [-1.03182]	-0.038494 (0.14433) [-0.26671]	0.187985 (0.21434) [0.87703]
D(LY(-2))	0.066501 (0.10945) [0.60761]	0.114790 (0.09161) [1.25298]	0.078306 (0.14513) [0.53955]	0.168212 (0.21554) [0.78044]
D(LC(-1))	0.034251 (0.07850) [0.43634]	0.060963 (0.06571) [0.92782]	0.181169 (0.10409) [1.74051]	0.045129 (0.15458) [0.29194]
D(LC(-2))	0.057648 (0.07775) [0.74142]	-0.139332 (0.06508) [-2.14077]	0.131074 (0.10311) [1.27126]	0.165923 (0.15312) [1.08360]
C	-0.007464 (0.00221) [-3.37531]	0.012600 (0.00185) [6.80639]	0.010129 (0.00293) [3.45393]	0.003467 (0.00436) [0.79616]
R-squared	0.418648	0.460916	0.460825	0.444080
Adj. R-squared	0.361653	0.408065	0.407965	0.389578
Sum sq. resids	0.005755	0.004033	0.010120	0.022321
S.E. equation	0.007512	0.006288	0.009961	0.014793
F-statistic	7.345306	8.720981	8.717793	8.147958
Log likelihood	398.1622	418.2606	366.2734	321.5840
Akaike AIC	-6.852429	-7.208152	-6.288024	-5.497061
Schwarz SC	-6.586931	-6.942654	-6.022526	-5.231563
Mean dependent	-0.001144	0.008305	0.012200	0.010067
S.D. dependent	0.009402	0.008173	0.012946	0.018934

Determinant resid covariance (dof adj.)	1.50E-17
Determinant resid covariance	9.94E-18
Log likelihood	1570.611
Akaike information criterion	-26.87808
Schwarz criterion	-25.62299
Number of coefficients	52

VECM도 VAR 모형과 마찬가지로 충격반응 및 예측오차 분산분해 분석이 가능하다. 먼저 충격반응 분석을 해보았다. 우리의 관심 변수인 소비의 경우 소득이 증가하면 늘어나고 금리나 물가가 오르면 줄어들었다. 여기서 VAR 모형의 경우 충격반응은 시차를 두고 줄어들게 되나 VECM의 경우 충격의 영향이 시간이 경과하여도 0으로 수렴하지 않고 지속되는 차이가 있다.

▮ VAR 모형 및 VECM에 의한 소비의 충격 반응 ▮

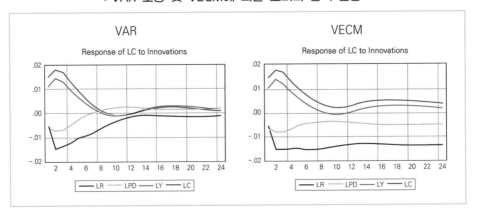

예측오차 분산을 분해해 본 결과 두 모형 모두 초기에는 비슷한 양상이다. 금리의 영향이 상당히 큰데 VECM의 경우 시간이 경과할수록 그 영향이 더 커지는 것으로 보인다.

▮ VAR 모형 및 VECM에 의한 소비의 예측오차 분산분해 ▮

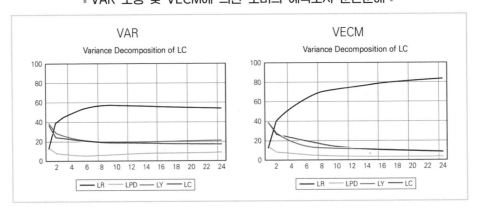

다음으로 두 모형을 이용하여 2014년부터 2018년까지 표본내 전망을 실시해 보았다. RMSE, MAE 등 여러 평가 기준[24]에 의해 판단할 때 VAR 모형이 다소

---

24 y_t^f 및 y_t^a를 각각 전망치 및 실제치라고 할 때 RMSE, MAE, MAPE는 각각 다음과 같다. T는 표본규모이다. 값이 작을수록 적합도가 높다.

우월하나 두 모형간 큰 차이는 없어 보인다.

┃ VAR 모형 및 VECM에 의한 전망 ┃

VAR					
Sample: 2014Q1 2018Q4					
Included observations: 20					
Variable	Inc. obs.	RMSE	MAE	MAPE	Theil
LC	20	0.013566	0.011975	0.097832	0.000554
LPD	20	0.011815	0.010856	0.234128	0.001277
LR	20	0.005744	0.004972	0.107467	0.000621
LY	20	0.007657	0.006490	0.050087	0.000295

RMSE: Root Mean Square Error
MAE: Mean Absolute Error
MAPE: Mean Absolute Percentage Error
Theil: Theil inequality coefficient

VECM					
Sample: 2014Q1 2018Q4					
Included observations: 20					
Variable	Inc. obs.	RMSE	MAE	MAPE	Theil
LC	20	0.013609	0.011379	0.092921	0.000556
LPD	20	0.015619	0.014221	0.306310	0.001688
LR	20	0.006734	0.005883	0.127071	0.000727
LY	20	0.007576	0.006983	0.053831	0.000292

RMSE: Root Mean Square Error
MAE: Mean Absolute Error
MAPE: Mean Absolute Percentage Error
Theil: Theil inequality coefficient

한편 VAR 모형이나 VECM을 이용하여 인과관계 검정(causality test)이 가능하다. Granger 인과관계 검정을 통하여 설명변수가 종속변수에 유의한 영향을 미치는지를 검정해 볼 수 있다.

다음 VAR 모형에서 $H_0 : A_1(i,j) = A_2(i,j) = \cdots = A_L(i,j) = 0$이라는 귀무가설이 기각되면 변수 $y_{j,t}$가 변수 $y_{i,t}$에 유의한 영향을 미친다고 판단할 수 있다 (Granger(1969), Helmut(2005)).

$$Y_t = \sum_{\tau=1}^{L} A_\tau Y_{t-\tau} + E_t$$

$$= A_1 Y_{t-1} + A_2 Y_{t-2} + \cdots + A_L Y_{t-L} + E_t$$

RMSE : $\sqrt{\dfrac{1}{T}\sum_{t=1}^{T}(y_t^f - y_t^a)^2}$

MAE : $\dfrac{1}{T}\sum_{t=1}^{T}|y_t^f - y_t^a|,$ 　　　　MAPE: $\dfrac{1}{T}\sum_{t=1}^{T}|\dfrac{y_t^f - y_t^a}{y_t^a}|$

Theil inequality coefficient는 다음과 같으며 0과 1 사이에 있다. 0에 가까울수록 적합도가 높은 것으로 판정된다.

$$\dfrac{\sqrt{\dfrac{1}{T}\sum_{t=1}^{T}(y_t^f - y_t^a)^2}}{\sqrt{\dfrac{1}{T}\sum_{t=1}^{T}(y_t^f)^2} + \sqrt{\dfrac{1}{T}\sum_{t=1}^{T}(y_t^a)^2}}$$

Granger 인과관계 검정을 해 본 결과 VAR 모형이나 VECM 모두 네 변수가 5% 유의수준에서 상호 영향을 미치지 않는다는 귀무가설이 기각되어 서로 영향을 주고 받는다는 것을 알 수 있다.[25] 예를 들어 VECM에서 소비의 경우 소득과 물가가 개별적으로 소비에 대한 영향이 없다는 귀무가설을 기각할 수는 없었으나 소득, 금리, 물가 등 세 변수가 동시에 소비에 영향을 미치지 않는다는 귀무가설은 기각되었다(χ^2 통계량 31.49, p값<0.05).[26]

∥ 변수들간 인과관계 검정 결과 ∥

VAR 모형				VECM			
VAR Granger Causality/Block Exogeneity Wald Tests				VEC Granger Causality/Block Exogeneity Wald Tests			
Sample: 1990Q1 2018Q4				Sample: 1990Q1 2018Q4			
Included observations: 113				Included observations: 113			
Dependent variable: LR				Dependent variable: D(LR)			
Excluded	Chi-sq	df	Prob.	Excluded	Chi-sq	df	Prob.
LPD	5.525057	3	0.1371	D(LPD)	1.488492	2	0.4751
LY	4.086149	3	0.2523	D(LY)	5.484642	2	0.0644
LC	1.160647	3	0.7625	D(LC)	0.663766	2	0.7176
All	36.24150	9	0.0000	All	27.97228	6	0.0001
Dependent variable: LPD				Dependent variable: D(LPD)			
Excluded	Chi-sq	df	Prob.	Excluded	Chi-sq	df	Prob.
LR	14.93087	3	0.0019	D(LR)	5.386710	2	0.0677
LY	10.61022	3	0.0140	D(LY)	2.829079	2	0.2430
LC	6.404578	3	0.0935	D(LC)	6.104350	2	0.0473
All	43.09939	9	0.0000	All	11.67575	6	0.0696
Dependent variable: LY				Dependent variable: D(LY)			
Excluded	Chi-sq	df	Prob.	Excluded	Chi-sq	df	Prob.
LR	27.63770	3	0.0000	D(LR)	16.43573	2	0.0003
LPD	7.516195	3	0.0571	D(LPD)	0.922681	2	0.6304
LC	4.791622	3	0.1877	D(LC)	4.115419	2	0.1277
All	46.69768	9	0.0000	All	22.35032	6	0.0010
Dependent variable: LC				Dependent variable: D(LC)			
Excluded	Chi-sq	df	Prob.	Excluded	Chi-sq	df	Prob.
LR	41.22197	3	0.0000	D(LR)	29.89260	2	0.0000
LPD	3.581623	3	0.3103	D(LPD)	0.058074	2	0.9714
LY	1.137808	3	0.7680	D(LY)	1.288920	2	0.5249
All	58.48571	9	0.0000	All	31.49402	6	0.0000

---

25 다만 VECM에서 물가의 경우에는 여타 변수들이 동시에 5% 유의수준에서 영향을 미치지 않는(χ^2 통계량 11.68, p값 0.07) 것으로 나타났다.

26 소비와 소득, 소비와 금리, 소비와 물가 등 두 변수 VAR 모형을 구성하여 Granger 인과관계 검정을 할 경우 결과가 달라질 수 있다.

약외생성이 있는 변수가 존재하지 않고 변수들간 상호 영향을 주고 받는 것으로 보이나[27] 금리, 물가, 및 소득의 경우 약외생성을 가정하고 소비만 장기 불균형 관계의 영향을 받는 것으로 가정하면서 다시 추정해 보았다. 이는 ECM 형태의 가정을 적용해 본 것이다. 그 결과는 다음과 같다. 소비는 분기마다 약 10%씩 조정되는 것으로 추정되었다.

$$LC = 2.55 + 1.24LY - 0.84LPD - 0.55LR$$

‖ VECM 추정 결과 ‖

Vector Error Correction Estimates

Sample (adjusted): 1990Q4 2018Q4
Included observations: 113 after adjustments
Standard errors in ( ) & t-statistics in [ ]

Cointegration Restrictions:
  B(1,4)=1,A(1,1)=0,A(2,1)=0,A(3,1)=0
Convergence achieved after 19 iterations.
Restrictions identify all cointegrating vectors
LR test for binding restrictions (rank = 1):
Chi-square(3)   48.79189
Probability   0.000000

Cointegrating Eq:	CointEq1			
LR(-1)	0.545022 (0.72024) [0.75673]			
LPD(-1)	0.837888 (0.46404) [1.80565]			
LY(-1)	-1.240008 (0.32967) [-3.76133]			
LC(-1)	1.000000			
C	-2.553582			
Error Correction:	D(LR)	D(LPD)	D(LY)	D(LC)
CointEq1	0.000000 (0.00000) [NA]	0.000000 (0.00000) [NA]	0.000000 (0.00000) [NA]	-0.096710 (0.02944) [-3.28503]

---

27 약외생성과 Ganger non−causality가 만족될 경우 강외생성(strong exogeneity)이 존재한다고 한다. 이외에도 super exogeneity라는 개념도 있다(Engle, Hendry and Richard(1983), Haavelmo(1994)).

D(LR(-1))	0.520021	0.230794	-0.637244	-1.168908
	(0.10244)	(0.09874)	(0.14525)	(0.20950)
	[5.07624]	[2.33735]	[-4.38730]	[-5.57963]
D(LR(-2))	-0.130600	0.005357	0.246941	0.540475
	(0.10099)	(0.09735)	(0.14320)	(0.20654)
	[-1.29314]	[0.05503]	[1.72451]	[2.61687]
D(LPD(-1))	-0.021678	0.137484	-0.062626	-0.073486
	(0.10918)	(0.10523)	(0.15480)	(0.22327)
	[-0.19856]	[1.30646]	[-0.40457]	[-0.32913]
D(LPD(-2))	-0.041966	-0.014041	0.036887	-0.035817
	(0.10546)	(0.10165)	(0.14952)	(0.21566)
	[-0.39794]	[-0.13813]	[0.24670]	[-0.16608]
D(LY(-1))	0.214540	-0.101717	0.037033	0.220900
	(0.11262)	(0.10855)	(0.15967)	(0.23030)
	[1.90506]	[-0.93707]	[0.23193]	[0.95918]
D(LY(-2))	0.029650	0.146440	0.124079	0.168462
	(0.11232)	(0.10826)	(0.15926)	(0.22970)
	[0.26398]	[1.35261]	[0.77912]	[0.73340]
D(LC(-1))	0.026000	0.127390	0.127072	-0.039577
	(0.07945)	(0.07658)	(0.11265)	(0.16248)
	[0.32724]	[1.66341]	[1.12799]	[-0.24358]
D(LC(-2))	0.045473	-0.083324	0.097040	0.101443
	(0.07903)	(0.07618)	(0.11205)	(0.16162)
	[0.57538]	[-1.09383]	[0.86602]	[0.62767]
C	-0.003941	0.006507	0.007655	0.004782
	(0.00184)	(0.00178)	(0.00261)	(0.00377)
	[-2.13753]	[3.66187]	[2.92860]	[1.26842]
R-squared	0.381851	0.239944	0.344572	0.362574
Adj. R-squared	0.327838	0.173532	0.287301	0.306877
Sum sq. resids	0.006120	0.005686	0.012302	0.025593
S.E. equation	0.007708	0.007430	0.010929	0.015763
F-statistic	7.069621	3.612935	6.016571	6.509708
Log likelihood	394.6947	398.8517	355.2418	313.8540
Akaike AIC	-6.808755	-6.882332	-6.110474	-5.377947
Schwarz SC	-6.567394	-6.640970	-5.869112	-5.136585
Mean dependent	-0.001144	0.008305	0.012200	0.010067
S.D. dependent	0.009402	0.008173	0.012946	0.018934

Determinant resid covariance (dof adj.)	2.55E-17
Determinant resid covariance	1.76E-17
Log likelihood	1533.269
Akaike information criterion	-26.35873
Schwarz criterion	-25.29674
Number of coefficients	44

그렇지만 세 변수 모두의 약외생성 가정에 대해 귀무가설이 기각(χ^2 통계량 48.79, p값 <0.05)되고 R^2이나 잔차자승합(sum of squared residuals) 등 여러 지표들이 이전 추정 결과에 비해 나빠진 것으로 나타났다.[28]

다변수모형을 구축하고자 할 경우 VAR 모형이나 VECM 모두 유용한 분석 수단이다. 단순히 전망이 목적이거나 변수간 인과관계 혹은 공적분 유무를 예단할 수 없을 경우 수준변수를 사용한 VAR 모형은 사용하기 편리하다. 이론이나 경험적 사실에 미루어 공적분 관계가 있을 것이라고 짐작된다면 VAR 모형을 출

---

28 ECM을 추정한 결과 비슷한 장기 공적분 관계를 얻었다. 그러나 LC_{-1}에 대한 t값이 -2.70으로 5% 유의수준인 -3.8(p.89 참조)보다 크기 때문에 LC_{-1}의 계수가 0이라는 귀무가설을 기각할 수 없어 공적분 관계가 존재하지 않는 것으로 판정되었다.

발점으로 VECM을 시도하여 확인해 볼 수 있다. 아울러 모형 추정 결과에 대한 가설검정 등을 통하여 ECM을 이용하면서 다변수모형을 단일변수모형으로 좁혀 나갈 수 있다. ADL 모형을 변환한 ECM은 분석대상 변수의 선정, 설명변수의 시차 선택, 장·단기 동학 분석 등에 용이한 측면이 있어 널리 사용된다. 또한 시계열의 추이, 시차 산포도나 시차상관계수의 변화, 추정 후 잔차의 자기상관 등을 살펴보면서 선형모형을 기반으로 비선형모형을 시도해 볼 수도 있겠다.

3. 모형구축 절차

이상 시계열 분석에 흔히 이용되는 모형 구축과 활용 과정에 대하여 예를 들어 간략히 살펴보았다. 이외에도 여러 가지 선형, 비선형 모형들이 있다. 이들에 대해서는 기존연구 결과들을 참고하여 특징이나 장·단점 등에 대해 미리 파악해둔 후 실제 분석 시 활용한다면 좋을 것이다.

지금까지 이야기한 모형 구축 절차를 요약하면 대략 다음과 같다.

① 연구목적과 대상을 정한다. 특정 시계열 하나의 움직임을 살펴볼 것인지 혹은 변수간 관계를 파악할 것인지, 과거 자료의 분석을 위한 것인지 혹은 미래 예측이 주요 관심인지, 이론적 정합성이 중요한지 혹은 현실 설명력이 높아야 하는지 등에 대해 결정한다.

‖ ECM 추정 결과 ‖

Dependent Variable: D(LC)
Method: Least Squares

Sample (adjusted): 1990Q4 2018Q4
Included observations: 113 after adjustments

Variable	Coefficient	Std. Error	t-Statistic	Prob.
C	0.247966	0.578172	0.428879	0.6690
LC(-1)	-0.096709	0.035810	-2.700636	0.0082
LY(-1)	0.119919	0.049957	2.400454	0.0183
LR(-1)	-0.052715	0.080787	-0.652519	0.5156
LPD(-1)	-0.081030	0.052301	-1.549288	0.1246
D(LC(-1))	-0.075946	0.097777	-0.776724	0.4392
D(LC(-2))	-0.041695	0.097877	-0.425990	0.6711
D(LY)	0.979924	0.096301	10.17565	0.0000
D(LY(-1))	0.150419	0.137478	1.094136	0.2766
D(LY(-2))	0.148171	0.134232	1.103844	0.2724
D(LR)	-0.153821	0.134068	-1.147332	0.2541
D(LR(-1))	-0.312009	0.141790	-2.200498	0.0301
D(LR(-2))	0.281945	0.137517	2.050259	0.0430
D(LPD)	-0.660578	0.149478	-4.419228	0.0000
D(LPD(-1))	0.075377	0.147280	0.511796	0.6100
D(LPD(-2))	-0.087683	0.151643	-0.578220	0.5645

R-squared	0.802494	Mean dependent var	0.010067
Adjusted R-squared	0.771952	S.D. dependent var	0.018934
S.E. of regression	0.009042	Akaike info criterion	-6.443423
Sum squared resid	0.007930	Schwarz criterion	-6.057244
Log likelihood	380.0534	Hannan-Quinn criter.	-6.286715
F-statistic	26.27500	Durbin-Watson stat	1.997661
Prob(F-statistic)	0.000000		

② 시계열자료의 그림을 그려본다. 수준변수, 차분변수, 로그 전환, 실질 및 명목변수 등의 변화 추이, 표본분포, 산포도 등을 그려 특징을 살펴본다.

③ 시계열자료의 통계적 특성을 분석한다. 추세요인이 있는지, 계절요인이 존재하는지, 구조적 변화가 있는지를 확인한다. 이러한 현상이 deterministic 요인에 의한 것인지 stochastic 요인에 의한 것인지 단위근 검정 등으로 판단한다. deterministic 추세요인이 있는 경우 시간추세항을 설명변수로 하여 제거한다.[29] 계절요인은 더미변수 혹은 사인(sin) 및 코사인(cos) 함수 사용을 고려하거나 다른 방법에 의해 이미 계절조정 과정을 거친 시계열을 이용할 수 있다.[30] 시계열이 단위근을 가진다면 차분한다. 계절 성분이 불안정적이라면 계절차분한다. 자기시차상관계수 및 편자기시차 상관계수를 살펴본다. 변수간 인과관계도 점검해 본다. 두 변수 이상이 라면 교차시차상관계수도 살펴본다. 비선형성 검정을 이용하여 선형모형 이 적합한지, 비선형모형이 더 바람직한지 파악한다.

④ 시계열의 특징에 맞는 모형을 구축한다. 단일변수라면 자기시차상관계수 및 편자기시차상관계수를 보고 적합한 ARMA 모형이 무엇인지 생각해 볼 수 있다. 다변수라면 이론이나 경험적 사실 등에 근거하여 ADL 모형 혹은 ECM 등의 모형을 구축한다. 포함 가능 대상변수를 모두 포함하여 분석하고 이를 단순화시켜 나간다(general to specific modeling(Campos,

---

29 시간추세를 제거할 때 자주 사용하는 방법으로 HP(Hodrick−Prescott) 필터가 있다. HP 필터 는 시계열(x_t)이 추세요인(x_t^τ)과 순환요인(x_t^c)으로 구성된다는 가정 하에 추세요인을 구하여 시계열에서 차감하는 방식으로 이루어진다.

$x_t = x_t^\tau + x_t^c$

구체적으로는 다음과 같이 구해진다.

$$\min_{x_t^\tau} \sum_{t=1}^{T} (x_t - x_t^\tau)^2 + \lambda \sum_{t=2}^{T-1} ((x_{t+1}^\tau - x_t^\tau) - (x_t^\tau - x_{t-1}^\tau))^2$$

식에서 첫 번째 항 $(x_t - x_t^\tau)$은 순환요인이다.

$\lambda = 0$이면 $x_t = x_t^\tau$이며, $\lambda \to \infty$이면 $(x_{t+1}^\tau - x_t^\tau) - (x_t^\tau - x_{t-1}^\tau) = 0$, 즉 추세변화요인이 상수로 선형추세를 의미한다. 일반적으로 분기자료일 경우 $\lambda = 1600$, 월자료일 경우 $\lambda = 14400$, 연간자료일 경우 $\lambda = 100$을 사용한다.

30 X−12−ARIMA를 개선한 X−13−ARIMA−SEATS가 흔히 사용된다. 시계열이 가법적으로(additively) 혹은 승법적으로(multiplicatively) 추세요인, 계절요인, 불규칙요인으로 이루어져 있다는 전제 하에 계절주기에 의한 이동평균을 구하여 계절요인을 추출한 후 이를 제외하여 계절조정된 시계열을 구한다.

Ericsson and Hendry(2005)). 변수들간의 인과관계, 장ㆍ단기 관계가 모호하거나 공적분 관계가 2개 이상일 것으로 생각되는 경우 VAR 모형이나 VECM을 고려할 수도 있다.

⑤ 구축된 모형을 여러 가지 기준을 이용하여 진단한다. 모형을 설정할 때에는 가급적 단순한 모형이 좋다. 모형의 용도에 부합되어야 되며 분석기간이 변하여도 결과가 크게 달라지지 않아야 한다. 다양하게 추정된 모형 중에서는 RMSE, MAE 등이 작은 모형이 예측력이 높다는 점에서 좋은 모형이라고 할 수 있다. 모형이 잘 추정되었는지 잔차를 살펴본다. 잔차에 체계적 변화요인이 없는지, 계열상관이 없는지, 이분산은 없는지 등을 통계적 기법을 이용하여 파악한다. 잔차에 계열상관이 있다면 설명변수에 변수들의 시차항을 추가하거나 잔차의 계열상관을 제거하는 모형을 설정하여 다시 회귀분석한다. 잔차의 제곱에 계열상관이 있다면 이분산모형이나 비선형모형을 고려할 수 있다. 여러 모형을 추정해 보고 모형이 기반하고 있는 가정, 결과 등이 적합한지 살펴보아야 한다. 충격반응이나 예측오차 분산분해 등으로 추정 결과가 예상에 부합되는지, 예상과 다르다면 차이가 왜 발생하였는지를 검토한다. 추정계수가 안정적인지 추정대상기간을 점차로 확장해 나가면서 추이를 살펴보는 것도 모형의 강건성(robustness)을 점검하는 한 방법이다. 표본내ㆍ표본외 전망 등으로 전망력도 비교해 본다.

끝으로 구축 모형은 일정 기간, 일정 목적에만 부합된다는 점이다. 과거자료를 잘 설명한다고 하여 항상 좋은 모형은 아니며 각 모형이 가지는 장ㆍ단점을 염두에 두고 수시로 갱신하고 보완해 나가야 한다. 하나의 모형만으로 변수들간 관계에 대한 결론을 내리는 것은 어렵다.[31] 불확실성을 감안하여 시나리오 분석을 해보거나 다모형을 사용하는 것도 좋은 방안이다.

모형 구축에는 정답이 없다. 투입시간만큼 좋은 모형이 완성된다. 풍부한 배경지식을 바탕으로 꼼꼼한 관찰과 다양한 시도, 통계적 검정 등 많은 노력을 기

---

31 경제 분야의 경우 법적, 제도적 여건이나 경제정책이 바뀔 때, 경제주체의 행태에 변화가 있을 때 구축 모형에 체계적인 변화가 발생할 수 있다. 모형 설정과 분석 시 이러한 가능성을 늘 염두에 두어야 한다.

울이는 것이 무엇보다 중요한 것임을 기억해야 한다.

〈참고 V- 3〉 **경제모형 유형**

    시계열모형뿐만 아니라 경제분석 및 전망과 관련하여 경제를 이해하는 시각이나 입장, 용도 등에 따라 다양한 모형이 존재한다. 연립방정식 구조모형은 시계열모형을 경제이론에 입각하여 체계적으로 확장한 것으로 여기서 개별 시계열모형은 서로 영향을 주고 받는 식으로 구성된다. 예를 들어 한국은행의 거시계량모형인 BOK12는 케인즈 이론에 바탕을 두고 가계, 기업, 정부 등 경제주체의 행태를 소비, 투자, 정부지출 등 지출부문별로 나누어 40여 개의 ECM을 추정한 다음 이를 종합하여 구축한 것이다(손민규·김대용·황상필(2013)). 동태적 최적화 모형(dynamic stochastic general equilibrium model)은 경제이론과 경제주체의 행태 등에 입각하여 최적화 행위로부터 도출되는 방정식을 연결한 것이다. 한국은행의 DSGE 모형인 BOKDSGE는 동태적이고 확률적인 요소를 고려하면서 일반균형이론에 기초하여 설계된 모형으로 이론적 정합성이 높은 모형이다. 이 모형에서는 현재 경제 행위가 미래와 연계되는 기간간 대체 개념을 도입하고 있으며(dynamic) 각종 충격을 통하여(stochastic) 경기변동 및 경제현상을 설명한다. 또한 부문별 시장에서 관찰되는 경제주체들의 의사결정을 동시·종합적으로 고려(general equilibrium)한다(강희돈·박양수(2007)).

▌경제모형의 유형 ▌

시계열모형	모형시스템

– 단일변수모형
  • ARMA
  • 기 타
– 다변수모형
  • 회귀분석모형
  • 전이함수모형
  • ADL
  • ECM
  • VAR
  • VECM
  • 기 타
	– 연립방정식 구조모형
	– 동태적 최적화 모형
	– 기 타

〈참고Ⅴ-4〉 EViews 주요 사용 명령

■ EViews를 이용한 단위근 검정

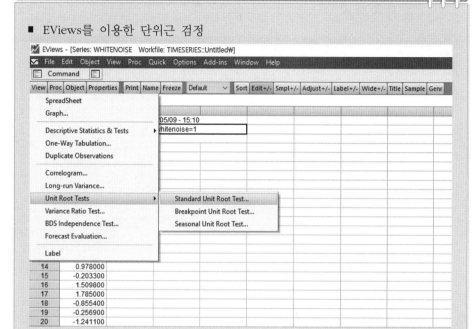

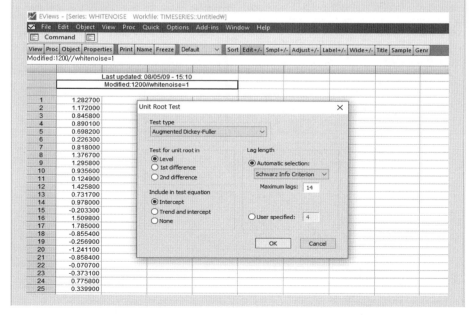

- **EViews를 이용한 최적 ARMA 모형의 선택**
  - 시차상관계수 및 편자기시차상관계수

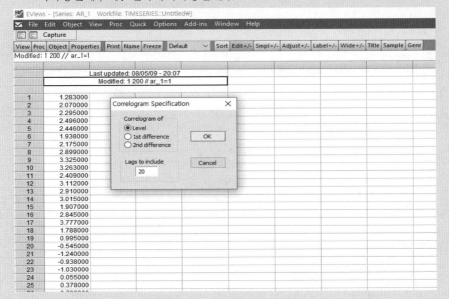

  - 최적 ARMA 모형의 선택

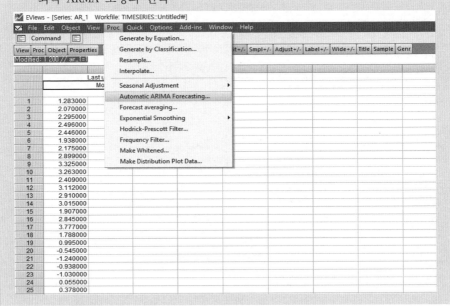

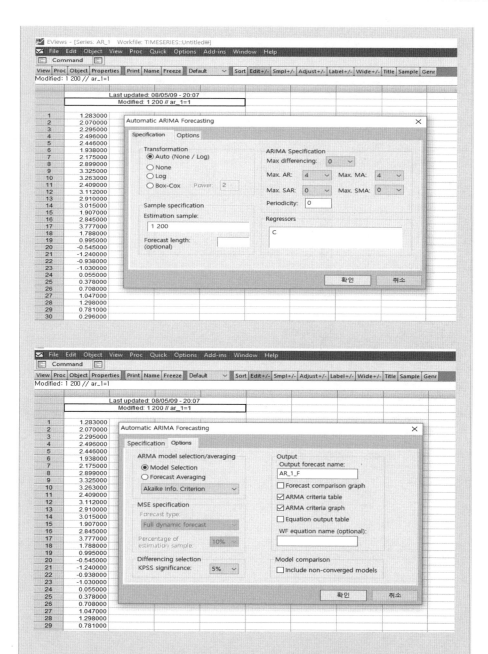

■ EViews를 이용한 VAR 모형의 구축
－ 모형의 설정

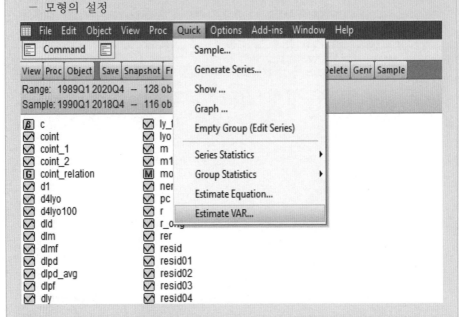

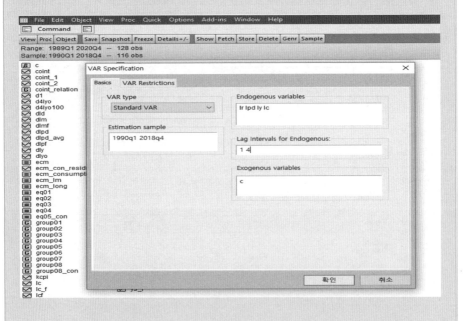

― 최적시차 선택

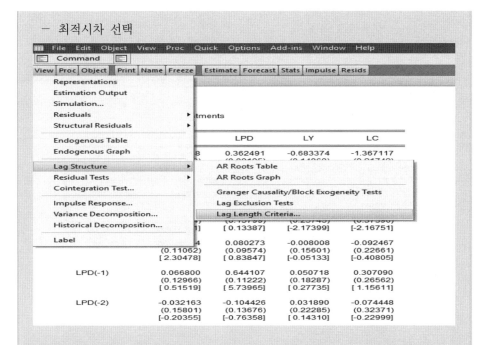

― 충격반응함수

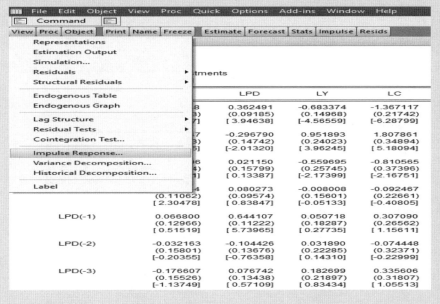

- Granger 인과관계 검정

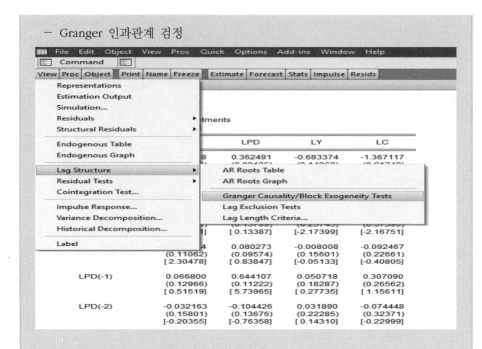

■ EViews를 이용한 VECM 모형의 구축
- 공적분 벡터 개수의 결정

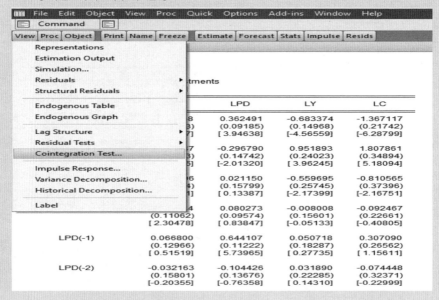

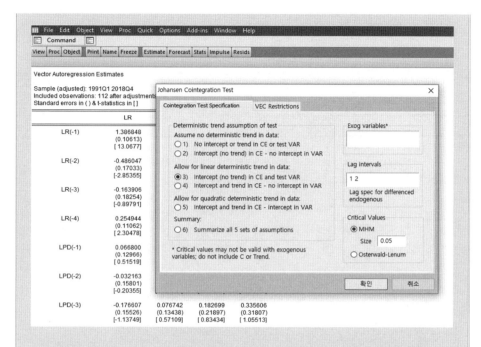

─모형의 추정

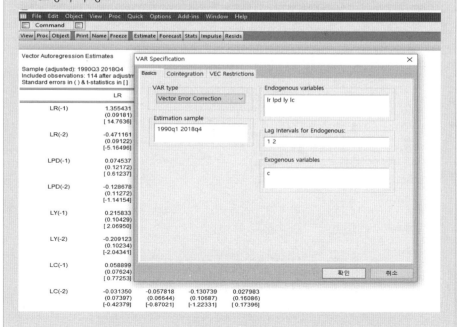

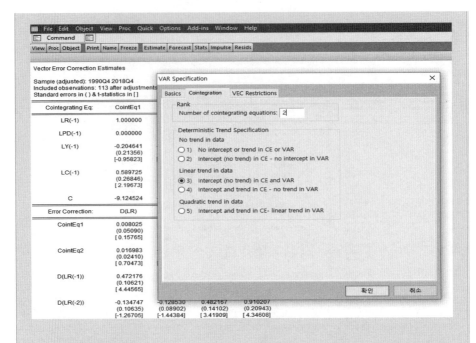

-VECM 가설 검정

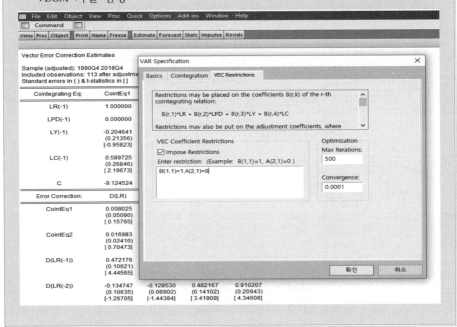

〈참고 Ⅴ- 5〉 단위근 및 ECM 공적분 관계 검정을 위한 임계치

■ MacKinnon(2010)에 의한 단위근 검정 임계치[32]

$$C(p) = \beta_\infty + \beta_1/T + \beta_2/T^2 + \beta_3/T^3, \quad 단 \ T는 \ 표본규모$$

- 시간추세항이 없는 경우

N	Variant	Level	Obs.	β_∞	(s.e.)	β_1	β_2	β_3
1	τ_{nc}	1%	15,000	−2.56574	(0.000110)	−2.2358	−3.627	
1	τ_{nc}	5%	15,000	−1.94100	(0.000074)	−0.2686	−3.365	31.223
1	τ_{nc}	10%	15,000	−1.61682	(0.000059)	0.2656	−2.714	25.364
1	τ_c	1%	15,000	−3.43035	(0.000127)	−6.5393	−16.786	−79.433
1	τ_c	5%	15,000	−2.86154	(0.000068)	−2.8903	−4.234	−40.040
1	τ_c	10%	15,000	−2.56677	(0.000043)	−1.5384	−2.809	
2	τ_c	1%	15,000	−3.89644	(0.000102)	−10.9519	−22.527	
2	τ_c	5%	15,000	−3.33613	(0.000056)	−6.1101	−6.823	
2	τ_c	10%	15,000	−3.04445	(0.000044)	−4.2412	−2.720	
3	τ_c	1%	15,000	−4.29374	(0.000123)	−14.4354	−33.195	47.433
3	τ_c	5%	15,000	−3.74066	(0.000067)	−8.5631	−10.852	27.982
3	τ_c	10%	15,000	−3.45218	(0.000043)	−6.2143	−3.718	
4	τ_c	1%	15,000	−4.64332	(0.000101)	−18.1031	−37.972	
4	τ_c	5%	15,000	−4.09600	(0.000055)	−11.2349	−11.175	
4	τ_c	10%	15,000	−3.81020	(0.000043)	−8.3931	−4.137	
5	τ_c	1%	15,000	−4.95756	(0.000101)	−21.8883	−45.142	
5	τ_c	5%	15,000	−4.41519	(0.000055)	−14.0406	−12.575	
5	τ_c	10%	15,000	−4.13157	(0.000043)	−10.7417	−3.784	
6	τ_c	1%	15,000	−5.24568	(0.000124)	−25.6688	−57.737	88.639
6	τ_c	5%	15,000	−4.70693	(0.000068)	−16.9178	−17.492	60.007
6	τ_c	10%	15,000	−4.42501	(0.000054)	−13.1875	−5.104	27.877
7	τ_c	1%	15,000	−5.51233	(0.000126)	−29.5760	−69.398	164.295
7	τ_c	5%	15,000	−4.97684	(0.000068)	−19.9021	−22.045	110.761
7	τ_c	10%	15,000	−4.69648	(0.000054)	−15.7315	−6.922	67.721
8	τ_c	1%	15,000	−5.76202	(0.000126)	−33.5258	−82.189	256.289
8	τ_c	5%	15,000	−5.22924	(0.000068)	−23.0023	−24.646	144.479
8	τ_c	10%	15,000	−4.95007	(0.000053)	−18.3959	−7.344	94.872
9	τ_c	1%	15,000	−5.99742	(0.000126)	−37.6572	−87.365	248.316
9	τ_c	5%	15,000	−5.46697	(0.000069)	−26.2057	−26.627	176.382
9	τ_c	10%	14,500	−5.18897	(0.000062)	−21.1377	−9.484	172.704
10	τ_c	1%	15,000	−6.22103	(0.000128)	−41.7154	−102.680	389.330
10	τ_c	5%	15,000	−5.69244	(0.000068)	−29.4521	−30.994	251.016
10	τ_c	10%	15,000	−5.41533	(0.000054)	−24.0006	−7.514	163.049
11	τ_c	1%	14,500	−6.43377	(0.000145)	−46.0084	−106.809	352.752
11	τ_c	5%	15,000	−5.90714	(0.000068)	−32.8336	−30.275	249.994
11	τ_c	10%	15,000	−5.63086	(0.000055)	−26.9693	−4.083	151.427
12	τ_c	1%	15,000	−6.63790	(0.000127)	−50.2095	−124.156	579.622
12	τ_c	5%	15,000	−6.11279	(0.000069)	−36.2681	−32.505	314.802
12	τ_c	10%	15,000	−5.83724	(0.000054)	−29.9864	−2.686	184.116

---

32 EViews에서 제공하는 MacKinnon(1996)을 개선한 것이다. 변수가 1개일 경우에는 일반적인 ADF 검정에 해당하며 변수가 2개 이상일 경우 Engle and Granger 검정에 상응한다.

- 선형 시간추세항이 있는 경우

N	Level	Obs.	β_∞	(s.e.)	β_1	β_2	β_3
1	1%	15,000	−3.95877	(0.000122)	−9.0531	−28.428	−134.155
1	5%	15,000	−3.41049	(0.000066)	−4.3904	−9.036	−45.374
1	10%	15,000	−3.12705	(0.000051)	−2.5856	−3.925	−22.380
2	1%	15,000	−4.32762	(0.000099)	−15.4387	−35.679	
2	5%	15,000	−3.78057	(0.000054)	−9.5106	−12.074	
2	10%	15,000	−3.49631	(0.000053)	−7.0815	−7.538	21.892
3	1%	15,000	−4.66305	(0.000126)	−18.7688	−49.793	104.244
3	5%	15,000	−4.11890	(0.000066)	−11.8922	−19.031	77.332
3	10%	15,000	−3.83511	(0.000053)	−9.0723	−8.504	35.403
4	1%	15,000	−4.96940	(0.000125)	−22.4694	−52.599	51.314
4	5%	15,000	−4.42871	(0.000067)	−14.5876	−18.228	39.647
4	10%	15,000	−4.14633	(0.000054)	−11.2500	−9.873	54.109
5	1%	15,000	−5.25276	(0.000123)	−26.2183	−59.631	50.646
5	5%	15,000	−4.71537	(0.000068)	−17.3569	−22.660	91.359
5	10%	15,000	−4.43422	(0.000054)	−13.6078	−10.238	76.781
6	1%	15,000	−5.51727	(0.000125)	−29.9760	−75.222	202.253
6	5%	15,000	−4.98228	(0.000066)	−20.3050	−25.224	132.030
6	10%	15,000	−4.70233	(0.000053)	−16.1253	−9.836	94.272
7	1%	15,000	−5.76537	(0.000125)	−33.9165	−84.312	245.394
7	5%	15,000	−5.23299	(0.000067)	−23.3328	−28.955	182.342
7	10%	15,000	−4.95405	(0.000054)	−18.7352	−10.168	120.575
8	1%	15,000	−6.00003	(0.000126)	−37.8892	−96.428	335.920
8	5%	15,000	−5.46971	(0.000068)	−26.4771	−31.034	220.165
8	10%	15,000	−5.19183	(0.000054)	−21.4328	−10.726	157.955
9	1%	15,000	−6.22288	(0.000125)	−41.9496	−109.881	466.068
9	5%	15,000	−5.69447	(0.000069)	−29.7152	−33.784	273.002
9	10%	15,000	−5.41738	(0.000054)	−24.2882	−8.584	169.891
10	1%	15,000	−6.43551	(0.000127)	−46.1151	−120.814	566.823
10	5%	15,000	−5.90887	(0.000069)	−33.0251	−37.208	346.189
10	10%	14,500	−5.63255	(0.000063)	−27.2042	−6.792	177.666
11	1%	15,000	−6.63894	(0.000125)	−50.4287	−128.997	642.781
11	5%	15,000	−6.11404	(0.000069)	−36.4610	−36.246	348.554
11	10%	15,000	−5.83850	(0.000055)	−30.1995	−5.163	210.338
12	1%	15,000	−6.83488	(0.000126)	−54.7119	−139.800	736.376
12	5%	15,000	−6.31127	(0.000068)	−39.9676	−37.021	406.051
12	10%	14,000	−6.03650	(0.000074)	−33.2381	−6.606	317.776

– 시간추세항 t^2이 포함된 경우

N	Level	Obs.	β_∞	(s.e.)	β_1	β_2	β_3
1	1%	15,000	−4.37113	(0.000123)	−11.5882	−35.819	−334.047
1	5%	15,000	−3.83239	(0.000065)	−5.9057	−12.490	−118.284
1	10%	15,000	−3.55326	(0.000051)	−3.6596	−5.293	−63.559
2	1%	15,000	−4.69276	(0.000124)	−20.2284	−64.919	88.884
2	5%	15,000	−4.15387	(0.000067)	−13.3114	−28.402	72.741
2	10%	15,000	−3.87346	(0.000052)	−10.4637	−17.408	66.313
3	1%	15,000	−4.99071	(0.000125)	−23.5873	−76.924	184.782
3	5%	15,000	−4.45311	(0.000068)	−15.7732	−32.316	122.705
3	10%	15,000	−4.17280	(0.000053)	−12.4909	−17.912	83.285
4	1%	15,000	−5.26780	(0.000125)	−27.2836	−78.971	137.871
4	5%	15,000	−4.73244	(0.000069)	−18.4833	−31.875	111.817
4	10%	15,000	−4.45268	(0.000053)	−14.7199	−17.969	101.920
5	1%	15,000	−5.52826	(0.000125)	−30.9051	−92.490	248.096
5	5%	15,000	−4.99491	(0.000068)	−21.2360	−37.685	194.208
5	10%	15,000	−4.71587	(0.000054)	−17.0820	−18.631	136.672
6	1%	15,000	−5.77379	(0.000126)	−34.7010	−105.937	393.991
6	5%	15,000	−5.24217	(0.000067)	−24.2177	−39.153	232.528
6	10%	15,000	−4.96397	(0.000054)	−19.6064	−18.858	174.919
7	1%	15,000	−6.00609	(0.000125)	−38.7383	−108.605	365.208
7	5%	15,000	−5.47664	(0.000067)	−27.3005	−39.498	246.918
7	10%	14,500	−5.19921	(0.000062)	−22.2617	−17.910	208.494
8	1%	14,500	−6.22758	(0.000143)	−42.7154	−119.622	421.395
8	5%	15,000	−5.69983	(0.000067)	−30.4365	−44.300	345.480
8	10%	15,000	−5.42320	(0.000054)	−24.9686	−19.688	274.462
9	1%	15,000	−6.43933	(0.000125)	−46.7581	−136.691	651.380
9	5%	15,000	−5.91298	(0.000069)	−33.7584	−42.686	346.629
9	10%	15,000	−5.63704	(0.000054)	−27.8965	−13.880	236.975
10	1%	15,000	−6.64235	(0.000125)	−50.9783	−145.462	752.228
10	5%	15,000	−6.11753	(0.000070)	−37.056	−48.719	473.905
10	10%	15,000	−5.84215	(0.000054)	−30.8119	−14.938	316.006
11	1%	14,500	−6.83743	(0.000145)	−55.2861	−152.651	792.577
11	5%	15,000	−6.31396	(0.000069)	−40.5507	−46.771	487.185
11	10%	14,500	−6.03921	(0.000062)	−33.8950	−9.122	285.164
12	1%	15,000	−7.02582	(0.000124)	−59.6037	−166.368	989.879
12	5%	15,000	−6.50353	(0.000070)	−44.0797	−47.242	543.889
12	10%	14,500	−6.22941	(0.000063)	−36.9673	−10.868	418.414

- Ericsson and MacKinnon(1999)에 의한 ECM 공적분 관계 검정 임계치

$$q(T) = \theta_\infty + \theta_1/T^a + \theta_2/(T^a)^2 + \theta_3/(T^a)^3$$

$$T^a = T - (2k-1) - d$$

단 T는 표본규모, k는 모형에 포함된 변수의 수,

d는 deterministic terms의 수

— no deterministic terms

k	size	θ_∞	(s.e.)	θ_1	θ_2	θ_3	$\hat\sigma$
1	1%	−2.5659	(0.0006)	−2.19	−3.6	26.	0.00843
	5%	−1.9408	(0.0003)	−0.35	0.6	−17.	0.00430
	10%	−1.6167	(0.0003)	0.23	−1.0	−6.	0.00339
2	1%	−3.2106	(0.0006)	−4.69	−10.5	48.	0.00845
	5%	−2.5937	(0.0003)	−1.53	−0.8	−24.	0.00439
	10%	−2.2643	(0.0003)	−0.41	−1.5	−9.	0.00350
3	1%	−3.6215	(0.0006)	−6.14	−5.3	−67.	0.00892
	5%	−3.0048	(0.0003)	−2.11	2.1	−61.	0.00468
	10%	−2.6744	(0.0003)	−0.57	1.2	−44.	0.00372
4	1%	−3.9433	(0.0006)	−7.15	−3.1	−69.	0.00929
	5%	−3.3268	(0.0003)	−2.04	−6.4	19.	0.00455
	10%	−2.9942	(0.0003)	−0.21	−5.1	13.	0.00377
5	1%	−4.2168	(0.0005)	−7.66	−2.1	−87.	0.00920
	5%	−3.5978	(0.0003)	−1.92	−3.6	−17.	0.00502
	10%	−3.2637	(0.0003)	0.25	−4.2	−15.	0.00405
6	1%	−4.4585	(0.0006)	−7.72	−7.2	−57.	0.01034
	5%	−3.8373	(0.0003)	−1.38	−7.7	−6.	0.00519
	10%	−3.5022	(0.0002)	1.15	−11.1	12.	0.00397
7	1%	−4.6763	(0.0005)	−7.78	−5.1	−73.	0.01122
	5%	−4.0535	(0.0003)	−0.76	−10.0	−7.	0.00567
	10%	−3.7165	(0.0002)	2.04	−14.7	15.	0.00421
8	1%	−4.8772	(0.0006)	−7.64	−2.4	−116.	0.01035
	5%	−4.2513	(0.0003)	−0.03	−12.0	−19.	0.00543
	10%	−3.9135	(0.0002)	3.10	−20.3	25.	0.00420
9	1%	−5.0634	(0.0006)	−7.13	−6.9	−113.	0.01009
	5%	−4.4363	(0.0003)	1.00	−18.4	−8.	0.00534
	10%	−4.0974	(0.0003)	4.46	−32.1	74.	0.00422
10	1%	−5.2381	(0.0006)	−6.68	−4.7	−149.	0.01035
	5%	−4.6093	(0.0003)	2.11	−25.4	10.	0.00552
	10%	−4.2693	(0.0003)	5.76	−38.2	72.	0.00419
11	1%	−5.4039	(0.0006)	−6.05	−7.1	−163.	0.01038
	5%	−4.7734	(0.0004)	3.37	−35.4	48.	0.00556
	10%	−4.4324	(0.0003)	7.33	−53.3	145.	0.00426
12	1%	−5.5598	(0.0006)	−5.10	−19.4	−75.	0.01040
	5%	−4.9279	(0.0004)	4.77	−48.8	109.	0.00579
	10%	−4.5864	(0.0003)	8.96	−68.0	204.	0.00439

— 상수항만 있는 경우

k	size	θ_∞	(s.e.)	θ_1	θ_2	θ_3	$\hat\sigma$
1	1%	−3.4307	(0.0006)	−6.52	−4.7	−10.	0.00790
	5%	−2.8617	(0.0003)	−2.81	−3.2	37.	0.00431
	10%	−2.5668	(0.0003)	−1.56	2.1	−29.	0.00332
2	1%	−3.7948	(0.0006)	−7.87	−3.6	−28.	0.00847
	5%	−3.2145	(0.0003)	−3.21	−2.0	17.	0.00438
	10%	−2.9083	(0.0002)	−1.55	1.9	−25.	0.00338
3	1%	−4.0947	(0.0005)	−8.59	−2.0	−65.	0.00857
	5%	−3.5057	(0.0003)	−3.27	1.1	−34.	0.00462
	10%	−3.1924	(0.0002)	−1.23	2.1	−39.	0.00364
4	1%	−4.3555	(0.0006)	−8.90	−6.7	−31.	0.00959
	5%	−3.7592	(0.0003)	−2.92	−3.7	5.	0.00484
	10%	−3.4412	(0.0002)	−0.53	−4.5	4.	0.00388
5	1%	−4.5859	(0.0005)	−9.14	−2.5	−78.	0.00970
	5%	−3.9856	(0.0003)	−2.50	−1.7	−35.	0.00493
	10%	−3.6635	(0.0002)	0.21	−6.0	−8.	0.00407
6	1%	−4.7970	(0.0005)	−9.04	−5.6	−66.	0.01100
	5%	−4.1922	(0.0003)	−1.73	−7.8	−9.	0.00514
	10%	−3.8670	(0.0002)	1.26	−12.7	14.	0.00402
7	1%	−4.9912	(0.0005)	−8.85	−5.1	−72.	0.01222
	5%	−4.3831	(0.0003)	−0.90	−12.2	1.	0.00606
	10%	−4.0556	(0.0002)	2.39	−18.8	27.	0.00437
8	1%	−5.1723	(0.0006)	−8.58	−2.0	−113.	0.01149
	5%	−4.5608	(0.0003)	0.02	−15.4	−2.	0.00571
	10%	−4.2310	(0.0002)	3.59	−25.6	44.	0.00427
9	1%	−5.3437	(0.0006)	−7.86	−7.8	−101.	0.01045
	5%	−4.7287	(0.0003)	1.25	−26.0	42.	0.00531
	10%	−4.3975	(0.0002)	5.11	−39.2	104.	0.00399
10	1%	−5.5048	(0.0006)	−7.19	−9.8	−102.	0.01059
	5%	−4.8876	(0.0003)	2.46	−31.7	43.	0.00545
	10%	−4.5543	(0.0002)	6.53	−47.2	116.	0.00438
11	1%	−5.6588	(0.0006)	−6.39	−13.7	−105.	0.01038
	5%	−5.0394	(0.0004)	3.88	−45.7	117.	0.00579
	10%	−4.7055	(0.0003)	8.31	−66.5	222.	0.00443
12	1%	−5.8068	(0.0006)	−5.13	−29.2	−15.	0.01060
	5%	−5.1836	(0.0003)	5.33	−55.9	134.	0.00555
	10%	−4.8480	(0.0003)	9.94	−78.0	240.	0.00431

– 상수항과 시간추세항이 있는 경우

k	size	θ_∞	(s.e.)	θ_1	θ_2	θ_3	$\hat{\sigma}$
1	1%	−3.9593	(0.0005)	−8.99	−4.9	39.	0.00805
	5%	−3.4108	(0.0003)	−4.38	4.5	−21.	0.00412
	10%	−3.1272	(0.0002)	−2.57	3.5	−7.	0.00324
2	1%	−4.2488	(0.0005)	−10.04	−4.1	−1.	0.00845
	5%	−3.6873	(0.0003)	−4.56	2.2	1.	0.00442
	10%	−3.3927	(0.0002)	−2.41	3.4	−14.	0.00339
3	1%	−4.4981	(0.0006)	−10.69	0.6	−58.	0.00931
	5%	−3.9263	(0.0003)	−4.47	5.2	−38.	0.00474
	10%	−3.6249	(0.0002)	−1.86	1.1	−10.	0.00356
4	1%	−4.7214	(0.0006)	−10.94	1.6	−77.	0.00949
	5%	−4.1421	(0.0003)	−3.99	2.8	−35.	0.00496
	10%	−3.8342	(0.0002)	−1.16	0.4	−23.	0.00368
5	1%	−4.9255	(0.0005)	−10.86	1.2	−94.	0.01018
	5%	−4.3392	(0.0003)	−3.37	1.6	−47.	0.00510
	10%	−4.0271	(0.0002)	−0.17	−4.4	−14.	0.00406
6	1%	−5.1137	(0.0005)	−10.72	1.4	−96.	0.01145
	5%	−4.5227	(0.0003)	−2.52	−2.8	−32.	0.00536
	10%	−4.2067	(0.0002)	0.94	−9.9	0.	0.00415
7	1%	−5.2923	(0.0005)	−10.11	−4.0	−75.	0.01397
	5%	−4.6952	(0.0003)	−1.43	−10.6	−5.	0.00625
	10%	−4.3751	(0.0002)	2.18	−16.9	18.	0.00468
8	1%	−5.4565	(0.0006)	−9.77	−1.5	−106.	0.01202
	5%	−4.8569	(0.0003)	−0.43	−14.4	−3.	0.00593
	10%	−4.5344	(0.0002)	3.52	−24.9	40.	0.00453
9	1%	−5.6149	(0.0006)	−9.11	−2.0	−126.	0.01050
	5%	−5.0108	(0.0003)	0.78	−21.2	12.	0.00554
	10%	−4.6864	(0.0003)	5.08	−37.2	88.	0.00430
10	1%	−5.7657	(0.0006)	−8.28	−5.3	−121.	0.01180
	5%	−5.1582	(0.0003)	2.12	−28.6	26.	0.00558
	10%	−4.8311	(0.0002)	6.62	−46.2	103.	0.00438
11	1%	−5.9099	(0.0006)	−7.41	−6.2	−160.	0.01088
	5%	−5.2992	(0.0003)	3.57	−40.0	69.	0.00552
	10%	−4.9707	(0.0003)	8.41	−64.7	199.	0.00461
12	1%	−6.0478	(0.0006)	−6.17	−20.6	−74.	0.01111
	5%	−5.4346	(0.0003)	5.22	−54.5	121.	0.00605
	10%	−5.1046	(0.0003)	10.20	−78.3	231.	0.00451

– 상수항과 시간추세항 t 및 t^2이 있는 경우

k	size	θ_∞	(s.e.)	θ_1	θ_2	θ_3	$\hat{\sigma}$
1	1%	−4.3714	(0.0006)	−11.57	7.4	−66.	0.00849
	5%	−3.8324	(0.0003)	−5.90	9.3	−29.	0.00430
	10%	−3.5534	(0.0002)	−3.63	6.6	−7.	0.00341
2	1%	−4.6190	(0.0005)	−12.44	11.6	−130.	0.00855
	5%	−4.0683	(0.0003)	−5.90	9.3	−39.	0.00445
	10%	−3.7800	(0.0002)	−3.28	7.8	−36.	0.00344
3	1%	−4.8399	(0.0005)	−12.71	10.7	−136.	0.00934
	5%	−4.2790	(0.0003)	−5.56	9.3	−55.	0.00481
	10%	−3.9833	(0.0002)	−2.61	6.6	−42.	0.00367
4	1%	−5.0396	(0.0005)	−12.86	13.0	−149.	0.01000
	5%	−4.4716	(0.0003)	−4.95	6.9	−50.	0.00496
	10%	−4.1701	(0.0002)	−1.72	3.8	−37.	0.00389
5	1%	−5.2256	(0.0005)	−12.61	8.3	−121.	0.01061
	5%	−4.6498	(0.0003)	−4.23	5.7	−58.	0.00536
	10%	−4.3438	(0.0002)	−0.64	−1.0	−27.	0.00401
6	1%	−5.3998	(0.0005)	−12.12	4.3	−105.	0.01270
	5%	−4.8177	(0.0003)	−3.22	−0.4	−36.	0.00590
	10%	−4.5073	(0.0002)	0.60	−7.7	−7.	0.00430
7	1%	−5.5652	(0.0005)	−11.31	−4.0	−71.	0.01776
	5%	−4.9774	(0.0003)	−1.96	−9.3	−8.	0.00671
	10%	−4.6629	(0.0002)	2.02	−16.1	15.	0.00494
8	1%	−5.7181	(0.0006)	−10.97	0.8	−108.	0.01143
	5%	−5.1265	(0.0003)	−0.96	−10.9	−17.	0.00584
	10%	−4.8098	(0.0002)	3.41	−23.3	31.	0.00457
9	1%	−5.8656	(0.0006)	−10.32	4.3	−151.	0.01103
	5%	−5.2703	(0.0003)	0.33	−16.2	−17.	0.00565
	10%	−4.9510	(0.0003)	5.04	−35.4	74.	0.00435
10	1%	−6.0083	(0.0006)	−9.26	−4.0	−117.	0.01218
	5%	−5.4083	(0.0003)	1.80	−26.5	17.	0.00589
	10%	−5.0863	(0.0002)	6.63	−43.9	85.	0.00440
11	1%	−6.1449	(0.0006)	−8.26	−4.7	−158.	0.01155
	5%	−5.5415	(0.0003)	3.38	−39.0	60.	0.00587
	10%	−5.2176	(0.0003)	8.54	−63.7	179.	0.00467
12	1%	−6.2746	(0.0006)	−7.13	−13.5	−111.	0.01281
	5%	−5.6697	(0.0003)	5.12	−54.1	117.	0.00615
	10%	−5.3436	(0.0002)	10.36	−76.3	206.	0.00462

참고문헌

강희돈·박양수 (2007), "한국은행 동태적 최적화 모형(BOKDSGE)의 개요", 한국
은행 조사통계월보(2007. 9월)

손민규·김대용·황상필 (2013), "한국은행 분기거시계량모형(BOK12) 재정모형 구
축 결과", 한국은행 조사통계월보(2013. 6월)

Akaike, H. (1969), "Fitting Autoregressive Models for Prediction", *Annals of the Institute of Statistical Mathematics* 21, 243–247.

Akaike, H. (1973), "Information Theory and an Extension of the Maximum Likelihood Principal", In 2nd *International Symposium on Information Theory*, 267–281, Petrov, B.N. and F. Csake eds. Budapest: Akademia Kiado.

Akaike, H. (1974), "A New Look at Statistical Model Identification", *IEEE Transaction on Automatic Control* AC–19, 716–723.

Akaike, H. (1978), "A Bayesian Analysis of the Minimum AIC Procedure", *Annals of the Institute of Statistical Mathematics* 30A, 9–14.

Akaike, H. (1979), "A Bayesian Extension of the Minimum AIC Procedure of Autoregressive Modeling Fitting", *Biometrica* 66, 237–242.

Ayat, L. and P. Burridge (2000), "Unit Root Tests in the Presence of Uncertainty about the Nonstochastic Trend", *Journal of Econometrics* 95. 71–96.

Baillie, R.T., Bollerslev, T. and H.O. Mikkelsen (1996), "Fractionally Integrated Generalized Autoregressive Conditional Heteroscedasticity", *Journal of Econometrics* 74, 3–30.

Banerjee, A., Lumsdaine, R.L. and H.J. Stock (1992), "Recursive and Sequential Tests of the Unit Root and Trend Break Hypothesis: Theory and International Evidence", *Journal of Business and Economic Statistics* 10, 271–287.

Barlett, M.S. (1966), *An Introduction to Stochastic Processes with Special Reference to Methods and Applications* (2nd ed.), Cambridge University Press, Cambridge.

Barrow Lisa, Julia Campos, Ericsson, N.R., Hendry, D.F., Hong–Anh Tran and William Veloce (1997), "Cointegration", in David Glasner (ed.), *Business Cycles and Depressions: An Encyclopedia*, New York, Garland Publishing, 101–106.

Bec, F., Salem, M.B. and M. Carrasco (2002), "The Purchasing Power Parity Puzzle: Evidence from a LSTAR Specification", Universit de Paris I,

Working Paper.

Bernanke, B.S. (1986), "Alternative Explantions of the Money Income Correlation", *Carnegie−Rochetser Conference Series on Public Policy*(Autumn), 49−110.

Blanchard, O.J. and M.W. Watson (1986), "Are Business Cycle All Alike?", in Robert J. Gordon, ed., *The American Business Cycle*, University of Chicago Press.

Bollerslev, T. (1986), "Generalized Autoregressive Conditional Heteroscedasticity", *Journal of Econometrics* 31, 307−327.

Bollerslev, T. (1988), "On the Correlation Structure for the Generalized Autoregressive Conditional Heteroscedastic Process", *Journal of Time Series Analysis* 9, 121−131.

Bollerslev, T. and H.O. Mikkelsen (1996), "Modeling and Pricing Long Memory in Stock Market Volatility", *Journal of Econometrics*, Elsevier 73(1), 151−184.

Box, G.E.P. and D.A. Pierce (1970), "Distributions of Residual Autocorrelations in Autoregressive Integrated Moving Average Models", *Journal of the American Statistical Association* 72, 397−402.

Box, G.E.P. and G.M. Jenkins (1970), *Time Series Analysis: Forecasting and Control*, Holden−Day, San Francisco.

Brocklebank, J.C. and D.A. Dickey (1986), SAS *System for Forecasting Time Series*, SAS Institute Inc.

Brockwell, P.J. and R.A. Davis (1990), *Tmie Series: Theory and Methods*, 2nd edition.

Brooks, C. (1997), "Linear and Nonlinear (non−)Forecastibility of High Frequency Exchange Rates", *Journal of Forecasting* 16, 125−145.

Brown, B.M. (1971), "Martingale Central Limit Theorem", *Annals of Mathematical Statistics* 42, 59−66.

Brown, B. and R. Mariano (1989), "Predictors in Dynamic−Nonlinear Models: Large Sample Behaviour", *Economic Theory* 5, 430−452.

Campbell, J.Y. and P. Perron (1991), "Pitfalls and Opportunities: What Macroeconomist Should Know About Unit Roots", *NBER Macroeconomics Annual* 6, 144−220.

Campos, J., Ericsson, N.R. and D.F. Hendry (2005), "General−to−specific Modeling: An Overview and Selected Bibliography", *International Finance Discussion Papers*, Board of Governors of the Fedral Reserve System.

Canova, F. and B.E. Hansen (1995), "Are Seasonal Patterns Constant over Time? A Test for Seasonal Stability", *Journal of Business & Economic Statistics* 13, 237–252.

Chan, K., Chan, K.C. and G.A. Karolyi (1991), "Intraday Volatility in Stock Market and Stock Index Future Markets", *Review of Financial Studies* 4(4), 637–684.

Chan, K.S. and H. Tong (1986), "On Estimating Thresholds in Autoregressive Models", *Journal of Time Series Analysis* 7, 178–190.

Chow, G.C. (1960), "Tests of Equality Between Sets of Coefficients in Two Linear Regressions", *Econometrica* 28(3), 591–605.

de Gooijer, J.G. and K. Kumar (1992), "Some Recent Developments in Nonlinear Time Series Modeling, Testing and Forecasting", *International Journal of Forecasting* 8, 135–156.

Dickey, D.A. (1976), "Estimation and Hypothesis Testing in Nonstationary Time Series", Ph.D. dissertation, Iowa State University, Ames, Iowa.

Dickey, D.A., Hasza, D.P. and W.A. Fuller (1984), "Testing for Unit Roots in Seasonal Time Series", *Journal of the American Statistical Association* 78(386), 355–367.

Dickey, D.A. and W.A. Fuller (1979), "Distribution of the Estimators for Autoregressive Time Series with a Unit Root", *Journal of the American Statistical Association* 74, 427–431.

Dickey, D.A. and W.A. Fuller (1981), "Likelihood Ratio Statistics for Autoregressive Time Series with a Unit Root", *Econometrica* 49, 1057–1072.

Diebold, F.X. and J.A. Nason (1990), "Nonparameteric Exchange Rate Prediction", *Journal of International Economics* 28, 315–332.

Ding, D. (2011), "Modeling of Market Volatility with APARCH Model", Department of Mathematics, Uppsala University.

Ding, Z. and C.W.J. Granger (1996), "Modeling Volatility and Persistence of Speculative Returns: A New Approach", *Journal of Econometrics* 73, 185–215.

Ding, Z., Granger, C.W.J. and R.F. Engle (1993), "A Long Memory Property of Stock Market Returns and a New Model", *Journal of Empirical Finance* 1(1).

Dolado, J., Jenkinson, T. and S. Sosvilla-Rivero (1990), "Cointegration and Unit Roots", *Journal of Economic Surveys* 4, 249–273.

Eitrheim, Φ. and T. Teräsvirta (1996), "Testing the Adequacy of Smooth Transition Autoregressive Models", *Journal of Econometrics* 74, 59–75.

Eklund, B. (2003), "A Nonlinear Alternative to the Unit Root Hypothesis", Stockholm School of Economics, Working Paper.

Eklund, B. (2003), "Testing the Unit Root Hypothesis against the Logistic Smooth Transition Autoregressive Model", Stockholm School of Economics, Working Paper.

Elder, J. and P.E. Kennedy (2001), "Testing for Unit Roots: What Should Be Taught?", *Journal of Economic Education* 32, 137–146.

Enders, W. (2004), *Applied Econometric Time Series*, 2nd edition, John Wiley & Sons.

Enders, W. and C.W.J. Granger (1998), "Unit Root Tests and Asymmetric Adjustment with an Example Using the Term Structure of Interest Rates", *Journal of Business and Economic Statistics* 16, 304–311.

Engle, R.F. (1982), "Autoregressive Conditional Heteroscedasticity with Estimates of the Variance of United Kingdom Inflation", *Econometrica* 50, 987–1007.

Engle, R.F. and B.S. Yoo (1987), "Forecasting and Testing in Cointegrated Systems", *Journal of Econometrics* 35, 143–159.

Engle, R.F. and C.W.J. Granger (1987), "Cointegration and Error Correction: Representation, Estimation, and Testing", *Econometrica* 55, 251–276.

Engle, R,F. and T. Bollerslev (1986), "Modeling the Persistence of Conditional Variances", *Econometric Reviews* 5, 1–50(with discussion).

Engle, R.F., Hendry, D.F. and J.F. Richard (1983), "Exogeneity", *Econometrica* 51, 277–304.

Engle, R.F., Ito, T. and W. Lin (1990), "Meteor Showers or Heat Waves? Heteroskedastic Intra–daily Volatility in the Foreign Exchange Market", *Econometrica* 58, 525–542.

Engle, R.F., Lilien, D.M. and R.P. Robins (1987), "Estimating Time Varying Risk Premia in the Term Structure: the ARCH–M Model", *Econometrica* 55, 391–407.

Ericsson, N.R. (1992), "Cointegration, Exogeneity, and Policy Analysis: An Overview", *Journal of Policy Modeling* 14, 251–280.

Ericsson, N.R. (1997), "Distributed Lags", in David Glasner (ed.), *Business Cycles and Depressions: An Encyclopedia*, New York, Garland Publishing, 168–173.

Ericsson, N.R. (2009), "Cointegration of Four Interest Rates", *Empirical Modeling of Economic Time Series*, Washington, D.C.

Ericsson, N.R. and J.G. MacKinnon (1999), "Distribution of Error Correction Tests for Cointegration", *International Finance Discussion Papers* 655, Board of Governors of the Fedral Reserve System.

Fama, E.F. and K.R. French (1988), "Permanent and Temporary Components of Stock Prices", *Journal of Political Economy* 96, 246–273.

Fisher, R.A. (1929), "Tests of Significance in Harmonic Analysis", *Proc. Roy. Soc. London Ser.* A 125, 54–59.

Fornari, F. and A. Mele (1996), "Modeling the Changing Asymmetry of Conditional Variances", *Economic Letters* 50, 197–203.

Franses, P.H. and D. van Dijk (2000), *Non–linear Time Series Models in Empirical Finance*, Cambridge University Press.

Fuller, W.A. (1996), *Introduction to Statistical Time Series*, 2nd edition, Wiley-interscience.

Geweke J. and S. Porter-Hudak (1983), "The Estimation and Application of Long Memory Time Series Models", *Journal of Time Series Analysis* 4, 221–238.

Glosten, L.R., Jagannathan, R. and D.E. Runkle (1993), "On the Relationship Between the Expected Value and the Volatility of the Nominal Excess Return on Stocks", *Journal of Finance* 48, 1779–1801.

Granger, C.W.J. (1969), "Investigating Causal Relations by Econometric Models and Cross–Spectral Methods", *Econometrica* 37(3), 424–438.

Granger, C.W.J. and P. Newbold (1974), "Spurious Regression in Econometrics", *Journal of Econometrics* 2(2), 111–120.

Granger, C.W.J. and T. Teräsvirta (1993), *Modeling Nonlinear Economic Relationships*, Oxford Unversity Press.

Greene, W.H. (2003), *Econometric Analysis*, 5th edition, Prentice Hall.

Haavelmo, T. (1994), "The Probability Approach in Econometrics", *Econometrica* 12, 1–118.

Hacker, R.S. (2010), "The Effectiveness of Information Criteria in Determining Unit Root and Trend Stratus", CESIS *Working Paper Series* 213.

Hagerud, G.E. (1997), "A New Non-Linear GARCH Model", Ph.D. thesis, IFE,

Stockholm School of Economics.

Hamilton, J.D. (1994), *Time Series Analysis*, Princeton University Press, Princeton, New Jersey.

Hamilton, J.D. and M.A. Flavin (1986), "On the Limitation of Government Borrowing: A Framework for Empirical Testing", *American Economic Review* 76(4), 808–819.

Helmut, L. (2005), *New Introduction to Multiple Time Series Anaysis*, Springer.

Hendry, D.F. (1985), "Monetary Economic Myth and Econometric Reality", *Oxford Review of Economic Policy* 1, 72–84.

Hendry, D.F. (1988), "The Encompassing Implications of Feedback versus Feedforward Mechanisms in Econometrics", *Oxford Economic Papers* 40(1), 132–149.

Hendry, D.F. and N.R. Ericsson (1991), "Modeling the Demand for Narrow Money in the United Kingdom and the United States", *European Economic Review* 35(4), 833–881.

Hwang, S.P. (2004), "Dynamic Time Series Analysis Using Logistic Functions", Ph.D. dissertation, North Carolina University, Raleigh, North Carolina.

Hylleberg, S., Engle, R.F., Granger, C.W.J. and B.S. Yoo (1990), "Seasonal Integration and Cointegration", *Journal of Econometrics* 44, 215–238.

Johansen, S. (1988), "Statistical Analysis of Cointegration Vectors", *Journal of Economic Dynamics and Control* 12, 231–254.

Johansen, S. (1991), "Estimation and Hypothesis Testing of Cointegration Vectors in Gaussian Vector Autoregressive Models", *Econometrica* 59, 1551–1580.

Jarque, C.M. and A.K. Bera (1980), "Efficient Tests for Normality, Homoscedasticity and Serial Independence of Regression Residuals", *Economics Letters* 6(3), 255–259.

Jarque, C.M. and A.K. Bera (1981), "Efficient Tests for Normality, Homoscedasticity and Serial Independence of Regression Residuals: Monte Carlo Evidence", *Economics Letters* 7(4), 313–318.

Jarque, C.M. and A.K. Bera (1987), "A Test for Normality of Observations and Regression Residuals", *International Statistical Review* 55(2), 163–172.

Johansen, S. (1995), "Likelihood-based Inference in Cointegrated Vector

Autoregressive Models", Oxford University Press.

Jones, C.M., Lamont, O. and R.L. Lumsdaine (1998), "Macroeconomic News and Bond Market Volatility", *Journal of Financial Economics* 47, 315–337.

Jones, D.A. (1976), "Non–linear Autoregressive Processes", Unpublished Ph.D. thesis.

Kapentanios, G., Shin, Y. and A. Snell (2003), "Testing for a Unit Root in the Nonlinear STAR Framework", *Journal of Econometrics* 112, 359–379.

King, M. and S. Wadhwani (1990), "Volatility and Links between National Stock Markets", *NBER Working Papers* 3357, National Bureau of Economic Research.

Klaassen, F. (1999), "Improving GARCH Volatility Forecasts", Tilburg University, unpublished manuscript.

Kremers, J.M. (1988), "Long–run Limits on the US Federal Debt", *Economics Letters* 28(3), 259–262.

Kremers, J.J.M., Ericsson, N.R. and J.J. Dolado (1992), "The Power of Cointegration Tests", *Oxford Bulletin of Economics and Statistics* 54, 159–178.

Lanne, M. and H. Lütkepohl (2002), "Unit Root Test for Time Series with Level Shifts: A Comparsion of Different Proposals", *Economics Letters* 75, 109–114.

Lanne, M., Lütkepohl, H. and P. Saikkonen (2003), "Test Procedures for Unit Roots in Time Series with Level Shifts at Unknown Time", *Oxford Bulletin of Econometrics and Statistics* 65, 91–115.

Leybourne, S., Newbold, P. and D. Vougas (1998), "Unit Roots and Smooth Transitions", *Journal of Time Series Analysis* 19, 83–97.

Lin, J.L. and C.W.J. Granger (1994), "Forecasting from Non–linear Models in Practice", *Journal of Forecasting* 13, 1–9.

Ljung, G.M. and G.E.P. Box (1978), "On a Measure of Lack of Fit in Time Series Models", *Biometrika* 65, 297–303.

Mackinnon, J. (1991), "Critical Values for Cointegration Tests", In Engle, R.F. and C.W.J. Granger, eds., *Long Run Economic Relationships*, Oxford University Press, Oxford, 267–276.

Mackinnon, J. (1996), "Numerical Distribution Functions for Unit Root and Cointegration Tests", *Journal of Applied Economics* 11, 601–618.

Mackinnon, J. (2010), "Critical Values for Cointegration Tests", *Queen's Economics Working Paper* 1227, Queen's University.

Mandelbrot, B. (1963), "The Variation of Certain Speculative Prices", *Journal of Business* 36, 394-419.

McQuarrie, A.D.R. and C-L. Tsai (1998), *Regression and Time Series Model Selection*, Singapore: World Scientific.

Medeiros, M. and A. Veiga (2000), "A Flexible Coefficient Smooth Transition Time Series Model", SSE/EFI *Working Paper Series in Economics and Finance* 360, Stockholm School of Economics.

Nelson, C.R. and C. R. Plosser (1982), "Trends and Random Walks in Macroeconomic Time Series: Some Evidence and Implications", *Journal of Monetary Economics* 10(2), 139-162.

Nelson, D.B. (1990), "Stationarity and Persistence in the GARCH(1,1) Model", *Econometric Theory* 6, 318-334.

Nelson, D.B. (1991), "Conditional Heteroscedasticity in Asset Returns: A New Approach", *Econometrica* 59, 347-370.

Ouliaris, S., Park, J. and P.C.B. Phillips (1989), "Testing for a Unit Root in the Presence of a Maintained Trend", *Kluwer* 7-28.

Ozaki, T. and H. Oda (1978), "Non−linear Time Series Model Identification by Akaike's Information Criterion", *Proc. IFAC Workshop on Information and Systems*, Compiegn, France, October 1977.

Perron, P. (1990), "Testing for a Unit Root in a Time Series with a Changing Mean", *Journal of Business and Economic Statistics* 8, 153-162.

Pesaran, H.H. and Y. Shin (1998), "Generalized Impulse Response Analysis in Linear Multivariate Models", *Economics Letters* 58, 17-29.

Phillips, A. W. (1954), "Stabilization Policy in a Closed Economy", *Economic Journal* 64, 290-323.

Phillips, P.C.B. (1986), "Understanding Spurious Regressions in Econometrics", *Journal of Econometrics* 33(3), 311-340.

Phillips, P.C.B. and P. Perron (1988), "Testing a Unit Root in Time Series Regression", *Biometrics* 75(2), 335-346.

Plosser, C.I. and G.W. Schwert (1977), "Estimation of a Non-invertible Moving Average Process: the Case of Overdifferencing", *Journal of Econometrics* 6,

199-224.

Plosser, C.I. and G.W. Schwert (1978), "Money, Income, and Sunspots: Measuring Economic Relationships and the Effects of Differencing", *Journal of Monetary Economics* 4, 637-660.

Poterba, J.M. and L.H. Summers (1988), "Mean Reversion in Stock Prices: Evidence and Implications", *Journal of Financial Economics* 22, 27-59.

Ross, S.A. (1989), "Information and Volatility: The No-arbitrage Martingale Approach to Timing and Resolution Irrelevancy", *Journal of Finance* 44. 1-17.

Said, S.E. and D.A. Dickey (1984), "Testing for Unit Roots in Autoregressive-Moving Average Models of Unknown Order", *Biometrika* 71(3), 599-607.

Sargan, J.D. (1964), "Wages and Prices in the United Kingdom, A Study in Econometric Methodology", in *Econometrics and Quantative Economics*, edited by Hendry D.F., and K.F. Wallis, 275-314, Oxford: Basil Blackwell.

Schwarz, F. (1978), "Estimating the Dimension of a Model", *Annals of Statistics* 6, 461-464.

Sentana, E. (1995), "Quadratic ARCH Models", *Review of Economic Studies* 62, 639-61.

Shumway, R.H. and D.S. Stoffer (1999), *Time Series Analysis*, Springer.

Sims, A.S. (1986), "Are Forecasting Models Usable for Policy Analysis?", *Quarterly Review*, Federal Reserve Bank of Minneapolis, 10(Winter), 2-16.

Smith, R.J. and A.M.R. Taylor (1999), "Regression-based Seasonal Unit Root Tests", Department of Economics Discussion Paper 99-15, University of Birmingham.

Solow, R.M. (1956), "A Contribution to the Theory of Economic Growth", *Quarterly Journal of Economics* 70, 65-94.

Solow, R.M. (1970), *Growth Theory: an Expostion,* Oxford University Press, New York.

Stock, J.H. (1987), "Asymptotic Properties of Least Squares Estimators of Cointergrating Vectors", *Econometrica* 55, 1035-1056.

Taylor, A.M.R. (2003), "Robust Stationarity Tests in Seasonal Time Series Processes", *Journal of Business & Economic Statistics* 21(1), 156-163.

Taylor, A.M.R. (2005), "Variance Ratio Tests of the Seasonal Unit Root

Hypothesis", *Journal of Econometrics* 124(1), 33–54.

Teräsvirta, T. (1994), "Specification, Estimation and Evaluation of Smooth Transition Autoregressive Models", *Journal of the American Statistical Association* 89, 208–218.

TjΦstheim, D. (1986), "Estimation in Nonlinear Time Series Model", *Stochastic Processes and Their Applications* 21, 251–273.

Tong, H. (1978), "On a Threshold Model", in C.H. Chen (ed.), *Pattern Recognition and Signal Processing*, Amsterdam: Sijthoff & Noordhoff, 101–141.

Tong, H. (1990), *Non−linear Time Series: A Dynamical System Approach*, Oxford Science Publications.

Tong, H. and K.S. Lim (1980), "Threshold Autoregressions, Limit Cycles, and Data", *Journal of the Royal Statistical Society* B 42, 245–292(with discussion).

van Dijk, D. and P.H. Franses (1999), "Modeling Multiple Regimes in the Business Cycle", *Macroeconomic Dynamics* 3, 311–340.

van Dijk, D. and P.H. Franses (2000), "Nonlinear Error–correction Models for Interest Rates in the Netherlands", *Nonlinear Econometric Modeling*, Cambridge: Cambridge University Press.

White, H. (1984), *Asymptotic Theory for Econometricians*, Orlando, Florida: Academic Press.

Whittle, P. (1951), "Hypothesis Testing in Time Series Analysis", Almqvist and Wiksell, Uppsala

Yule, G.U. (1926), "Why Do We Sometimes Get Nonsense–correlations between Time Series? − A Study in Sampling and the Nature of Time Series", *Journal of the Royal Statistical Society* 89(1), 1–63.

찾아보기

저자 약력

황상필

1989년 서울대학교 경제학과를 졸업한 후 2004년 North Carolina State University 에서 시계열분석에 대한 연구로 통계학 박사 학위를 취득하였다. 1992년 한국은행에 입 행한 후 조사국, 경제통계국, 경제연구원 등에서 주로 근무하였다.

한국은행 거시모형부장, 경제교육실장, 울산본부장 등을 역임하였으며 다양한 경제현안 분석 및 경제전망, 통계 연구 및 개발과 편제, 모형구축 작업 등에 참여하였다. 주요 연 구로는 한국은행 분기거시계량모형(BOK09, BOK12 및 BOK12 재정모형 등)과 거시계 량투입산출모형 구축, VAR 모형에 의한 유가충격의 영향, DSGE 모형을 이용한 소비행 태 분석, 선형지출체계를 이용한 소비구조 변화, 인구구조 변화와 소비 및 산업구조, 빅 데이터를 활용한 경기판단지표 개발 등이 있다.

차근차근 알아보는
시계열의 특성 및 분석

초판발행   2022년 1월 10일

지은이   황상필
펴낸이   안종만 · 안상준

편 집   배근하
기획/마케팅   이영조
표지디자인   BEN STORY
제 작   고철민 · 조영환

펴낸곳   (주) **박영사**
               서울특별시 금천구 가산디지털2로 53, 210호(가산동, 한라시그마밸리)
               등록 1959. 3. 11. 제300-1959-1호(倫)

전 화   02)733-6771
f a x   02)736-4818
e-mail   pys@pybook.co.kr
homepage   www.pybook.co.kr
ISBN   979-11-303-1399-3   93320

정 가   20,000원